教育行政理論
——哲學篇

林志忠　著

自　序

　　教育行政是一門理論與實踐結合的學問，有關教育行政學說的探討，除了包括如何領導？如何決定？或是如何管理等實踐作為的具體分析外，其實也應該包括各類行政理論的分析與探討。其中又以教育行政哲學的剖析，其不但能提供教育行政實際作為的引導，同時更能作為眾多理論分析的統合架構，自是不容忽視。因而 C. W. Evers 和 G. Lakomski（1996: 16）曾主張哲學的問題，特別是知識論的問題，應該在教育行政理論中被廣泛的認識。而 D. J. Willower（1988: 730-747）也曾在《教育行政百科全書》第一版中，將「朝向哲學」，視為當前教育行政研究的六大趨勢一。事實上，早在一九四七年美國教育行政「理論運動」（Theory Movement）興起之時，美國「大學教育行政委員會」（University Council for Educational Ad-ministration,UCEA）即曾在美加等地，贊助一系列有關價值與哲學問題的討論（Willower, 1996: 165）。

　　整體而言，教育行政哲學的重要性，在國外已引起廣泛的討論。除前述一九四七年美國教育行政「理論運動」興起時，即試圖從實證主義傳統，為教育行政建立一個理想的烏托邦的國度。而後基於實證傳統的偏失，在一九七○年代後更引發一連串教育行政哲學的討論。這包括 T. B. Greenfield 主觀主義（subjectivism）的教育行政理論，C. Hodgkinson 人文主義（humanism）的教育行政理論，R. J. Bates 批判理論的教育行政理論，以至於 C. W. Evers 和 G. Lakomski 自然融貫論（naturalistic coherentism）的教育行政理論，與 D. J. Willower 實用主義（pragmatism）的教育行政理論等。在一九八五年，美國也由「大學教育行政委員會」（UCEA）發起所謂「教育行政知識基礎」

的努力。惟相較於此，國內學者在這方面的探討，似乎較為不足，以專書來論，約略僅見吳清基《賽蒙決定理論與教育行政》（1990）、黃宗顯《一個學校行政溝通訊息檢證的模式：邏輯實徵論、詮釋學、批判理論及後結構主義檢證觀的啟示性應用》（1995），黃宗顯《學校行政對話研究》（1999），秦夢群、黃貞裕《教育行政研究方法論》（2001）、黃乃熒《後現代教育行政哲學》（2000）與陳木金《學校領導研究——從混沌理論研究彩繪學校經營的天空》（2002）等相關的論述，此等現象與國內教育行政相關系所設立之蓬勃發展，實不相襯。

有鑑於此，本書的主旨即希望能在教育行政理論之哲學探究，能有具體的貢獻，從第一章論述教育行政理論發展及教育行政哲學探討之必要性後，緊接著一一討論 D. E. Griffiths 實證觀點的教育行政理論，以及 T. B. Greenfield 主觀主義、C. Hodgkinson 人文主義、R. J. Bates 批判理論、C. W. Evers 和 G. Lakomski 自然融貫論與 D. J. Willower 實用主義等教育行政理論。討論的重點除了分析各家學者哲學之基本立場，以及其對教育行政相關主題的說明外，更希望能探討有關事實與價值、理論與實踐、律則與個殊、教育行政主體性等長久以來爭議的問題。最後，在結論部分還同時分析我國教育行政哲學研究的現況，希望以此，能對我國教育行政學說的開展有實質的助益。

本書雖歷經多年的蘊釀，而在閱讀及撰寫過程中，也經歷無數的澄清、再澄清，分析再分析的過程，然個人仍深知知識的淬煉純非僅在溫室中即可達成，也絕非僅由個人之力即可實現，此正如 C. W. Evers 和 G. Lakomski 對知識易錯性的分析一般，任何知識總必須經由不斷的學習，才能有效提升與成長。因而內容疏漏或不一致之處，尚請各方不吝指正。

惟在此要先感謝多年來在學術路上，眾多不吝指導的師長，沒

有您們的提攜，定無今日的個人。特別是身為個人碩士與博士論文指導老師楊深坑教授的指導與鼓勵，使個人在學術路上一路走來能不斷精進。多年以來，老師在繁忙之餘，仍持續每兩星期主持一次「楊門」弟子的小型研討，雖然有時個人常因瑣事無法與會，但老師您的鞭策，實是促成本書出版的主要動力。而在小型研討中，包括交通大學戴曉霞教授、中正大學李奉儒教授、師大方永泉教授、國北師陳碧祥教授、市北師張煌焜教授及暨大楊洲松教授等諸位學長嚴厲「批判」，在此也一併誌謝。此外，也要感謝楊瑩主任的關心，您在工作上的包容，以及您日復一日的催促、詢問與關心，實是此書出版的主要後盾。當然也感謝曾經在課堂與個人相互激盪過的所有暨大比較所的學生，沒有你們的參與此書將無法如此豐富的產生；而國科會（NSC91-2413-H-260-008）對本專題研究的補助，以及心理出版社總經理許麗玉女士慨允本書的出版，併此致謝。

最後，要感謝家人給與的鼓勵與支持，造就至今仍在學術圈中努力不懈的我。更要感謝內子菁媛的犧牲與奉獻，在這個學術路上，有你相伴，不論多少寒暑永不寂寞，同時更加堅強。

林志忠　謹識
二〇〇四年二月二十八日

目　次

第四章
C. Hodgkinson 人文主義教育行政理論及評析

第五章
R. J. Bates 批判理論教育行政理論及評析

第六章
C. W. Evers 和 G. Lakomski 自然融貫論教育行政理論及評析

▪ 第一章 ▪

教育行政理論發展及教育
行政哲學探究之必要性分析

第一節　前　言

人的思維模式常有以簡馭繁的傾向，面對複雜多變的經驗內容，人們常思索如何將其化歸為理論。透過理論的建立，一方面對現有的狀況尋求系統的解釋，另一方面也希望藉此能作為預測未來的基礎。這樣的思維表現在許多學術領域之上，教育學是如此，教育行政學的發展亦是如此。

現代教育行政學說，一般學者認為是在二十世紀後才開始有了具體的發展，因而對於教育行政理論的討論，也大都是從二十世紀開始論述。如謝文全（2003: 27-43）將教育行政理論區分為：(1)科學經驗時期（era of scienctific-empiricism, 1900-1930）；(2)行為科學時期（era of behavioral science, 1930-1970）；(3)系統途徑時期（era of systems approach, 1970 年以後）；秦夢群（1997: 30-38）將教育行政理論區分為：(1)理性系統模式（rational system model, 1900-1930）；(2)自然系統模式（natural system model, 1930-1950）；(3)開放系統模式（open system model, 1950-1990）；(4)非均衡系統模式（non-equilibrium system model, 1990 年以後）；王如哲（1998: 361-384）與 J. Murphy（1995: 62-67）則有：(1)規範性知識時期（the prescriptive era, 1900-1946）；(2)行為科學時期（the behavioral era, 1947-1985）；(3)辯證新紀元（the dialectic era, 1986 年以後）；W. K. Hoy 和 C. G. Miske（1996: 1-24）等人也曾將教育行政學之演變區分為：(1)古典組織思想（classical organizational thought, 約 1900-1930）；(2)人際關係研究（human relations approach, 約 1930-1950）；(3)社會科學時期（social science approach, 約 1950-1990）；(4)新興非傳統時期（emergant nontraditional perspectives, 約 1990 年以後）（參見表 1-1）。

表 1-1　各家學者對教育行政理論發展之分析表

學者/年代	1900　　　1930　　1950　1960　1970　　1990
黃昆輝 （1989: 63-117）	科學管理時期 ∣ 人際關係時期 ∣ 行為科學時期
W. K. Hoy 和 C. G. Miskel （1996: 1-24）	古典組織思想 ∣ 人際關係研究 ∣ 社會科學時期 ∣ 新興非傳統時期
秦夢群 （1997: 30-38）	理性系統模式 ∣ 自然系統模式 ∣ 開放系統模式 ∣ 非均衡系統模式
謝文全 （1997: 23-118）	傳統理論時期 ∣ 行為科學時期 ∣ 系統理論時期
E. M. Hanson （1996）	古典理論時期 ∣ 社會系統理論 ∣ 開放系統理論
林天祐主編 （2003: 23-46）	傳統理論時期 ∣ 行為科學時期 ∣ 系統理論時期 ∣ 新興理論時期
謝文全 （2003: 27-43）	科學經驗時期 ∣ 行為科學時期 ∣ 系統途徑時期
王如哲（1998: 361-384）	規範性知識時期 ∣ 行為科學時期 ∣ 辯證新紀元
J. Murphy （1995: 62-67）	規範性知識時期 ∣ 行為科學時期 ∣ 辯證新紀元
秦夢群、黃貞裕 （2001）	邏輯實證論 ∣ 後實證論 ∣ 後現代主義

資料來源：作者彙編。

　　上述各家的區分，雖能展現出教育行政理論發展的重要特性，但具體而言似乎仍可以有所補充。其一，此種理論發展的分類，大都以美國教育行政理論的發展為主體，而較未觸及其他國家相關理論發展的闡釋。不可否認，美國是當前教育行政理論發展的主要國家，然不論過去及現在，世界上其他國家也陸續出現一些相關的學說值得重視。如陳永明（2003: 212）根據日本教育行政學者的看法，主張現代教育行政學說除源自美國，強調一種技術性、功能主義之教育行政外，事實上還有一股來自公共法學或官房學（cameralism），所建立的教育行政學說。此種學說強調國家、國家權力或法律觀點的行政理論，因主要源自德國，故又稱德國式的教育行政。事實上，在一九七〇年後，包括澳洲、加拿大等國也有許多有別於美國教育行政基調的學說開展，但卻沒有明顯受到國內學者的重視。這些教育行政學說的開展，均是有待國內學者進一步加以闡釋的。

　　其次，上述理論發展的分類，仍有許多未能有效澄清之處。以行為科學時期為例，到底是源自一九三〇年、一九四七年或是一九五〇年？彷彿眾多學者的論述各不相同；而行為科學時期與人際關係研究、系統途徑時期間之關係又為何？也值得探討。黃昆輝（1989: 92）曾言：「從一九五五到一九七〇年間，教育行政上進行大量的研究與理論化工作，主要在探討社會系統概念如何應用在公共學校系統或學校之上」，顯然系統的觀點是行為科學時期的重要概念，然為何在行為科學時期之外，又有另一個系統研究時期呢？再者，面臨近年來教育行政許多新興的理論觀點，各家的說法也不太相同。秦夢群在一九九七年《教育行政──理論部分》一書以混沌理論（chaos theory）為主（秦夢群，1997: 38）；林天祐主編（2003: 40-42）之《教育行政學》提到混沌理論與「全面品質管理」；W. K. Hoy和C. G. Miskel（1996: 17-20）提到後現代主義（postmodernism）、後結構主義（poststructuralism）、批判理論（critical theory）和女性主義（feminist theory）；王如哲（1998: 365-366）則是提到美國一九八

五年由「大學教育行政委員會」（University Council for Educational Administration, UCEA），發起之「教育行政知識基礎」（The Knowledge Base in Educational Administration）運動的努力；至於謝文全（2003: 40-42）則將批判理論、後現代主義和非線性典範（nonlinear paradigm）一併放入系統途徑時期。上述分歧的安排，顯然也有進一步討論的空間。

其實，之所以會造成上述現象，除了部分是基於個人主觀因素的分類，所造成的些微差異外，主要還是囿於教育行政學長久一直依附在行政科學下發展的影響。傳統學者大都以行政學的理論發展，作為進一步討論教育行政學發展的主要依據，如黃昆輝（1989: 63-100）在探討教育行政理論發展時，主要先以「一般行政理論」為標題來探討，而後再分析受其影響之「教育行政理論」發展。如此作為，很容易視行政理論發展即為教育理論的發展，而忽視由教育行政學者主動發展之理論探討。如由美國教育行政學者於一九四七年發起教育行政「理論運動」（Theory Movement），或是一九八五年產生之「教育行政知識基礎」運動，均較少見國內學者熱烈的討論。而前述提及一九七〇年代澳、加等國學者對教育行政理論所發起之一連串探討，也常遭受相同的待遇。而如美國學者D. J. Willower（1996: 170）主張一九五〇至一九九〇年代之美國教育行政研究，應可分為兩段：(1)舊正統（old orthodoxy）：主要以H. Feigl之邏輯經驗論（logical empiricism）、封閉系統及 D. E. Griffiths 的理論觀點為主；(2)新正統（new orthodoxy）：指一九七〇年代以後，包括開放系統、權變理論，以及 W. K. Hoy 和 C. G. Miskel（1978）之《教育行政：理論、研究與實際》（*Educational Administration: Theory, Research and Practice*）著作等說法，也未見學者有深入的分析。或許這是因為整個教育行政理論的探討，著實無法與行政理論分離，然不可否認的是，整個教育行政理論的發展，應該還有別於傳統的討論方式。而這其實也應是秦夢群、黃貞裕（2001）與王如哲（1998:

361-384）在分析教育行政理論發展時，會有邏輯實證論（1930-）、後實證論（1970-）與後現代主義（1990-），以及規範性知識時期、行為科學時期、辯證的新紀元之分類的部分原因吧！

　　若依此精神出發，重新將整個教育行政理論發展加以區分，應該還有一種分類方式，計分四大階段：⑴一九○○年前理念期之教育行政思想；⑵一九○○至一九四七年行政科學影響之教育行政理論；⑶一九四七至一九七四年美國教育行政「理論運動」；⑷一九七四年後另類教育行政理論的發展。如此區分，除著重以教育行政學者理論之發展來論述外，主要是根據各年代教育行政理論發展的特點加以描述。各階段雖分別給與不同的名稱，然彼此間卻不是截然劃分開的。如行政科學在一九四七年以後，還是對教育行政理論的發展有深刻影響，惟此時由美國教育行政學者發展的「理論運動」，對教育行政的建樹更顯重要。同樣地，一九七四年後教育行政理論，也不能避免受到行政理論的啟迪，惟有一些有別於傳統教育行政理論色彩的理論開展更值得關注。以下，即針對上述分類，對各期教育行政理論發展的特性加以描述。

第二節　1900年前理念期之教育行政思想

　　一九○○年代以前，不論美國或是其他國家，教育行政學的相關文獻是較為薄弱的。以美國為例，一方面因教育行政常未能與教學嚴格區分，導致教育行政知識與教學知識相混；另外，當時學校行政人員之徵集與選擇，也未強調一種專業的培訓課程，常僅重視一種素樸的經驗，直接影響整教育行政專業的建立。因而學者常以「理念時期」（the era of ideology）（1820-1900）（Murphy, 1995: 63），或「前科學」（prescientific）、「原始科學」（protoscientific）

期的教育行政學說稱之（Cunningham & Cordeiro, 2000）。而大多數學者也因此認為，二十世紀後，教育行政學才成為一門獨立的研究學科（謝文全，2003: 27）。

相較於美國學者理念期之教育行政發展，如前所述，德國此時有所謂官房學及行政法學教育行政思想的產生。官房學原是德國帝王管理財政事務的學問，其興起於十六到十八世紀，到了十九世紀開始有了科學的基礎。當時治理國王事務的財臣，為建立較完整的行政學，將教育納入普通行政，由國家的行政機關主管教育事務。惟此時教育行政與普通行政不分，教育行政的實施也不是為了國民的福利著想，通常僅是站在國家主義認識基礎上，探究國民教育的原理和方法，以為專制君主的政權服務。這造成教育行政走上虛偽、形式的人治主義，產生了許多問題（陳永明，2003: 213）。而行政法學的產生被認為是自由主義反抗封建政治專制的一種新要求，其中以 L. V. Stein 為首。他集官房學之大成，而且從專制王政的官房學，轉而朝向法治時代的行政學。從中，他極力主張建立國家完整的行政體系，以法律來解決社會不平等問題，創立市民社會的行政科學。雖然其論述中並無教育行政學的專著，但對國家權力干預教育原理、方法與內容，以及國家應如何以法律來管理教育都有精闢的說明。尤其是從教育原理為核心來發展行政學更備受注目，日本學者久下榮志郎還認為這是現代教育行政理論的創始人（陳永明，2003: 214-216）。

第三節　1900-1947 年行政科學影響之教育行政理論

有關這階段教育行政理論的發展，是國內學者最常提及的部分。

如林天祐主編（2003: 23-46）、黃昆輝（1989: 63-117）、謝文全（1997: 23-118）、E. M. Hanson（1996）及 W. K. Hoy 和 C. G. Miske（1996: 1-24）等人所提及之「古典組織思想」、「科學管理」（scientific management）、「傳統理論」時期（1900-1930），以及「人際關係研究」、「行為科學或社會系統」時期（1930-1950）；或是秦夢群（1997: 14-38）之理性系統模式（1900-1930）與自然系統模式（1930-1950）等，皆是在描述此階段教育行政理論的發展。

　　雖然上述學者彼此間的分類有所不同，然大都突顯整個教育行政學的發展中的兩個特色。其一，是此時教育行政學說明顯脫離一九○○年前所謂「理念時期」，朝向建立教育行政學理論之路邁進（王如哲，1998: 361）。其次，此時雖有部分教育行政學者，如 F. Bobbit、R. E. Callahan 等人直接討論教育行政的問題，然大多數的學者仍未脫離以行政學發展之主軸（Hoy & Miske, 1996: 20）。甚至可以說是僅以行政學說的內容，運用在教育行政上而已，包括所謂科學管理學派、行政管理學派（administrative management school）、科層體制學派（bureaucratic model school）、霍桑研究（Hawthorne Studies）、X 理論與 Y 理論的討論皆是如此。因而 J. Murphy（1995: 62-67）曾反其道，從教育行政學知識本身的發展為主，以「規範性知識時期」來描述此階段教育行政理論的特性。另外，此時期組織討論以封閉系統為主，包括組織規章與人際關係的討論，故有時又被稱之為理性系統和自然系統模式。

第四節　1947-1974 年美國教育行政「理論運動」

　　上述教育行政理論的發展，到了一九四七年代有所轉向。一九

四七年代美國基於外在社會、經濟與文化因素的影響，以及學校行政的需要（Murphy & Forsyth, 1999: 9-13），發自美國教育行政專業社群的學者，如 A. Halpin、D. E. Griffiths 等人強調對自身知識領域的思考，專業地位提昇的需求，以及專業人員的徵選、培育、課程及證照等事項的反省，展開所謂教育行政「理論運動」。其中「美國學校行政人員協會」（American Association of School Administrators, AASA），在得到「凱洛格基金會」（Kellogg Foundation）贊助下，於一九四六年開始進行「改進學校行政人員培訓品質課程」計畫，並先後促成「美國教育行政教授聯合會」（National Conference of Professors of Educational Administration, NCPEA, 1947），及「教育行政合作方案」（Cooperative Program in Education Administration, CPEA, 1950）的成立（Griffiths, 1999: xi-xv）。

這一股出自教育行政學者本身的理論建設，風起雲湧，除開拓出所謂教育行政的理論外，更逐漸促成以教育為主體來建立教育行政學說的風潮。首先，是教育行政國際組織的成立，包括美國設立之「大學教育行政委員會」（UCEA），澳洲設立之「澳洲教育行政委員會」（Australian Council of Educational Administration, ACEA），大英國協設立之「大英國協教育行政與管理委員會」（Commonwealth Council for Educational Administration and Management, CCEAM），以及歐洲成立之「歐洲教育行政論壇」（European Forum on Educational Administration, EFEA）等皆為重要的國際教育行政組織。其次，是相關刊物的出版，如《教育行政季刊》（*Educational Administration Quarterly*, EAQ）、《教育行政雜誌》（*Journal of Educational Administration, JEA*）、《教育管理和行政》（*Educational Management and Administration*）、《國際教育行政研究》（*International Studies in Educational Administration*）、《加拿大行政者》（*Canadian Administrator*）、《學校改進與學校效能國際雜誌》（*International Journal of School Improvement and School Effectiveness*）等（Chapman,

Sackney & Aspin, 1999: 86-87）。另外，英國也基於教育擴充行政人員的增加，興起一股「訓練運動」（王如哲，1998: 386）。而到一九六六年第一次「教育行政國際互訪計畫」（International Intervisitation Program, IIP）的執行，更充分展現教育行政理論發展的努力。

　　此階段的發展主要是受到實證傳統（註1）或稱行為科學的影響，所展開教育行政的理論建構，因而也常被稱之為社會科學時期或行為科學時期（王如哲，1998: 361-384；黃昆輝，1989: 63-117；Hoy & Miskel, 1996: 1-24）。其中又以系統理論（system theory）中對律則（nomothetic）與個殊（idiographic）的討論，對教育行政學說的影響最大，故有時又被稱之為系統理論時期。另外，也因在此時組織的理論從過去封閉系統的理論，轉向開放系統的討論，也有學者將其稱之為開放系統模式（秦夢群，1998: 14-38）。但不論如何，這個階段教育行政理論的發展，明顯地企圖從教育行政的主體性來進行思考。只不過真正從教育行政領域中發展的理論極為有限，因而多數教育行政理論還都是以行政科學的理論為主體。然此一時期所強調的實證精神，一直延續到二○○一年 W. K. Hoy 和 C. G. Miskel《教育行政理論與實踐》一書，還是歷久不墜，也因此導致在一九七四年 T. B. Greenfield 等其他學者的嚴厲批判。

註 1　美國教育行政「理論運動」發展常宣稱主要是以 H. Feigl 邏輯經驗主義（logical empiricism）的影響為主，然因真正遵循狹義的邏輯經主義建立理論者不多，反倒是信奉廣義實證傳統者為眾。再加上，邏輯經驗主義與實證主義（positivism）及邏輯實證論（logical positivism）基本上大多堅持可檢證原則（verification priciple），檢證的標準為客觀經驗，價值中立的主張，理論與觀察之間可完全獨立，科學研究對象為感官經驗，操作型定義等，故本書以「實證主義」或「實證傳統」作為美國教育行政「理論運動」主要精神的代表。

第五節　1974年後另類教育行政理論的發展

　　一九四七年代以實證主義為主的傳統教育行政理論，到了一九七〇年代隨著全球學者對實證主義的批判與反省，來自美國以外的教育行政學者，也開始對其建樹展開嚴厲的討論。其中，加拿大學者 T. B. Greenfield 於一九七四年在布里斯托（Bristol）之「教育行政國際互訪計畫」會中，發表〈關於組織理論：一個新的觀點及其對學校的意涵〉（"Theory about organizations: A new perspective and its implications for schools"），質疑上述實證主義的假設，並倡導一種主觀主義（subjectivism）的教育行政理論。這不但使教育行政理論發展開始有了典範的討論，教育行政理論的發展更是多元性的展開。包括澳洲狄肯大學（Deakin University）中，R. J. Bates、W. P. Foster、J. Codd、P. E. Watkins 等人，從批判角度論述教育行政理論；加拿大學者 C. Hodgkinson 人文主義（humanism）色彩的教育行政理論，對價值在教育行政中有深入剖析；一九九〇年代澳洲 C. W. Evers 和 G. Lakomski 則建基在後經驗主義（post-empiricism）上提出自然融貫（naturalistic coherentism）之教育行政學說；美國學者 D. J. Willower 也採用實用主義（pragmatism）觀點，來討論教育行政理論；另外，來自許多哲學思潮，如後現代主義、後結構主義、女性主義、混沌理論等，也紛紛加入教育行政理論的討論行列。

　　其實，如前述，在一九八五年美國也展開另一波教育行政理論的改革運動，希望以此建立「教育行政知識基礎」。這一波改革同樣是來自美國教育行政專業團體之內，主要是由「大學教育行政委員會」（UCEA）發動，主要有三項任務：⑴對教育行政領導人員培訓課程的檢討；⑵對教育行政知識基礎的推動；⑶對教育行政實際

因素的重視。其也先後促成「全國教育行政卓越委員會」（National Commission on Excellence in Educational Administration, NCEEA, 1985）、「全國政策委員會」（National Policy Board for Educational Administration, NPBEA, 1988）、「教育行政研究與知識前進委員會」（Steering Committee on Knowledge and Research in Edcation Administration, SCKREA, 1991）。NCEEA主要以改進教育行政人員培訓課程為主，NPBEA 則以監督 NCEEA 之建議為主。至於「教育行政研究與知識前進委員會」則重在發展教育行政學知識基礎為核心，其在一九八五年代集結三十五所主要大學，主導美國教育行政理論改革的另一風潮，即教育行政知識基礎的建立（Forsyth, 1999: 71-91; Griffiths, 1999: xi-xix;Hoy, 1994）。

「教育行政知識基礎」運動，至目前為止進行兩個階段。第一階段包括五項目的及七項主要討論的論題，收錄在稱之為*"Primis"*之文件中。七項主題包括：⑴社會及文化對學校教育的影響；⑵教與學的過程；⑶組織研究；⑷學校教育經濟與財政領域；⑸領導與管理過程；⑹政策與政治研究；⑺學校教育之法律與倫理層面。至於「教育行政知識基礎」運動的五個目的，則包括：⑴確認每項主題的本質內容與過程；⑵同時觀照經驗與詮釋的觀點；⑶結合學術及實踐者的智慧；⑷結合多元文化、女性主義、新興與傳統的觀點；⑸推薦各領域未來發展方向。

第二個階段自一九九三年開始之十年計畫，側重另七個目標：⑴評論前七個領域結構完成的情形，必要時加以修正或增減；⑵擴大每個領域的知識基礎；⑶分析每個知識基礎的適切性；⑷修正每個領域的內容；⑸表陳每個領域的知識；⑹為多元聽眾鑑別適當的傳媒；⑺尋求整合跨領域知識內容（Donmoyer & Imber & Scheurich, 1995）。

從上述 UCEA 對「教育行政知識基礎」目標及主題的宣示中，明顯發現美國此時對教育行政理論發展的幾個努力方向。首先，是希望突破過去實證傳統獨大的教育行政理論發展，轉而包括詮釋

學、女性主義、後結構等多元觀點。其次,是對實踐者知識的再次
提倡,包括所謂敘述性(narratives)知識、技巧(craft)等觀點也為
學者重視。如在 Donmoyer、Imber 和 Scheurich(1995)《教育行政知
識基礎》(*The Knowledge Base in Educational Administration*)一書中,
即充分顯現上述特質。再者,此時教育行政主義也擴展了原有討論
主題的範圍,納入許多新興、或是與教育更有直接關係的論題。其
中,最為特別是將「教與學」歸為教育行政的具體內容,很顯然此
時教育行政中之教育因素獲得更廣泛地重視。只不過這樣的宣示意
義大於實質發展,同時研究主題的擴展,大於研究方法的突破,有
許多新興的研究主題仍是以舊有的實證方法為基礎。因而上述「教
育行政知識基礎」的發展,到底對整個教育行政理論能發揮多少影
響力,值得進一步觀察。

    整體而言,此階段的教育行政理論發展,由於其大多站在反實
證主義的立場出發,而進行所謂辯證的過程。因而學者常以「非傳
統觀點」(謝文全,1997: 23-118; Hoy & Miske, 1996: 1-24; Lunenburg &
Ornstein, 1996: 2-24)、「辯證的新紀元」(王如哲,1998: 361-384)
來指稱。

第六節　教育行政理論發展的反省──教育 行政哲學探究之必要性分析

    從這四階段教育行政學說的開展來看,的確看出教育行政理論
的進步,不但討論的觀點多元,而強調以教育行政為主體的理論思
維,更是令人激賞。其中又以一九七四年後,多位學者從不同的哲
學觀點,針對實證傳統教育行政理論的批判,所造成教育行政界
「智識的騷動」(intellectual turmoil)(Griffiths, 1979),更是令人期

待。因為有關教育行政學說的探討，除了包括如何領導？如何決
定？或是如何管理等實踐作為的具體分析外，其實也應該包括教育
行政哲學在內的理論探討。特別是哲學本身代表一種基本的思維方
式，用以提供人類各類領域思考運動的基礎，且對人類認識、倫
理、價值等有具體討論。因而惟有透過教育行政哲學的分析，才足
以提供教育行政理論的統合架構，也才能對教育行政中有關事實與
價值、理論與實踐、律則與個殊與研究方法論等有深切的反省與體
認，以扮演人類實際生活運行的指導方針。C. W. Evers 和 G. Lakomski
（1991: 100; 1996: 16）曾主張哲學的問題，特別是知識論的問題，應
該在教育行政理論中被廣泛的認識。C. Hodgkinson（1983: 1-18; 1991:
112; 1996: 204）也認為哲學是教育行政的本質，領導與行政是關於哲
學的問題。而 D. J. Willower（1988: 730-747）更在《教育行政研究手
冊》（*Handbook of Research on Educational Administration*），將「朝向哲
學，特別是認識論的哲學理論」，視為當前教育行政研究的六大趨勢
之一（註 2）。事實上，早在一九四七年美國教育行政「理論運動」
興起之時，美國「大學教育行政委員會」（UCEA）也曾在美加等
地，贊助一系列有關價值與哲學問題的討論（Willower, 1996: 165）。

　　國內學者對這方面的主題，其實也早有關注，從黃昆輝（1989）、
謝文全（1997、2003）、秦夢群（1997）與王如哲（1998）等人，對
上述的發展均有所描述。而吳清基《賽蒙決定理論與教育行政》
（1990）、黃宗顯《一個學校行政溝通訊息檢證的模式：邏輯實徵
論、詮釋學、批判理論及後結構主義檢證觀的啟示性應用》（1995）、
黃宗顯《學校行政對話研究》（1999）、秦夢群與黃貞裕《教育行
政研究方法論》（2001）、黃乃熒《後現代教育行政哲學》（2000）

註 2　Willower（1988: 730-747）提及六個趨勢為：⑴教育行政之研究成為一個多樣式的研
　　　究領域；⑵朝向真實生活情境之研究的領域；⑶行政是工具性的價值，以達成組織
　　　與社會之目標為主旨；⑷關心價值特別是平等的問題；⑸理解行政本質的複雜性；
　　　⑹朝向哲學特別是認識論的哲學理解。此處所言，即其第六個趨勢。

與陳木金《學校領導研究——從混沌理論研究彩繪學校經營的天空》（2002）更有專書直接討論教育行政哲學的相關問題。惟吳清基、黃乃熒、陳木金乃是針對單一哲學思維進行深入剖析，並未論及其他哲學派別的理論主張；而黃宗顯則以溝通與對話之主題為主，至於秦夢群與黃貞裕之專書，雖對一九七四年後教育行政哲學有了廣泛的討論，但其主要是以研究方法論為主體。在此之外，有關各家教育行政哲學理論之基本主張，以及其對事實與價值、理論與實踐、個殊與律則等問題的處理，以至於有關以教育為主體來建立之教育行政學說的分析，均仍有待國內學者進一步闡釋之處。因而，謝文全（2003:22）曾提及，就研究內容而言，國內教育行政研究，對其哲學面，包括價值、信念及目的研究較少。特別是若欲發展我國教育行政理論之本土化，或是培育更具優質的領導人才，這方面的努力更是值得用心。

　　基於此，本書主要以教育行政理論中之哲學發展為主題，特別針對一九五〇年代以來諸多教育行政理論之哲學思維為剖析重點，討論的章節以人物為主軸，依年代先後分析，依序是：⑴一九五九年代D. E. Griffiths實證主義教育行政理論——兼論美國教育行政「理論運動」；⑵一九七四年T. B. Greenfield的主觀主義教育行政理論；⑶一九七八年C. Hodgkinson人文主義教育行政理論；⑷一九八三年R. J. Bates批判理論教育行政理論；⑸一九九一年C. W. Evers和G. Lakomski自然融貫論教育行政理論；⑹一九九二年D. J. Willower實用主義教育行政學說（註3）（如圖1-1所示）。

註3　各學者所標示的年份，主要均以其專書首度出版為主要依據，如D. E. Griffiths之《行政理論》（*Administative Theory*, 1959）；C. Hodgkinson之《朝向行政哲學》（*Towards a Philosophy of Administraton*, 1978）；R. J. Bates之《教育行政和知識管理》（*Educational Administration and the Management of Knowledge*, 1983）；C. W. Evers和G. Lakomski之《認知教育行政：當代教育行政研究方法論的爭議》（*Knowing Educational Administration：Contemporary Methodological Controversies in Educational Administration*

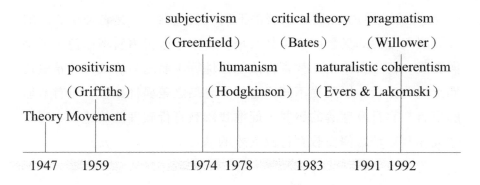

圖 1-1　本書討論之教育行政哲學理論的發展圖

資料來源：作者彙編。

　　上述學者的選擇，主要依據三項標準，其一是以對教育行政理論的討論著墨較多，而非就單一個主題如領導或決定等之討論的學者。特別是強調從教育行政學出發建立理論的學者，而非一般行政學、公共行政學或企業行政學理論應用於教育的討論。其次，囿於目前教育行政的發展，仍是以英語系國家為主，依第一項標準加以選擇後，本書討論的範圍還是以美國、加拿大、澳洲等英語系國家學者主。再者，因限於人力與時間的關係，雖然有許多哲學觀點的討論學者不止一人，但僅先以討論一位代表為原則。如批判觀點的學者，較被人所論及有 R. J. Bates 及 W. P. Foster 兩人，本書僅就 R. J. Bates 的觀點加以論述。而傳統實證理論的學者，除 D. E. Griffiths 外，A. Haplin 也有深刻的討論，但本書也僅列舉 D. E. Griffiths 為主。至於後現代與非均衡系統之教育行政學者，因國內已有相關論述，限於篇幅本書暫不討論。

Research, 1991）；D. J. Willower 之《教育行政：哲學、實踐和專業》（*Educational Administration: Philosophy, Praxis, Professing,* 1992）。至於 T. B. Greenfield 因生前無個人之專書出版，採用其對教育行政學影響最深遠的文章作代表，即〈關於組織理論：一個新的觀點及其對學校的意涵〉（"Theory about organizations: A new perspective and its implications for school"）。

　　全書論述的重點將特別著重下列兩項重點，一是各家學者之理論發展與理論的具體內容；其次是，各家學者對事實與價值、理論與實踐、個殊與律則、教育行政主體性等主題的具體闡釋。希望透過上述的分析，以及從不同學者相關論點之差異性比較，可有效理解現有教育行政理論的發展，促進我國教育行政理論的建立，同時並成為我國培育優質教育行政人才的基石。

參考書目

王如哲（1998）。教育行政學。台北：五南。

吳清基（1990）。賽蒙行政決定理論與教育行政。台北：五南。

林天祐、吳清山、張德銳、湯志民、丁一顧、周崇儒、蔡菁芝（2003）。教育行政學。台北：心理。

秦夢群（1997）。教育行政──理論部分。台北：五南。

秦夢群、黃貞裕（2001）。教育行政研究方法論。台北：五南。

陳木金（2002）。學校領導研究──從渾沌理論研究彩繪學校經營的天空。台北：高等教育。

陳永明（2003）。教師教育研究。上海：華東師範大學。

黃乃熒（2000）。後現代教育行政哲學。台北：師大書苑。

黃昆輝（1989）。教育行政學。台北：東華。

謝文全（1997）。教育行政──理論與實務。台北：文景。

謝文全（2003）。教育行政學。台北：高等教育。

Bates, R. J. (1983). *Educational Administration and the Management of Knowledge.* Geelong: Deakin University.

Chapman, J.D., Sackney, L.E., & Aspin, D. N. (1999). Internationalization in educational administration: Policy and practice, theory and research. In J. Murphy & L. K. Seashore (Eds.), *Handbook of Research on Educational*

Administration (pp.73-98). San Francisco: Jossey-Bass.

Donmoyer, R., Imber, M., & Scheurich, J. J. (1995). *The Knowledge Base in Educational Administration*. Albany: The State University of New York press.

Evers, C. W., & Lakomski, G. (1991). *Knowing Educational Administration: Contemporary Methodological Controversies in Educational Administration Research*. Oxford: Pergamon.

Evers, C. W., & Lakomski, G. (1996). *Exploring Educational Administration: Coherentist Applications and Critical Debates*. Oxford: Pergamon.

Forsyth, P. B. (1999). The work of UCEA. In J. Murphy & P.B. Forsyth (Eds.), *Educational Administration ∶ A Decade of Reform* (pp.71-92). CA: Corwin.

Griffiths, D. E. (1959). *Administative Theory*. N.Y. ∶ AppletonCentury-Crofts.

Griffiths, D. E. (1979). Intellectual turmoil in educational administration. *Educational Administration Quarterly*, *15*(3), 43-65.

Griffiths, D. E. (1999). Introduction, In J. Murphy & P.B. Forsyth (Eds.), *Educational Administration ∶ A Decade of Reform* (pp.xi-xix). CA: Corwin.

Hanson, E. M. (1996). *Educational Administration and Organizational Behavior*. Boston: Allyn & Bacon.

Hodgkinson, C. (1978). *Towards a Philosophy of Administraton*. Oxford: Basil Blackwell.

Hodgkinson, C. (1983). *The Philosophy of Leadership*. N.Y. : St. Martin's.

Hodgkinson, C. (1991). *Educational Leadership: The Moral Art.* N.Y. : State University of New York Press.

Hodgkinson, C. (1996). *Administrative Philosophy: Values and Motivations in Administrtive Life.* Oxford: Pergamon.

Hoy, W. K., & Miskel, C. G. (1978). *Educational Administration: Theory, Research and Practice* (1st ed.). Boston: McGraw-Hill.

Hoy, W. K. (1994). Foundations of educational administration: Traditional and emerging perspectives. *Educational Administration Quartely, 30*(2), 178-198.

Cunningham, W. G., & Gordeiro, P. A. (2000). *Educational Administration: A Problem-Based Approach.* Boston: Allyn and Bacon.

Hoy, W. K., & Miskel, C. G. (1996). *Educational Administration: Theory, Research, and Practice.* N.Y. : McGraw-Hill.

Lunenburg, F. C., & Ornstein, A. C. (1996). *Educational Administration.* N.Y. : Wadsworth.

Murphy, J., & Forsyth, P. B. (1999). A decade of change: An overview. In J. Murphy & P.B. Forsyth (Eds.), *Educational Administration: A Decade of Reform* (pp. 3-38). CA: Corwin.

Murphy, J. (1995). The knowledge base in school administration: Historical footings and emerging trends. In R. Donmoyer, M. Imber & J. J. Scheurich (Eds.), *The Knowledge Based in Educational Administration: Multiple Perspectives*. Albany: State University of New York Press.

Willower, D. J. (1988). Synthesis and projection. In N. J. Boyan (Ed.), *Handbook of Research on Educational Administration*. N. Y. : Longman.

Willower, D. J. (1992). *Educational Administration: Philosophy, Praxis, Professing*. Madison, Wisconsin: National Council of Professors of Educational Administration.

Willower, D. J. (1996). Explaining and improving educational administration. In C. W. Evers & G. Lakomski (Eds.), *Exploring Eductional Administration: Coherentist Applications and Critical Debates*. N.J. : Pergamon.

第二章

D. E. Griffiths 實證主義教育行政理論及評析——兼論美國教育行政「理論運動」

第一節　前　言

　　D. E. Griffiths為美國教育行政界極具影響力的重要人物，他自一九五二年獲得耶魯大學博士學位後，即參與「教育行政合作方案」（CPEA）工作，與A. Halpin、R. F. Campbell、J. W. Betzels和E. G. Guba等人，成為當時教育行政「理論運動」（註1）領導的一員。其中除積極鼓吹實證傳統的理論開展，並先後出版了《學校行政中之人際關係》（*Human Relations in School Administration,* 1956）、《行政理論》（*Administrative Theory,* 1959）及〈朝向行政行為理論〉（"Toward a theory of administrative behavior", Campbell and Gregg 主編, 1957）等書，積極為教育行政理論科學化而努力。一九六四年後因接任紐約

註1　美國教育行政「理論運動」，是被用來描述一九五〇年代美國一些學者、專家及實際工作者，對於教育行政理論發展的努力。包括 J. A. Culbertson、W. P. Foster、D. J. Willower、L. Iannaccone、D. E. Griffiths、T. B. Greenfield、R. J. Bates、C. Hodgkinson、C. W. Evers和G. Lakomski等人皆使用「理論運動」一詞，來描述這個階段的努力情形，A. Halpin 則用「新運動」（New Movement）一詞來加以描述。整個理論運動發展的年代，不同學者常有不同的說法，如 A. Halpin 主張從一九五四至一九六四年，T. B. Greenfield 認為從一九五八至一九六八年，而 R. F. Campbell 則認為從一九五七至一九六七年。另外，D. J. Willower（1996: 170）曾將理論運動的發展分為「舊傳統」及「新傳統」，兩者以 W. Hoy 和 C. Miskel 於一九七八年出版之《教育行政：理論、研究與實際》第一版為分界點。舊傳統指的是受到邏輯經驗主義學者H. Feigl影響下理論一九五八至一九六八發展為主，而新傳統即是 W. Hoy 和 C. Miskel 陸續再版的《教育行政：理論、研究與實際》一書為代表。整體而言，大多數人認同理論運動主要的生產年代，是以一九五四年為一個起始點，主要發展階段大約維持十年，同時主張以實證主義的立場為主（Hare, 1996: 88-89）。惟若採取比較廣義的主張，應該從一九四七年「美國教育行政教授聯合會」（NCPEA）設立算起，一直延續到一九七四年 T. B. Greenfield正式提出批判時為止。因此本文討論的範圍即以一九四七到一九七四年為止。

大學院長一職後，對教育行政理論的建構稍有停滯，但當一九七四年 T. B. Greenfield 於布里斯托之「教育行政國際互訪計畫」會中，發表〈關於組織理論：一個新的觀點及其對學校的意涵〉文章時，再度關心教育行政理論的發展，並與 T. B. Greenfield 展開一場深刻的對話，再次將教育行政理論建構的相關議題推向學術的舞台，同時也促成後續學者對五〇年代「理論運動」諸多主張的反省（Hare, 1996: 106-109）。

　　整體而言，D. E. Griffiths 的努力對教育行政理論的發展有著重大的貢獻，其一生對教育行政理論發展的反覆討論，正突顯其對教育行政理論建構的關心。特別是其從早期扮演著教育行政「理論運動」忠實的領導者，積極努力進行實證傳統理論的建樹，到一九六〇年代末期對「理論運動」的反省，以至於到一九八〇年代承認多元教育行政理論發展的正當性，正符應著整個教育行政理論發展，特別是美國教育行政理論開展之趨勢。基此，本文想藉由 D. E. Griffiths 實證主義教育行政理論及評析，一方面對其個人的相關論點進行討論，另一方面也想依此探討自一九四七年以來，教育行政「理論運動」發展的興衰始末，及相關的優缺點。全文除前言外共分五段，分別是一九四七至一九五四年 D. E. Griffiths 教育行政理論的蘊釀、一九五四至一九六〇年 D. E. Griffiths 教育行政理論的建立、一九六〇至一九七四年 D. E. Griffiths 教育行政理論的反省、一九七四年後 D. E. Griffiths 教育行政理論的再出發四個階段加以討論，最後再對整個 D. E. Griffiths 的教育行政理論，及一九四七年美國教育行政「理論運動」之發展加以評析。

第二節　1947-1954 年 D. E. Griffiths
教育行政理論的蘊釀

　　一九四七年至一九五四年是 D. E. Griffiths 教育行政學說之蘊釀階段，從耶魯大學博士學位的獲取，以至於一九五二年後對「教育行政合作方案」（CPEA）的參與，蘊釀著其未來教育行政學術開展的基本路線。而在這階段正值美國教育行政「理論運動」的發軔，因而也可以從整個「理論運動」發展的過程，來省察 D. E. Griffiths 教育行政學說蘊釀的過程。

　　一九四七年代美國教育行政「理論運動」，基本上是反對早期「理念期」教育行政思想而來的。二十世紀中期以前，教育行政領域是缺乏科學理論的建樹，一般教育行政學者如隱士，主要以零碎或素樸（naïve）經驗為主，不但未能形成基礎的理論架構，同時對於教育行政人員的培養，也常僅是以軼事（anecdote）為主，強調一種學徒制的經驗傳承。其間，雖然受到賽蒙（H. A. Simon）等社會科學家的影響，而有些理論的開展，然大多仍附屬於一般行政學中，僅是借用各類社會科學理論與方法，直接運用在教育行政問題中，而不顧其原有的爭論，也不考量教育行政獨有的專業特質（許智偉譯，1982: 1-2）。如此的發展，基本上還是無法為教育行政建立堅實的基礎，不論在教育行政人員之培育，或是教育行政實際問題之解決，均難以發揮具體有效的導引功能，甚者更危及教育行政理論的學術地位。

　　正當教育行政專家即將面臨被學校系統排除之際，一九四七年美國發展出所謂教育行政「理論運動」。有一批學者，以嚴格、科學的理論發展為目的，同時從教育行政的主體性出發，期待以科學

方法能協助教育行政人員對行政事務的理解與控制，改良教育行政
人員的訓練，同時並改善教育行政專業地位的低落（Greenfield &
Ribbins, 1993: 28-29, 33-34, 135-136; Murphy & Forsyth, 1999: 9-13）。當
時主要以「美國學校行政人員協會」（AASA）為發動者，在得到
「凱洛格基金會」的贊助下（註2），「美國學校行政人員協會」於
一九四六年開始進行「改進學校行政人員培訓品質課程計畫」，並
先後促成「美國教育行政教授聯合會」（NCPEA），及「教育行政
合作方案」（CPEA）之設立（Griffiths, 1999: xiii）。

　　NCPEA是一九四七年由Walter Cocking發動成立，採每年集會一
次，曾先後於紐約州恩迪科特（Endicott）（1947）、威斯康辛麥迪
遜（Madison）（1948）等地召開會議。後來受到「大學教育行政委
員會」（UCEA）一九五六年成立的影響，在一九九二年改為「教育
行政全國教授委員會」（National Council of Professors of Educational
Administration, NCPEA）。初期 NCPEA 受到世界大戰的負面作用，
以及科學樂觀發展的影響，組織中充分顯示對教育行政領導理解之
期待，以及改良人類生活的樂觀想法。一九四八年曾以改良教育領
導的三項議題為主軸，包括：(1)改善社區生活的教育作為；(2)領導
過程本質的理解；(3)協助教育領導者的鑑定、培育與養成。一九四
九年於密西根州會議中也曾列出六項議題，包括：(1)教育領導人才
培訓課程的哲學基礎；(2)領導的特質；(3)課程的組織與執行；(4)教
育行政人員培育課程；(5)教師與學生的相關政策；(6)行政領導人才
培育課程的評價等，這些討論影響後來「理論運動」的發展，同時
也促進了各界具經驗的行政人才對教育組織研究產生興趣（Hare,
1996: 39）。一九五○年當CPEA成立後，NCPEA的工作重點改以宣
導 CPEA 研究的成果，主要的內容包括：(1)協助學校行政者角色的

註2　「凱洛格基金會」對教育行政界的贊助，主要是由 P. Hanna, R. Tyler 和 M. Seay 三位
　　　學者在一九四六年對基金會所提的建議（Griffiths, 1999: xii）。

察覺；(2)促使實際行政者之專業化；(3)統整教育行政學者與研究者
之目的等，以求有效促成整個教育行政學「理論運動」的開展
（Griffiths, 1999: xi-xv）。

　　雖然 NCPEA 的努力對「理論運動」已有深遠的影響，但 CPEA
在一九五○年代成立，更是促成「理論運動」開展的主因。CPEA 旨
在促進教育行政界之合作，在五○年代其分別在八所大學設置相關
研究中心，除研究方式採自主的方式進行外，對研究具體內容強調
共同目的、資源共享。這八所大學分別是：哈佛大學（Harvard
University）、芝加哥大學（University of Chicago）、哥倫比亞大學師
範學院（Teachers College, Columbia University）、德州大學（University
of Texas）、喬治教師訓練學院（George Peabody College for Teachers）、
奧勒岡大學（University of Oregon）、史丹佛大學（Leland Standford
University）、俄亥俄州立大學（The Ohio State University）（Griffiths,
1999: xi-xv; Hare, 1996: 43-46）。而其主要目的則為：

　　(1)辦理優秀且具有潛力的行政人員職前與在職訓練課程。
　　(2)經由科際整合的方式讓大學對於重大的社會與教育問題具有
　　　　更強烈的敏銳度。
　　(3)將研究發現傳遞給各個學校單位。
　　(4)研究與發掘教育與行政的新知識。
　　(5)發展區域中各個大學、學院、政府機構與組織，以及各教育
　　　　行政單位之間持續不斷的合作溝通管道。

（秦夢群、黃貞裕，2001: 57）

　　隨後在更多專業組織成立及專業刊物的出版，對「理論運動」
的開展提供更大的助力。從專業組織的成立中，促使許多人員加入
教育行政學術的討論，而有關專業刊物的出版，如《小學雜誌》
（The Elementary School Journal）、《學校經營》（The School
Executive）等，雖非完全理論導向，而僅是著重領導人才的選擇及
學校品質改良等問題的討論，但卻也提供了相關專業組織會議之重

點，有時更會提供相關報告的出版，間接促成教育行政「理論運動」的擴展。當一九五四年，A. Halpin 用「新運動」，正式宣告教育行政理論的發展進入另一個新頁時，D. E. Griffiths 也展開其教育行政理論的建樹（Hare, 1996: 39-43, 46-47）。

第三節　1954-1960 年 D. E. Griffiths 教育行政理論的建立

D. E. Griffiths 教育行政理論的建立，依舊是伴隨著美國教育行政理論而來，因而以下將先探討「理論運動」中諸位學者的努力，而後再討論 D. E. Griffiths 相關的理論建樹。

一、教育行政「理論運動」的建立

一九五四年是教育行政「理論運動」最關鍵的一年，該年在科羅拉多丹佛（Denver）舉行之 NCPEA 年會中，社會科學家，特別是行為主義學者於參加年會時，嚴屬批評教育行政缺乏理論研究的窘境。強調教育行政人員的訓練及研究，應以行為科學典範為主，從中積極尋求普遍法則與基本理論的建立，才有利其理解與掌握迷惑的行政世界，如此抨擊促使教育行政界做了深度的反省（Greenfield & Ribbins, 1993: 29）。

這樣的想法獲得當時 A. Halpin、R. F. Campbell、R. T. Gregg、J. Culbertson、D. E. Griffiths、A. C. Coladaci 及 J. W. Getzels 等人的支持。A. Halpin 以「新運動」為名，提出三點說明，作為主要方針：⑴強調教育行政應如同其他行政的研究領域一般，不必視為一種特殊的領域來加以處理；⑵反對素樸經驗研究，強調理論角色在教育行政

中的地位；(3) 因為教育如一種社會系統，組織和環境中各變項會進行交互作用，因此教育行政必須大大依賴行為科學之發現。

　　此時教育行政理論的建立，強調以實證科學作為行政科學獲得可信知識的唯一方法，其中又以 H. Feigl 邏輯經驗主義學說為主要精神，提供教育行政理論之結構與證成方式的參考基準。H. Feigl 認為理論乃是一組源自純邏輯數學程序經驗法則的假設，並強調以假設－演譯（hypothetico-deductive）的方法，來達成科學之敘述、解釋與預測的目的（許智偉譯，1982: 87）。這樣的主張，明顯地說明了實證主義的社會科學家，已成為教育行政「理論運動」的領導者，為教育行政者之研究指出新的研究方向。尤其是對正為教育行政規畫一個通用理論之芝加哥大學中西部行政中心（Midwest Administration Center）影響最為深遠（Evers & Lakomski, 1994: 261; Hare, 1996: 51-55）。

　　自此後整個教育行政界對未來充滿希望與信心，陸續也有許多相關的著作產生，雖然有許多「理論運動」的支持者，並未具體採用 H. Feigl 的方式來進行研究，但依舊強調實證精神。包括：D. E. Griffiths 之《學校行政中之人際關係》（1956）、《行政理論》（1959）；A. C. Coladaci 和 J. W. Getzels 之《教育行政中理論的使用》（*The Use of Theory in Educational Administration,* 1955）；R. F. Campbell 和 R. T. Gregg 之《教育中的行政行為》（*Administrative Behavior in Education,* 1957），以及 D. E. Griffiths〈朝向行政行為理論〉、A. Halpin〈行政行為的研究典範〉（"Paradigm for research on administrative behavior", 1957）等文章均強列表示遵守實證主義的立場，以尋求教育行政知識的發展。特別學者們均努力將教育行政理論結構化，使其理論更具系統性及普遍性，而不再只是實踐者的常民智慧，以改良教育的實際。當時雖有部分學者如 Orin Graff 曾極力反對實證主義之典範，只是相關的論述並未受到重視（Griffiths, 1986）。

　　一九五六年包括 NCPEA、AASA 為支持對教育行政理論基礎的

建立，試圖使各大學再一次共同合作來研究教育行政，由三十二個
組織成立「大學教育行政委員會」（UCEA）。一九五七年他們籌劃
以「朝向教育行政理論發展」（Toward the Development of a Theory of
Educational Administration）為主題的研討會，會中八篇文章並由 A.
Halpin 以《教育的行政理論》（*Administration Theory in Education*,
1958）為名發表（Hare, 1996: 59-60）。此後，教育行政之理論、研
究及教學法有快速的轉變，在「行政理論如一個行動的引導方針」
（Administrative Theory as a Guide to Action）的旗幟下，教育行政學
者、研究者與實踐者很快地為「新運動」的假設背書。教育行政理
論發展至此，也已從早先小群體研究，走向美國全國性的探討，同
時也正式宣告教育行政科學千禧年的到來（Greenfield & Ribbins, 1993:
40-41, 143）。

二、D. E. Griffiths 教育行政理論的建立

此時 D. E. Griffiths 如同上述諸多學者一般，支持一九五四年
NCPEA 年會中社會科學家的主張，強調以實證科學作為教育行政理
論建構的主要基礎。這些觀點充分顯示在《學校行政中之人際關
係》（1956）、《行政理論》（1959）及〈朝向行政行為理論〉
（1957）等文章中。D. E. Griffiths 一方面分析傳統學者之所以反對理
論的原因，同時對於教育行政科學化的基本假設，以及其認為教育
行政學之核心——決定理論有了許多的討論。

(一)傳統學者反對理論之原因

D. E. Griffiths 認為理論的建立是教育行政「理論運動」的主要工
作，然過去學者為何主張理論無用，一心一意只關心實行呢？他引
用 A. C. Coladaci 和 J. B. Getzels 等人之分析，認為是來自下列六個因
素：⑴過分偏向「尊重事實」（factualism）：即認為教育行政的改

進僅需收集事實資料即可，無需理論來支持；⑵過分信任專家權威，導致與理論分離，與真理相違背；⑶對理論化可能產生之困難或不穩定性的懼怕；⑷對專門術語的隔閡；⑸對個人見解之情感性的認同，而缺乏建立理論時所需要之超脫情感；⑹徹頭徹尾的功利主義而對理論不信任（許智偉譯，1982: 8-13）。對此，D. E. Griffiths 此時認為這其實是一種錯誤，教育行政惟有科學化的理論建構，才能有更進步的空間。

(二)教育行政科學理論的特質

D. E. Griffiths認為教育行政應該發展的理論是一種科學理論，此種理論的定義維持「理論運動」一貫的主張，強調以實證科學作為行政獲得可信知識的唯一方法。如前所述，其中又以邏輯經驗哲學 H. Feigl學說為主要精神，提供教育行政理論之結構與證成的參考基準。若具體分析，D. E. Griffiths 指出教育行政理論必須符合下列幾項特質（Evers & Lakomski, 1991: 9-10; 1993: 141-143; 1996: 1-5, 14; Greenfield & Ribbins, 1993: 141-142, 179-180; Griffiths, 1957: 364-366; 1986; Hare, 1996）：

1.事實的理論內容：依隨著實證主義事實與價值區分的立場，D. E. Griffiths 認為價值與應然的問題無法在科學中存在，也不能被經驗證明。因此，教育行政理論不等於哲學、沉思、夢想或個人的事，哲學討論價值與應然，而理論討論事實與實然，故教育行政是一種以事實為主的科學理論，主要著重能以經驗來檢證或因果說明的事實問題。

2.客觀性與可靠性的理論方法：依事實與價值的區分，D. E. Griffiths在研究方法中進一步強調理論的可測試性，強調理論需由經驗的測試過程中予以證成。任何主張愈能被證成、愈能驗證，則愈能理論化。至於具體方法的使用，D. E. Griffiths 分別討論了傳統與所謂「新」的方法。傳統方法主要是指行政人員的言論報告，教師

的調查研究與演譯推論，或是由別的學科中引來的模式應用。他認為這些方法大多缺乏洞察力，很少能與系統理論結構相結合，也無法由這些分類系統中統整可測試之假設。至於「新」的研究方法，D. E. Griffiths 認為包括常用的問卷及問答法，惟這種方法常因經費不足，而淪為行政人員之自我陳述。故 D. E. Griffiths 當時大力提倡觀察法的使用，因為所有的理論建立皆由某種觀察開始（許智偉譯，1982）。

3.操作主義（operationism）：D. E. Griffiths 主張理論的主要名詞均應能予以操作型定義，從中才能直接引導研究者來從事相關行為的研究。

4.系統化結構：D. E. Griffiths 強調任何理論皆基於一系列個別事實與事件的描述，從這些描述之規則性的收集，才足建立了經驗的法則。最後再將此一系列概念的描述，整合成一連貫與有系統的抽象命題、理論結構與語言，以建立理想模式。這個理想的模式為一種普遍的原理原則，得用以描述、預測與說明行政的情況，同時也可以作為行動的有效引導（Griffiths, 1957: 364-366）。

綜合上述教育行政科學理論的主張，D. E. Griffiths 強調行政理論應可解釋行政的特質，行政理論必須是行政作為的指導，行政理論也必須是收集事實的指導，行政理論更應是創建新知的導引。惟配合上述事實與價值區分的主張，他強調上述一切都不是應然的指導而是實然的處理，特別是指在技術、程序、關係方面的指導功能。

(三)以決定為教育行政理論的核心

關於教育行政理論的核心內容，不同學者常有不同的說法，D. E. Griffiths 此時如同賽蒙主張，認為決定為行政理論的核心。在這個決定理論中，他提出決定、連續決定、組織、認知、溝通、權力與權威等概念，而後從上述概念中，提出四個主要命題，包括：(1)組織結構取決於決定程序的性質；(2)一般機構中之正式與非正式

組織若趨於一致時，則此機構將會有極大的成就；(3)行政人員若限制自己只在決定程序中做決定，而不做最後的決定，則其部屬較易接受其領導；(4)如果行政人員認為他自己是決定程序中心的控制者，而非為機構做成決定，則決定將更加有效。最後，他再提出行政決定時之具體步驟，包括：(1)認識、解釋、並確定問題的範圍；(2)分析及評鑑問題，並選擇適當的決策方式，決定的類別包括居間決定（intermediary decision）、申訴決定（appellate decision）與創舉決定（creative decision）；(3)設立批判標準用以對其可接受性及合不合需要做成評鑑與判斷之解決方案；(4)收集資料；(5)規畫並選擇較佳解決方案，並事先預測方案之可行性；(6)方案之實施：訂定方案的進程、控制進程中的活動、評鑑其結果及其程序（許智偉譯，1982:87-128）。

此時 D. E. Griffiths 決定理論的提出，是他企圖使用實證科學為教育行政理論帶來具體建樹的努力，而從上述決定概念的提出，也發現了諸多前述行政科學理論的特質。首先，D. E. Griffiths 強調決定過程中以實然問題之處理為主，而非應然的討論；其次此種決定理論與數量是密切相關的，特別在規畫並選擇較佳解決方案時，D. E. Griffiths 提出或然率發生連鎖（probability event chain）來衡量每一個選擇可能帶來的結果。另外，就理論的系統性與普遍性而言，D. E. Griffiths 認為此種決定的程序，是可複製的，正如賽蒙所說，兩個人若給與同等之機會、同等之價值、相同之知識，則必可能有同樣的決定。亦即按此既定的步驟，解決某一特定的問題，其結果必然相同（許智偉譯，1982）。

只不過這樣的理論發展，整體而言，仍未能滿足「理論運動」的所有需要，有許多傳統理論之素樸經驗彷彿依然存在，而科學化的理論特性，也有許多尚未實現。特別是 D. E. Griffiths 本人也一再強調理論的建立絕非是絕對的，各種新的理論隨時都有可能取代舊理論而成立（許智偉譯，1982: 87）。同時，D. E. Griffiths 也認為教

育行政是科學與藝術兩者並存的世界，行政固然有其科學的層面，但在實用上卻往往是一種藝術，強調由直覺及經驗所導引的行動。亦即，他認為雖然行政「理論運動」在促進科學化的理論建構，但行政之藝術特質不可完全忽視，只是可以透過科學的發展，以減少藝術成分（許智偉譯，1982: 27, 29）。就在這些想法中，配合緊接而來幾年教育行政理論的發展之趨向，D. E. Griffiths 的理論有了明顯地轉變。

第四節　1960-1974 年 D. E. Griffiths 教育行政理論的反省

　　教育行政「理論運動」發展至一九六○年代仍充滿樂觀的遠景，特別是在許多外在因素的影響中，得到更大的助力。然相對此，「理論運動」的創建人之一 D. E. Griffiths 卻在此時有了不一樣的反省。以下先論述教育行政理論在此時的發展，而後再討論 D. E. Griffiths 的反省。

一、教育行政「理論運動」的發展

　　一九五七年後，教育行政「理論運動」的發展，有著更多的成果。首先，教育行政學者受到許多外在因素的激勵，更努力地朝向偉大理論之建構。這包括蘇俄於一九五七年發射人造衛星 Sputnik I，美國一九五八年通過《國家防禦教育法案》（*National Defense Education Act*）等。從中美國強調學生在數學、科學及外國語言的學習，進而使美國政府開始設立基金，支持教育行政學理論之科學研究。其中又特別鼓勵在高等教育機構設立教育行政專業培養課程，以培養高

學位學生進入職場。其所塑造出之教育行政學者，不但支持「理論運動」發展，而且更直接造成教育行理論的產生。另外，受到NDEA聯邦教育基金對教育行政理論的推動，也使教育行政理論商品化，教育成為國家新的興趣所在，教育行政理論的發展，得到更多政府與大眾的關注。再者，由於一九五○年代越戰，及一九六○年代古巴事件等之不確定性因素，使教育行政者深受教育缺乏解釋與預測能力之模式所苦，因而希望能結合眾多理論及各類看法，建立一個新的、較大的理論網路，以達成各項問題的解釋與說明（Hare, 1996: 70-80）。

這些支持導引許多教育行政理論之研究，如由 UCEA 和「芝加哥中西部行政中心」於一九五八年後先後贊助許多教育行政理論研討會的進行，關心不同理論研究對教育行政實際的影響（Greenfield & Ribbins, 1993: 40-41）。在整個教育行政理論重要生產的十年當中（約一九五四至一九六四年），使人們逐漸相信教育行政是一門科學，行政中的任何問題，包括組織、決策、系統等概念，均可使用實證科學中客觀、量化、價值中立之研究加以解決（Greenfield & Ribbins, 1993: 145-146）。

另一個影響「理論運動」發展的因素，是教育行政培育課程的產生。基於教育行政客觀的科學理論被認為已經創造，因此作為培育行政者的課程，被認為應透過大學課程（如組織的科學）科學地訓練，同時應該由國家委任（state-mandated），且給與證書，行政者之訓練才能有效率及效能地達到目的（Greenfield & Ribbins, 1993: 145）。R. E. Callahan 曾討論歷史發展中美國學校領導者（superintendents）行政課程，包括四個階段：在一八六五至一九一○年主張學校教育領導（scholarly educational leader），在一九一○至一九三○年是著重企業管理與學校執行（business manager or school executive），一九三○至一九五四年是強調民主學校系統之政治家（statesman in democratic school system），到了一九五四年以後則採應用社會科學的主張

（applied social scientist）（Greenfield & Ribbins, 1993: 150），很明顯地在一九五四年後科學化的課程已經被廣泛地主張。

在此階段，以教育行政為主體所產生的理論，主要有五個（註3），包括：⑴A. Halpin（1956）之〈學校視導者的領導行為〉（"Leadership behavior of school superintendents"），採用「領導行為描述問卷」（Leader Behavior Description Questionnaire, LBDQ）；⑵ J. W. Getzels 和 E. G. Guba（1957）之〈行政如社會過程模式〉（"The model of administration as a social process"）；⑶ J. K. Hemphill, D. E. Griffiths 和 N. Fredericksen（1962）之〈行政成就與人格〉（"Administrative performance and personality"）；⑷ R. Q. Carlson（1962）之〈組織改變的執行順序〉（"Executive succession and organizational change"）；⑸ A. Hanpin 和 D. B. Croft（1966）之《學校組織氣候》（*The Organizational Climate of Schools*），以新工具「組織氣氛描述問卷」（Organizational Climate Description Questionaire, OCDQ）進行研究（Greenfield & Ribbins, 1993: 35）。其中，系統理論中對律則與個殊的討論，主張人類行為乃是制度角色（institutional role），和個人依需要傾向（need-dispositions），即 B=f（R×P）公式的交互作用產生等之說明，不但充分表明實證主義的色彩，同時也被認為對社會教育情境之行政行為研究提供一個適當的架構（Evers & Lakomski, 1994: 262-263）。

教育行政「理論運動」此時期的努力方向，一直是希望改變傳統對理論的敵對，同時以一種嚴格定義、高層次抽象語言及專門術語，建立普遍與統一的理論，以作為整個研究的思考架構，解決教

註3　前三篇是 A. Halpin 與 D. E. Griffiths 所共同認可的，後兩篇為 A. Halpin 獨自主張的說法。其中，第三篇 J. K. Hemphill, D. E. Griffiths 和 N. Fredericksen 之研究，被 A. Halpin 認為是最具紀念性的單一研究（Hare, 1996: 93）。另外，D. E. Griffiths（1983）在〈理論和研究的進化：一個顯著研究的分析〉（"Evolution in research and theory: A study of prominent research"）一文中，還曾提到 N. Gross, W. S. Mason 和 A. W. McEachern（1958）之〈學校視導的研究：角色分析的探究〉（"Explorations in role analysis: Studies of the school superintendency"）一文。

育行政人員日常面臨的問題。這些理想在教育行政學者的努力下，此時稍有成就。如一九四〇至一九五〇年代學者對理論的敵對已有所改變，當時「美國教育研究協會」（American Educational Research Association）及 Phi Delta Kappa，均分別贊助「教育研究委員會」（Council for Research in Education）及「全國研究座談會」（National Research Symposium）的舉行。其中的主要議題，包括：⑴評價適當的研究發現；⑵發展理論架構，以利統整現有知識；⑶改變教育研究特定的特質；⑷刺激研究生產；⑸將理論運用至實際（Hare, 1996: 74-76）。其次，這種想法，在此階段受到許多實踐者的支持，同時也有些重要的成果，如 J. W. Getzels 和 E. G. Guba 之社會系統模式（social systems model）不但提供一個整合概念模式，回答現存的問題，同時從概念與關係之操作型定義中，也提供研究者之理解方向及研究藍圖（Hare, 1996: 91-92）。

　　不過這樣的發展，仍只是小部分的成功。事實上，從整體的研究成果來看，隨著時間的進展，發現有愈來愈多的研究無法達成上述目標。就外在因素而言，A. Halpin 認為：⑴「理論運動」的領導者缺乏高層次的專業訓練；⑵理論研究中心不平等的分布；⑶「理論運動」領導間的摩擦；⑷基金會及聯邦金錢的資助問題；⑸獎勵主義（promotionalism）的危險，均直接促使教育行政理論研究趨勢轉弱（Hare, 1996: 98-100）。其中，D. V. Hare（1996: 74-76）還發現由於政府基金的介入，對教育行政理論發展產生了一些負面的作用，包括：⑴認為計畫改變能被大規模及長時期的建造；⑵認為改變能被很快及戲劇性的達成；⑶認為錢可買任何東西；⑷認為高貴的意向及困難工作皆會因有充足的錢，而達成願望等。而從內部而言，有更多曾經大力支持「理論運動」的學者，也開始對整個運動的表現有所質疑。如 A. Halpin 在一九六六年《行政的理論與研究》（*Theory and Research in Administration*），已經顯露出對一九四七年「理論運動」部分改革的悲觀，而一九六四年 J. W. Lipham 之評論雖然仍大力

提倡理論化運動，但也開始質疑，這其中當然也包括 D. E. Griffiths 的反省在內。

二、D. E. Griffiths 教育行政理論的反省

從整個「理論運動」之偉大目標中，此時 D. E. Griffiths 也同樣感受到其中顯現的困境。一九六〇年代初期，他曾對教育行政理論的發展有所批評，這包括：(1)無一項具體的研究是有關行政的特有模式，大多僅是教師的演繹推論；(2)概念的建立常依自己的語言文字來表達而沒有共同的術語；(3)較強調理論整體性發展，即包羅一切的理論研究，而較忽略中間階層的理論；(4)在理論的成果上很多理論皆無法產生可預測的假設，同時也少有理論能接受數理的嚴格考驗（許智偉譯，1982: 78-81）等。而在一九六九年，D. E. Griffiths 更深入思考「理論運動」之假設及主張，發表〈教育行政理論：1966〉（"Theory in educational administration: 1966"）時，他認為教育行政「理論運動」應該放棄大一統、高度抽象理論的建立，轉而尋求基本的、中間階層的理論的開展。同時這種理論化的過程，不應再局限於實證主義的基本立場，而是應採取多樣化的方式，包括：歸納法、類型學（typology）、演譯、歷史研究等方法，或是多學科的研究（multidisciplinary research）、科際整合（interdisciplinary）研究來對教育行政現象進行說明。只不過這樣的反省，因 D. E. Griffiths 於一九六四年接任紐約大學院長一職後，工作繁忙而無法對教育行政理論的整體建構有更直接的貢獻（Hare, 1996: 106-109）。

第五節　1974 年後 D. E. Griffiths 教育行政理論的再出發

除前述，D. E. Griffiths 對教育行政「理論運動」的質疑外，當一九七四年 T. B. Greenfield 於布里斯托「教育行政國際互訪計畫」中，發表〈關於組織理論：一個新的觀點及其對學校的意涵〉，正式對實證傳統之「理論運動」展開批判時，D. E. Griffiths 此時也受到幾件事件的影響，重新回到教育行政學術界上，並提出一些新的見解，值得關注。

一、教育行政「理論運動」發展的檢討

面對 T. B. Greenfield 於一九七四年的批判，一九七七年 UCEA 曾和洛徹斯特大學（University of Rochester）贊助一個研討會，直接關心教育行政的理論和方法論的問題，同時也檢查教育行政研究的實質結果。在此會議中明顯有些爭論，部分學者希望藉由另一種更佳的科學意義，來改善目前行政理論發展的困境，如 D. J. Willower 強調傳統教育行政依舊是有好的外形，教育行政的再生是不需要浴火鳳凰，而只是需要磨光。同時他也認為傳統教育行政本身包括自我改正的機制，故仍是接近真理的唯一道路（Greenfield & Ribbins, 1993: 176）。另一派學者則主張透過新的方法論和不同觀點之理解才可達成教育行政學術發展的目的。此派學者認為這不但是必須，而且還是唯一的一條路，如 D. A. Erickson 於一九七七年提出一種實踐的研究（practical studies），主張不應再試圖以理論作為行政行為的引導；而 G. L. Immegart 和 W. L. Boyd 則主張政策導向的研究（policy-oriented research），他們批判傳統「理論運動」之研究不但觀點太狹窄，而且常以行政者或教師為焦點，關心組織對人的影響，而忽略了其他組織因素，特別是學校外情境因素的分析。

另外，面對早先「理論運動」學者採用H. Feigl對理論的定義，此時也有眾多學者發現，其標準既不能工作（working），也不能運轉（workable）。如D. J. Willower即曾表示，H. Feigl強調理論為一組從邏輯數學推論而來的假設，然這種標準卻排除目前教育行政理論所進行的每一件事，因而他從杜威（J. Dewey）的實用主義中提議另一種新的理論定義。而 L. Iannaccone 則以較批判的口吻，強調「理論運動」本身是以假的研究、存疑的研究與理論為主。

面對這樣的批判，在一九七〇年末期、一九八〇年初期雖然仍有部分學者主張以「科學」的路線來研究教育行政，如D. J. Willower的教育行政理論，W. K. Hoy 和 C. G. Miskel 的新傳統，及 C. W. Evers 和 G. Lakomski 之後實證論（postpositivism）或新科學（new science）主張。但卻實質引發另一股非傳統教育行政理論的產生，如 T. B. Greenfield 的主觀主義、R. J. Bates 的批判理論、C. Hodgkinson 的人文主義等。這些非傳統的教育行政理論，均強調經驗主義之不當，認為其將消除人類與人類組織生活的理解，同時省略在整個行政行動不可避免道德複雜性，因而大多主張教育行政的研究應使人自由，回復人的道德與人性觀點，來理解事物。另外，後結構主義、後現代主義、女性主義、混沌理論對教育行政理論的探討也隨之而起（Hare, 1996: 103-106）。

二、D. E. Griffiths 教育行政理論的再出發

重新觸發 D. E. Griffiths 對「理論運動」之反省，主要受到其自身大學行政生涯經驗的影響，以及三篇文章的啟迪。其中，一九七四年布里斯托之互訪計畫中，T. B. Greenfield 及 Lord Morris 的文章是

其中的兩篇。T. G. Greenfield 主觀主義的文章使 D. E. Griffiths 察覺到僅以抽象語言來討論行政行為的偏失；而後者的文章則剖析管理與領導人之難處，使 D. E. Griffiths 察覺到教育行政者需要更多的政治藝術與技巧。另一個重要文章的刺激是一九七二年 M. D. Cohen, J. G. March 和 J. P. Olsen 對大學決定過程的研究，從中 D. E. Griffiths 發現現實行政與組織生活中非理性的一面（Gronn, 1983: 27-28）。這些因素，促使這位「理論運動」原先的發起人，在此階段有了明顯地轉向（Greenfield & Ribbins, 1993: 40-41）。

　　整體而言，D. E. Griffiths 此時拒絕傳統行政科學中的許多假設，如組織為目的控制、行政行為為理性、成員動機是秩序等典範。他認為這些典範是沒用且不適當的，因為它不再產生有力的概念與假設，因而也不再對行政有所協助。他改以典範的多樣性（paradigm diversity）來支持方法論中的折衷主義（eclecticism）（Greenfield & Ribbins, 1993: 176-177）。在一九七〇、一九八〇年代，他陸陸續續發表幾篇文章，不但承認實證主義無法有效說明行政情境的弱點，同時也批判其在理論建樹上的缺如（Griffiths, 1979a）。他認為今後教育行政的發展，應該朝向以下五個主要方向前進。

　　1.重視個體經驗而非抽象的言論：D. E. Griffiths 認為過去從心理學、社會學、經濟學與人類學之理論，來處理教育行政的問題時，常是抽象地使用語言來討論。其結果如 A. Halpin 所說只是使人陷入文字深淵，且易受欺騙而已。受到 T. B. Greenfield 主觀主義的影響，D. E. Griffiths 認為應該從觀察法或是傳統的自傳等方式，來關注「真正人的真正行為」，包括個體經驗、價值、情感與態度的分析（Griffiths, 1979a: 41-45）。

　　2.重視個體事實而非組織的律則：D. E. Griffiths 認為一般傳統提及之社會系統理論、角色理論、決定理論、科層體制等理論，均屬於一種巨型的理論。其中特別強調組織的律則層面，強調行政與組織行為之秩序性與理性。如此的理論假設，其結果終將在努力達成

組織目的時，忽視個體的存在，而無法解決問題（Griffiths, 1977; 1979a: 51-52）。D. E. Griffiths此時認為理論的建構，不能以組織為主要考量，而應重視個體經驗，強調在人在組織與環境中找到一個平衡點。依此不再是要組織完全依環境之變而變，有時也應是環境依組織之需要而變；在組織中不再全以律則為核心，有時也應考慮個殊的現象。

3.重視個殊現象而非偉大科學的產生：D. E. Griffiths認為過去理論發展的問題之一，是未批判地使用其他領域的理論與研究，不但未能考慮教育的特殊性，同時還希望促成一個偉大科學理論的產生。對此，D. E. Griffiths 認為行政理論並不具備普遍性，隨著組織規模大小、互動（interaction）及相互依賴（interdependence）程度、組織成員的性格、組織目的與成員需要與目的間的一致與差異性等，都會影響整個組織行為的表現。因此，新的理論不需緊守著某些固定理念（idée fixe）發展，而應著重在高度特殊性的組織描述，亦即是尋求一種較有限的理論，而非尋求一種普遍性的偉大科學行政理論（Griffiths, 1979a: 45-51）。如 M. D. Cohen, J. G. March 和 J. P. Olson 的「垃圾筒理論」（garbage can theory）；E. K. Weick 的「結構鬆散理論」（loose coupling theory），以及非正式組織對成員情感與態度的研究等，都是最好的例證（Griffiths, 1977; 1979a）。

4.重視多元的方法論而非單一的實證論：基本上，一九七〇年代後期，D. E. Griffiths、A. Halpin、J. K. Hemphill、J. W. Getzels、N. Gross等人均不完全否定實證主義對教育行政「理論運動」的貢獻，同時也不完全反對以科學方法來研究教育行政（Griffiths, 1982）。惟此時，D. E. Griffiths 等人認為僅強調單一方法，特別是主張它是唯一的，則將犯下嚴重的錯誤。這就如同在六〇年代時，D. E. Griffiths 曾強調教育行政之藝術層面，以及理論的可變性一般，他認為科學是不斷在改變的，因而必須能廣包各種不同觀點的說法。在一九八二年的文章中，他曾根據 G. Burrell 與 G. Morgan 所提之四種不同典

範，分析教育行政領域中四種不同的研究方式，包括激進人文主義
（radical humanism）、激進結構主義（radical structuralism）、功論主
義（functionalism）、解釋學的（interpretive）等（Griffiths, 1982）。
在一九七九年 D. E. Griffiths 還主張一九七九至一九八九年間，教育
行政理論受到組織理論和社會理論的影響，無可避免地將面臨典範
的轉移（Bates, 1988: 1-2）。

　　5.重視多元化的主題而非固定的論題：基於 D. E. Griffiths 一再強
調個體經驗與事實為教育行政學者研究的重點，他認為當今最為人
所忽視的行政論題，包括教師組織、女性、少數族群、組織外在環
境控制等主題，值得大家深入討論（Griffiths, 1983）。

三、D. E. Griffiths 與 T. B. Greenfield 教育行政理論的對話

　　D. E. Griffiths 教育行政理論於一九七〇年代再出發，部分原因是
受到 T. B. Greenfield 主觀主義的影響所造成，如其在一九七五年發表
之〈關於教育行政理論的某些想法〉（"Some thoughts about theory in
educational administration"）一文，即是對一九七四年 T. B. Greenfield
主觀主義觀點的回應。雖然當時批判教育行政實證傳統的還包括
C. Hodgkinson 與 R. J. Bates 等人，而支持科學傳統對 T. B. Greenfield 展
開回應的也有 D. J. Willower 等學者，但囿於 Griffiths-Greenfield 兩者
間的討論在當時最為明顯，且最具代表性，因而也常為學者所關注
（Gronn, 1983: 8-10, 27; Hare, 1996: 116）

　　有關 Griffiths-Greenfield 兩者間的對話，可分兩個部分加以說明。
一是一九七〇年早期，當 T. B. Greenfield 開始對實證傳統教育行政展
開批判時，兩者理論的差異。此時，D. E. Griffiths 代表著從一九四
七年以來教育行政「理論運動」的基本主張，而 T. B. Greenfield 則為
教育行政主觀主義的代表。至於，第二階段則可從一九七〇年代後

期，當 D. E. Griffiths 接收主觀主義部分學說後，對教育行政理論的觀點有了些許調整，產生了一些融合的說法，但同時也存在著某些困境。

(一)1970 年代早期 Griffiths-Greenfield 間的對話

如 P. C. Gronn（1983: 27-30）之分析，雖然 Griffiths-Greenfield 兩者間均出身於教育行政界，具備教育行政工作的實際經驗，在早期也都是教育行政「理論運動」的支持者。然就 T. B. Greenfield 而言，受到其行政工作不順遂，以及有較多歐洲文學、戲劇、藝術及社會理論的影響，在一九七〇年代強調個人經驗之教育行政研究，而被稱為主觀主義。D. E. Griffiths 以實證傳統研究方法與其最主要的差別包括下列五點（Herda, 1978: 160-167）：

1.社會實在觀點之差異：D. E. Griffiths 早期認為社會實在是存在在那裡的（out there），隨時可以對理論加以測試的。因而他要求承認 H. Feigl 理論中，有關純邏輯數學程序經驗法則的假設，及「假設－演譯」的方法。同時並強調建立理論的目的，即是為了說明和預測組織中人類行為的，因此必須謹慎思考任何理論，對社會實在說明的有效性問題。相對於此，T. B. Greenfield 則認為理論是對人類行為理解與洞察之一組意義，理論表達了每天每個人如何塑造他世界的意義。這些洞察不但常因研究者之不同，會從不同觀點來注視社會實在，實質上，更是無法由純邏輯型式予以表達。

2.客觀性（objectivity）與中立性（neturality）觀點之差異：D. E. Griffiths 支持有一種客觀中立觀察的語言存在。至於 T. B. Greenfield 則強調個體行動之主觀理解，對人類經驗詮釋基礎的提供。他強調理論家與研究者非中立的觀察者。

3.語言使用的差異：D. E. Griffiths 強調操作型定義及基本字彙的共享，同時也支持科學語言的邏輯分析，主張命題是具有意義的句子，命題架構容取被一再測試的。至於，T. B. Greenfield 雖然在其方

法論中也包括語言與意義的分析，但這意義是行動使用者語言之意義。

4.教育行政科學與邏輯觀點的差異：D. E. Griffiths 認為社會現象與自然現象相同，只有在複雜度稍有差異，故兩者同為科學的一支，是強調客觀、正確與邏輯的，同時並以發現社會與人類行為之普遍法則，以預測人類行為表現為主要目的。T. B. Greenfield 質疑量的分析，他認為量的邏輯在每日生活世界沒有力量，而是必須依情境邏輯（situtational logic）才能提供社會和組織世界的理解。因此，他強調解釋（interpretation）的重要性。

5.理論與實踐觀點的差異：D. E. Griffiths 認為研究發現對行政人員的訓練是很重要的。但 T. B. Greenfield 認為理論對實踐並不是很重要的，因為一個人的假設反映出他的理論。

(二)1970 年代後期 Griffiths-Greenfield 間的對話

一九七〇年代後期，有關 Griffiths-Greenfield 兩者間之對話，與前述不同，不再是一種實證主義與主觀主義在教育行政的爭論，而是 D. E. Griffiths 在面臨 T. B. Greenfield 對傳統實證主義教育行政學說的批判時，自我反省後對自己特殊立場的表白（Gronn, 1983: 27-28）。此時在兩者的對話中，並非完全針對彼此論點而進行討論，以 D. E. Griffiths 為例，倒是有較多時候是站在支持 T. B. Greenfield 的立場，對今後教育行政理論開展提出具體的建言。

基本上，在面臨傳統教育行政「理論運動」發展之困境，以及對實證主義研究方法的質疑，D. E. Griffiths 認為 T. B. Greenfield 主觀主義的觀點，雖然有點純真且發展不全，但對原本不活潑的理論不但有重大刺激的作用，同時還能促使教育行政之研究與實際典範的改變。因此，D. E. Griffiths 十分贊同 T. B. Greenfield 對整個教育行政研究帶來新視野的努力。其中，T. B. Greenfield 對組織個別現象的重視，頗受 D. E. Griffiths 的贊同，因此 D. E. Griffiths 在一九七〇年代以

後，不但不再堅持傳統教育行政理論的主張，也不再堅守實證主義強調唯一與普遍性之偉大理論的追求。反倒是如前所述，極力支持T. B. Greenfield對個體日常經驗或個殊現象的重視，強調教育行政中的知識，只有透過個人研究的密集觀察，及日常經驗中語言探究才能獲得。其中又以教師組織、女性、少數族群、組織外在環境控制等問題應該特別注意。除此之外，D. E. Griffiths 也強調在教育行政理論中區分事實與價值、理論與實踐、理性與常識（commonsense）、教育與行政，將是無法掌握行政實質的（Griffiths, 1983）。

　　然上述的說明，並不意味著D. E. Griffiths完全支持 T. B. Greenfield論點。 D. E. Griffiths 雖然同意 T. B. Greenfield 的部分主張，也吸收其中個體經驗的重要，但他認為T. B. Greenfield的說法還是無法具體落實在教育行政之實際運作中。實質上，其實證主義的基本立場還是不變，惟它剔除傳統實證主義的唯一性，贊同如 J. G. March、M. D. Cohen、E. K. Weick 等人，採用一種新觀點、新概念與新理論，來看待教育行政問題。他不願割捨「理論運動」的遺產，他還是希望建立一種具包容性的行政科學理論。另外，他雖然以贊同個體經驗的重要，並依此來懷疑律則與速記語言（steno-language），但也並不全然否定此種語言的使用。同時 D. E. Griffiths 也反對 T. B. Greenfield 視社會實在為個體所創造的說法。雖然他現在已發現在教育行政領域中是不可能發展出一種數學般的科學理論，但他仍堅信可建立較不嚴格、可被接受與有用的科學理論。R. J. Bates 等人對傳統科學理論的駁斥，D. E. Griffiths 認為這是以偏概全的說法（Griffiths, 1983）。事實上，此時 D. E. Griffiths 雖然承認外在環境中科學理論是不斷在改變的，但其內心還是希望理論不能隨外在實在觀之改變而變，否則將是非常危險而無用的，而這其實正是 D. E. Griffiths 自一九四七年以來教育行政理論主張的基本論點。

　　由於上述 D. E. Griffiths 理念的轉變，造成他對理論有著模稜兩可的態度。有時他認為實際超越理論的領域，任何只建基在偉大理

論的計畫將是薄弱的。理論對於行政者理論之參考架構，僅是著重特殊組織的研究。因而一九四七年以來「理論運動」的發展，常被認為是一種意識型態的誤用，因而必須修補及再導引。就此點來說，D. E. Griffiths 與 T. B. Greenfield 是相似的。但就 D. E. Griffiths 對理論的定義而言，基本上，大部分的時間 D. E. Griffiths 還是強調理論的演譯概念，由數學或邏輯理性演譯，所以他雖然吸收了主觀主義之方法論，但卻還是從實證主義中來發展理論，兩者的連結問題並沒有被 D. E. Griffiths 發現。故 P. C. Gronn 認為在 D. E. Griffiths 心中存在著兩股不妥協的思想（Gronn, 1983: 30-32）。

第六節　D. E. Griffiths 與美國「理論運動」教育行政理論之評析

經過二十多年教育行政「理論運動」的發展，其對於整個教育行政學術的發展到底有多少具體的建樹，而從中又遺留多少難以解決的問題亟待解決。整體而言，「理論運動」最大的貢獻，在於提供當前教育行政研究一條具體的研究路線。雖然一九四七年代學者依循之 H. Feigl 邏輯經驗論的主張似乎已被放棄，同時整個「理論運動」過程中，真正以它來進行研究者也是少數。但一種實證主義的思維，卻在教育行政理論的研究中，產生具體的效用。至於其缺失也源自這個實證傳統中，包括：事實與價值二分的困境、方法論單一的困境、理論改善實際的困境、缺乏教育之獨特性思考的困境等，以下即依序加以探討。

一、「理論運動」的具體貢獻──提供教育行政一條具體研究路線

　　雖然整個「理論運動」有上述諸多缺失，但「理論運動」的發展，不但對於教育行政理論的建立及學說的開創，有不可否認的建樹，當時建立的理論觀與方法論，其實也為教育行政的研究帶來一個重要的架構。即使這樣的觀點在一九七〇年代以後已經有所檢討，而一九七九年，D. E. Griffiths（1979b）也宣稱教育行政進入「智識的騷動」，並且強調典範的多樣化是必須的。然事實上，如 R. J. Bates（1988: 5-7）所說，到目前為止整個教育行政學說仍以實證主義的觀點為主，並未真正進入智力的混亂時期。「理論運動」時所主張的基本假設，在現今教育行政領域中依然活躍，特別是在目前教育行政教科書，甚至是重要的專業期刊中，也仍是以此典範作為主要的依據，並提出具體成果。

　　從一九八八年出版之《教育行政研究手冊》來看，充分顯示美國教育行政界依舊強調實證主義的基調。該書之編者 N. J. Boyan 還認為自一九五四至一九八四年，美國學者是相當自戀的，教育行政二十五年來受到實證主義的影響，並沒有多大改變。因此他認為在此書並沒有感受到智力的騷動，也沒有感受到先前典範的不適當，以及需要尋求另一個典範的必要性（Bates, 1988）（註4）。而從美國《教育行政季刊》（EAQ）論文取向的變化來看，也僅在一九九六年、一九九八年、二〇〇〇年各選擇一期討論與實證觀點較不相同之「後實證論」、「後現代主義」與「女性主義」的教育行政學說。至於教育行政論文的取向，以 Haller 和 Bridges 之研究結果發現，一

註4　《教育行政研究手冊》一九九九年出版第二版，已明顯改變此一現象，有三篇文章論及主觀主義、人文主義、批判理論、自然融貫論等教育行政理論。

九九〇年之前美國教育行政研究之取向，有 80% 的博士論文完全使
用量化問卷調查法（秦夢群、黃貞裕，2001: 274）。事實上，美國
教育行政專業訓練系統也有類似的現象，如 M. M.McCarthy 在一九八
七年指出當實際者愈來愈質疑大學行政人員培育系統，同時一般大
眾也越發對其學校行政領導不滿意時，一般大學教授對大學提供之
教育行政課程卻依舊認為是優越的。特別是自一九七二年到一九八
六年間均未感受到教育行政理論基礎所面臨的危機（Bates, 1988: 7-10）。

　　其實就連較具理論色彩之澳洲教育行政界，其所發行的期刊《教
育行政雜誌》（*JEA*），自一九六三年成立以來到一九八七年，這二
十五年間三百八十七篇文章中，就研究方法來論，各階段仍以經驗
的方法比例最高（42.9%），其次是心得報告（position paper）
（12.4%）、再者以評論（7.8%）、理論與概念分析（6.5%）、文獻
探討（5.2%）、描述性研究（4.7%）、歷史研究（4.4%）、方法論研
究（2.6%）、課程描述（2.6%）及比較研究（2.6%）為主。其中經驗
研究中，又以相關的研究方法（47%）最高，其次是描述性研究
（30.7%）、個案研究（15.7%）、比較研究（6.0%）及實驗研究
（0.6%）。就使用的工具而言，涉及問卷的研究共有 72.8%，而純粹
以問卷調查為主的研究共有 57.8%。從上述現象可以發現即使是強
調理論發展，同時也有很多典範理論建立的澳洲，其發行的期刊本
身還是以實證之問卷及調查的量化研究為主（Swafford, 1990）。

　　因此，當前整個教育行政的發展，或許應類似 G. Lakomski 和 C.
W. Evers 之見（參見圖 2-1），區分為三大類。其一是實證主義傳統
的教育行政科學；其二，是由主觀主義、人文主義、批判主義，著
重意義、價值與權力批判的新典範；再者即是由他們本身提倡之新
科學或後實證主義（Evers & Lakomski, 2000）。惟在這三者中又以實
證主義為當前教育行政理論發展的主軸。

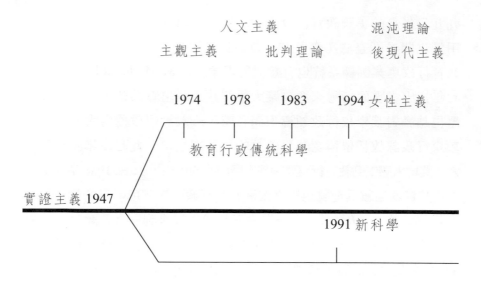

圖 2-1　C. W. Evers 和 G. Lakomski 主張之教育行政理論發展趨勢圖
資料來源：Evers, C. W., & Lakomski, G. (2000). *Doing Educational Administration: A Theory of Administrative Practice* (p.6). Oxford: Pergamon.

　　至於 D. E. Griffiths 對教育行政理論發展的貢獻，則在於其一生對教育行政理論發展的反覆討論，正突顯其對教育行政理論建構的關心。特別是其從早期扮演著教育行政「理論運動」忠實的領導者，積極進行理論的建樹，到一九六〇年代末期對「理論運動」的反省，以至於到一九八〇年代承認多元教育行政理論發展的正當性，正符應著整個教育行政理論發展，特別是美國教育行政理論開展之趨勢。R. Bates（1988: 3）認為過去十年來，美國只有 D. E. Griffiths 與 J. A. Culberston 兩人對教育行政理論的過去、現在與未來特別關心，其中，D. E. Griffiths 還從 T. B. Greenfield 的批判中，對未來教育行政理論之發展，提供另一條不同的出路。

二、事實與價值二分的困境

「理論運動」所秉持的重要理念是強調事實與價值之分離，因為在實證主義中處理的是事實而非價值的問題，價值既無法觀察也無法驗證，故科學與價值無關，科學無法也不能處理價值問題。如此主張衍生的結果，是在整個教育行政理論發展過程中，強調一種去價值（devaluation）的研究取向，認為價值中立的行政不僅可能而且即將到來，科學即將協助行政達到一種最理性、最客觀真理的引導。

然此種假設，造成許多問題需要解決。首先，是排除價值的研究，使組織行為簡化為技術，使行政理論成為一種瑣碎的說明（Bates, 1981a: 4）。T. B. Greenfield 曾以 W.K. Hoy 和 C. G. Miskel（1978）所編之教科書為例，強調在充滿圖表與模式的教科書中，行政即被視為一種技術問題，以促成目標的達成。彷彿行政科學本身即在提供行政者技巧，以促組織達成目標，促使人快樂、動機及有生產力，而不從文化、語言、宗教等面向進行討論，因而也排除人的熱情、弱點、力量、確信、希望、意志、缺點、同情、勇氣、惡行及美德等（Greenfield & Ribbins, 1993: 43-44）。

其次，如此事實科學的主張，常會忽視行政行為中隱藏的真正價值。因為在教育行政「理論運動」之去價值研究中，透過量化的計算，被認為可以達到理性、客觀與普遍性的。其結果是具有權力與權威者，擁有量化或事實研究的主導權，常形成理性與客觀真理的來源。因此理論家與研究者比較傾向支持權威，而非支持描述客觀的實在，管理科學也常顯示道德的謊話（moral fable），而非不變實在客觀的觀點。同時他們也常藉由對世界和社會事務的客觀觀察，隱藏他們的權力或偽裝相關的道德判斷（Greenfield & Ribbins, 1993: 178）。此種發展最極端的表現，即如 W. G. Scott 所說「脫離控

制 的 組 織」（out-of-control organizations），或 是 一 種 管 理 主 義
（managerialism）。T. B. Greenfield 認為人們應該拒絕正統的管理主
義，因為它不但是一種鼓勵剝奪人性（humanness）的學問，而且加
劇貧窮次文化、階級裂痕、文化無聊（cultural boredom）及智力的不
誠實。因此儘管行政科學宣稱客觀性、中立，但其實其隱含的一種
價值（Greenfield & Ribbins, 1993: 189）。這正如澳洲批判學者 R. J.
Bates（1981b: 4-7）所說的，一味強調效率與效能、預測與控制的行
政模式，只是促成社會上意識型態的不斷再製。故作為一種科學應
該扮演社會合法性討論的基礎，而非僅是統治者普遍意志（general
will）的僕人（Greenfield & Ribbins, 1993: 147）。

　　綜合言之，一種去價值化的行政科學研究，不但無法有效理解
行政的真正本質，甚至在過分重視量化研究、技術處理中，隱藏了
行政背後的價值問題，表現出一種自我欺騙，社會控制的支配性
格。甚者，將忽視教育行政的真正意涵，造成行政問題與教育問題
分離（Bates, 1982: 4-5）。事實上，如 D. E. Griffiths、A. Halpin 等教育
行政「理論運動」早期學者，即不否認價值在整個行政科學的重要
性。D. E. Griffiths 強調行政科學和任何專業均必須基於一組社會決
定的特殊目的與價值，在這特定價值的限制與指導中，行政科學才
能從中加以執行。特別其在一九五九年《行政理論》一書也曾經表
示，教育行政是科學與藝術兩者並存的世界，行政固然有其科學的
層面，但在實用上卻往往是一種藝術。只不過很快的他們似乎忘記
了科學的限制，大量擴充了科學的價值，而忽略價值的存在（Greenfield
& Ribbins, 1993: 32-33; Hare, 1996: 81-86）。這樣的問題在當前教育行
政科學主張者，均受到了充分的關注，D. J. Willower（1996: 173）宣
稱對教育行政學術之再激勵，必須依賴三件事，其中第二件事即是
對價值（value）和評價（valuation）比較明確的注意。而 C. W. Evers
與 G. Lakomski（1991; 1996; 2000）在建構新科學或後實證主義的努力
中，主要目的正是希望融合事實與價值的說明。至於在教育行政科

學觀之外的另類主張者，諸如T. B. Greenfield、R. Bates、C. Hodgkinson
等人也大都以價值為共同討論的核心，其中又以C. Hodgkinson（1996）
所建立的價值體系最為完備。

三、研究方法論單一的困境

　　配合著行政科學著重事實，忽略價值的傾向。在研究方法上呈
現的是重視統計與量的研究，強調量化研究在客觀性、理性的力
量。雖然這整體研究取向，並未完全遵守H. Feigl邏輯經驗論的基本
主張，但排除其他質化的研究，包括意義、解釋與主觀自我因素，
確是共同的特徵。在早期「理論運動」強調操作型定義時即是如
此，而在近期許多教育行政期刊，如C. G. Miskel與T. Sandlin（1981）
對EAQ、JEA兩份期刊的調查，或G. L. Swafford（1990）對JEA的調
查也發現有類似現象。

　　T. B. Greenfield認為這種行政實證科學觀，只強調能量化與可計
算才為真，遺失了人的意向、價值、道德及熱情等因素。其研究的
對象僅是朝向實在偶發現象而非真正實在之研究，而其引導出的理
論與研究，也經常僅是一種無能、不相關、誤導的資料（Greenfield
& Ribbins, 1993: 139-140）。特別是如W. P. Foster所強調，認為在這
種思維下，會形成一種支配架構，使人視組織如同一件事或一個有
機體（organism），喪失原先主導組織之人類意向與行動的反省（Hare,
1996: 51-55）。而C.W. Evers與G. Lakomski（1991: 11）不但批判理論
名詞的操作型定義，將會耗盡名詞原有的意義外。他們也曾從後現
代及混沌（chaos）理論對上述實證理想提出質疑。他們認為人系統
中的行為總是很難預測，過去學者將其歸因於一種線性概念，強調
一個變項的任何改變將對另一變性產生持續性的改變。但實際的世
界是非線性的、不確定、不穩定、複雜與獨特的，因此，混亂與改
變的管理是理論與實踐者特有的要求，強調一種比較豐富的方法去

建立行政理論是需要的（Evers & Lakomski, 1996: 8-10）。故不可只強
調控制實驗或統計的分析，而忽視個案研究、文化研究與人種誌的
（ethnographic）方法（Evers & Lakomski, 1996: 14）。此正如 T. B.
Greenfield 之說，認為在獲取事實後，必須嘗試對事實之描述或理
解，故將量與質予以對立是錯誤的，兩者均為研究所需，而這也就
是當前許多學者在教育行政研究方法論上的基調（Greenfield & Ribbins,
1993: 179）。美國在一九八五年嘗試為教育行政知識建構基礎的努
力中，明白列出五種責任，其中第二、三、四點分別是關心經驗和
詮釋的觀點；包括學者知識和實踐者之智慧；結合多元文化、新
興、女性主義和傳統的觀點，這都意味在研究方法論上單一是有問
題的（Hoy, 1994: 178-180）。

事實上，D. E. Griffiths在一九八〇年代，即開始對單一方法論展
開反省，他雖然不否定實證主義對教育行政「理論運動」的貢獻，
特別在操作主義對組織行為分類的貢獻（Griffiths, 1982）。惟 D. E.
Griffiths認為過去所使用的單一方法已經不適當了。如同在六〇年代
D.E.Griffiths對教育行政藝術層面的重視，以及對理論發展性與可變
性的強調，他認為科學是不斷在改變的，而且是愈來愈正確、愈豐
富的，因此必須廣包各種不同觀點的說法。一九八二年的文章中，
D. E. Griffiths 還曾根據 G. Burrell 與 G. Morgan 所提之四種不同典範，
分析整個教育行政領域（Griffiths, 1982）。至於具體的研究方法，D.
E. Griffiths也曾提及觀察法、自傳法、歷史研究法、多學科研究、科
際整合等方法。

四、理論改善實際的困境

如前所述，教育行政「理論運動」一直希望能尋求一種偉大的、
統一的理論，無視某種行政的特殊性，而提供行政事件敘述、解釋
與預測。這包括提供概念架構、提供研究引導，使既存知識能編成

法典；特別是相信藉由行政理論、組織行為與決定理論等抽象概念課程的教授，能有效引導行政工作實際運行。但事實上，隨著時間的發展，有愈來愈多學者發現實證主義下之理論對於實際具體作用的有限情形。特別是若教科書一面倒的重視理論的說明，反對任何批判的觀點，同時也不關心理論的品質與有效性時，期望實證主義理論能用於改善實際，或是對實際決定行為的建言均可能是空談（Evers & Lakomski, 1994: 264; Greenfield & Ribbins, 1993: 42-43）。

對此批判的學者大多是從「理論運動」傾向單一方法論出發的。T. B. Greenfield 認為這些研究實在提供太少行動過程的洞察，特別常是一種溯及既住（ex post facto）的設計，常將相關說成因果關連，特別是無法關注到行政中重要的價值問題，因而其有效性受限，不能處理行政問題，無法引導行政行動。而一九六四年 J. M. Lipham 也曾質疑理論研究通常焦點在假定的行為而非行為本身（behavioral antecedents, rather than upon behavior per se），也因此有許多流行之領導的研究是不適當。另外，在一九六七年 A. F. Brown 和 J. H. House 指出「理論運動」缺乏有品質的研究，特別在學校行政面臨巨大問題之時，不是教育行政研究者在攻擊教育組織的功能與本質，而是純然量化研究之行政科學與理論的力量，所能提供的支持太少。即使是後來經改良後的經驗研究，G. L. Immegart 在一九七五年也認為多局限在技術複雜的考量，如個案研究、實驗等之資料分析，而非有效的發現（Greenfield & Ribbins, 1993: 36-40, 186）。因而如 G. Lakomski 所說以觀察經驗研究特質來支配教育行政研究是不適當的，這種以經驗研究與行為導向為主流的研究趨勢，並不是「理論運動」發展的目的，而是一種窄化（Greenfield & Ribbins, 1993: 186）。而將其運用在教育行政人員培育及認證之合法課程，且為課程的主體時，這樣的努力同樣是一個狹窄行政科學概念（Greenfield & Ribbins, 1993: 149）。

這樣的狹窄特性，也充分顯示在其研究的成果上。如前所述，

在一九七○年 A. Halpin 發現只有五篇研究教育行政相關的理論，可被歸為新運動的貢獻。而在一九七○年後，D. E. Griffiths 舉出四個最具代表性之教育行政研究成果中（註5），雖仍趨向實證主義的觀點，但卻很少完全依實證主義的（Griffiths, 1983）。另外，D. E. Griffiths 也說，除了 J. W. Getzels、E. G. Guba、W. S. Mason、N. Gross、A. W. McEachern 等人有較接近實證主義的觀點外，包括 A. Halpin、J. K. Hemphill、D. E. Griffiths 等人甚至未曾嘗試（Griffiths, 1986; Hare, 1996: 51-55）。G. L. Immegart，在一九七五年俄亥俄州州立大學會議發表〈教育行政二十年後〉（"Educational administration twenty years later: 1954-1974"），也開始對教育行政「理論運動」之研究成果及其秉持的方法論展開批評，他不但認為二十年來增加之研究的質與量不如預期，同時在公共文獻中實質的對話與交互作用並不顯著。通常研究只趨向熱門話題、社會與大眾關心的概念、理論與模式（Greenfield & Ribbins, 1993: 39-40）。另一位學者 D. A. Erickson 省察學校行政者之研究發現，學校行政研究領域是不成熟的，對先前研究發展缺乏察覺，也缺乏設立良好的研究規範。他發現除了 D. E. Griffiths、A. Halpin、J. K. Hemphill、R. F. Campbell、J. W. Getzels、N. Gross等人外，往昔不斷追求教育行政理論已遭放棄，反而是存在許多一般性研究（Greenfield & Ribbins, 1993: 39）。

註5　包括：⑴ Bridges. E. M.（1980）. "Job satisfaction and teacher absenteeism."⑵ Gross, N., Giacquints, J. B., & Bernstein, M.（1971）. "Implementing organizational innovations."⑶ Miskel, G., Glasnapp, D. & Hatley, R.（1975）. "A test of the inequity theory for job satisfaction using educators' attitudes toward work motivation and work incentives"; "Principals' perceived effectiveness, innovation effort, and the school situation"（1977）；"Principals attitudes toward work and co-workers, situational factors, perceives effectiveness, and innovation effort"（1977）；"Organizational structures and processes, perceived school effectiveness, loyalty, and job satisfaction"；（1979）"A test of expectancy work motivation theory in educational organizations."（1980）⑷ Willower, D. J., Eidell, T. L., & Hoy, W. K.（1973）"The school and pupil control ideology".

　　因此,如前述,自一九七〇年代起,諸多「理論運動」學者開始轉向。一九七〇年 A. Halpin 在〈行政理論:搜尋火把〉("Administrative theory: the fumbled torch")中,對教育行政理論的價值及有效性,已經從救世的熱情,轉向破除迷信的非難(Greenfield & Ribbins, 1993: 30, 37-38)。A. Halpin 認為面對事實與價值清楚分離,人們可以說理論、邏輯、實證科學可將事實與價值分離處理,但行政不行,行政中價值與事實是糾纏在一起。過去的的行政理論模式太過理性、整齊與無菌,這將導致對實際的忽視,僅可告知為何事實是如此,但無法提供任何關於變項如何能被掌控之洞察(Greenfield & Ribbins, 1993: 30-33)。而 D. E. Griffiths 也有相同的論調,他認為若是僅尋求在實證理論基礎上來增強實際的作為,正落入了一九五〇年代早期學者對理論的擔心,即理論沒有實際價值的問題,因而主張所謂中階層理論之發展(Hare, 1996: 81-86)。

五、重律則需輕個殊的問題

　　在追求大一統普遍性理論的企圖中,整個「理論運動」明顯地有較重視組織之律則層面的現象,其中特別強調行政與組織行為之秩序,而較忽視個體經驗的存在。然因一方面此種重律則的理論,無能在真正教育實際中有具體的表現,同時此種理論發展也常忽視教育行政的特殊性。因而 D. E. Griffiths 在一九七四年後,受到 T. B. Greenfield 主觀主義教育行政理論發展的影響時,不但放棄前述主張,希望能以中階層理論的發展為主,同時也主張教育行政理論的發展應重視個體經驗、個體事實與個殊現象。

六、缺乏教育獨特性思考的困境

　　教育行政「理論運動」雖然提供研究者一條具體的路線,但真

正能從教育主體性來思考行政問題與理論者，事實上是不多的。這樣的發展當然受到早期教育行政科學化過程中，強調行政即行政，教育行政與其他行政並沒有不同，均需依行為科學的主張而行。惟這樣的理論建立，卻難免造成在實際運用上的困難，使後來許多學者，不斷強調所謂教育行政自主性的必要性。如 T. B.Greenfield 認為教育行政「理論運動」，明顯忽視了教育行政者可能存在獨特的學術造型（Greenfield & Ribbins, 1993: 33-34）。D.V. Hare（1996: 66-67）否認行政科學沒有形容詞的限制之說法是備受質疑的。而 R. J. Bates 等澳洲學者，也非常強調教育行政學術獨特性之分析，如 P. E. Watkin 與 J. Codd 在一九八五年《教育行政之科學管理與批判理論》（*Scientific Management and Critical Theory in Education Administration*）文集中，特別強調教育行政者身為教育家之獨特性，而非一般管理者。此正如 E. Miklos（1972）所說，除非能有效分析教育行政與其他行政科學間之異同，否則無法成功產生訓練課程，過分強調其間的類似性，會使其獨特性失色。事實上，一九四七年美國教育行政的「理論運動」其主要的動機，不就是教育行政學者面臨危機時，希望從自身的角色發展出的研究努力，當然是需要重視其獨特性。（本文修改自〈一九五〇年代美國教育行政運動之評析〉，原載於《初等教育學刊》，十七期，台北：台北市立師範學院）。

參考書目

許智偉譯（1982）。D. E. Griffiths 著。教育行政之決策理論。台北：國立編譯館。

秦夢群、黃貞裕（2001）。教育行政研究方法論。台北：五南。

Bates, R. J. (1981a). *Educational Administration, the Technologization of Reason and the Management of Knowledge: Towards a Critical Theory*.

(ERIC Document Reproduction Service, No. ED206076)

Bates, R. J. (1981b). *Power and the Educational Administrator: Brueaucracy, Loose Coupling or Cultural Negotiation?* (ERIC Document Reproduction Service, No. ED206077)

Bates, R. J. (1982). *Towards a Critical Practice of Educational Administration.* (ERIC Document Reproduction Service, No. ED219839)

Bates, R. J. (1988). *Is There a New Paradigm in Educational Administration?* (ERIC Document Reproduction Service, No. ED303847)

Campbell, R. F., & Gregg, R. T. (Eds.) (1957). *Administrative Behavior in Education.* N.Y. : Harper & Row.

Codd, J. (1985). *The Administrator as Educator.* (ERIC Document Reproduction Service, No.ED 283 251)

Coladaci, A. P., & Getzels, J. W. (1955). *The Use of Theory in Educational Administration.* Stanford: Stanford University Press.

Evers, C. W., & Lakomski, G. (1991). *Knowing Educational Administration: Contemporary Methodological Controversies in Educational Administration Research.* Oxford: Pergamon.

Evers C. W., & Lakomski, G. (1993). Justifying educational administration. *Educational Management and Administration, 21* (3), 10-152.

Evers, C. W., & Lakomski, G. (1994). Greenfield's humane science. *Educational Management and Administration, 22* (4), 260-269.

Evers, C. W., & Lakomski, G. (1996) *Exploring Educational Administration: Coherentist Applications and Critical Debates.* Oxford: Pergamon.

Evers, C. W., & Lakomski, G. (2000). *Doing Educational Administration: A Theory of Administrative Practice.* Oxford: Pergamon.

Greenfield, T. B., & Ribbins, P. (1993). *Greenfield on Educational Administration.* London: Routledge.

Griffiths, D. E. (1956). *Human Relations in School Administration,* N.Y. :

Appleton-Century-Crofts.

Griffiths, D.E. (1957). Towards a theory of administrative behaviour. In R. F. Campbell & R. T. Gregg (Eds.), *Administrative Behaviour in Education* (pp.354-390). N.Y. : Harper.

Griffiths, D. E. (1959). *Administative Theory*. N.Y. : AppletonCentury-Crofts.

Griffiths, D.E. (1969). Theory in educational administration: 1966. In G. Baron, D. H. Cooper & W. G. Walker (Eds.), *Educational Administration: International Perspectives* (pp.154-167). Chicago: Rand McNally.

Griffiths, D. E. (1975). Some thoughts about theory in educational administration. *UCEA Review, 17* (1), 12-18.

Griffiths, D. E. (1977). The individual in organization: A theoretical perspective. *Educational Administration Quarterly, 13* (2), 1-18.

Griffiths, D. E. (1979a). Another look at research on the behavior of administrators. In G. L. Immegart & W. L. Boyd (Eds.), *Problem-Finding in Educational Administration: Trends in Research and Theory* (pp.41-62). D.C. Heath, Lexington, Mass.

Griffiths, D. E. (1979b). Intellectual turmoil in educational administration. *Educational Administration Quarterly, 15* (3), 43-65.

Griffiths, D. E. (1982). *Theories: Past, Present and Future.* Paper presented at the International Intervisitation Programme. Nigeria, August.

Griffiths, D. E. (1983). Evolution in research and theory: A study of prominent researchs. *Educational Administration Quarterly, 19* (3), 201-221.

Griffiths, D. E. (1986). Can there be a science of organizations? In G. S. Johnston (Ed.), *Research and Thought in Educational Administration: The State of the Art*. Lanham, MD: University Press of America.

Griffiths, D. E. (1999). Introduction. In J. Murphy & P. B. Forsyth (Eds.), *Educational Administration: A Decade of Reform* (pp.xi-xix). CA: Corwin.

Gronn, P. C. (1983). *Rethinking Educational Administration: T. B. Greenfield and His Critics*. (ERIC Document Reproduction Service, No.ED283257)

Halpin, A. W. (1958). *Administrative Theory in Education*. N.Y. : Macmillan.

Halpin, A. W. (1966). *Theory and Research in Administration*. N. Y. : The Macmillan.

Halpin, A. W., & Croft, D. B. (1966). *The Organizational Climate of Schools*. Washington, D. C. : Cooperative Research Report, U. S. Office of Education.

Hare, D. B. (1996). *Theory Development in Educational Administration from 1947 to 1995*. Unpublished doctoral dissertation, Virginia Polytechnic Institute and State University.

Herda, E. (1978). *Implications of a Critical Discussion in Educational Administration Theory: The Griffiths/Greenfield Dabate Examined form a Philosophy of Science Perspective.* University of Oregon, Eugene.

Hodgkinson, C. (1996). *Administrative Philosophy: Values and Motivations in Administrtive Life*. Victoria, Canada: Pergamon.

Hoy, W. K., & C. G. Miskel (1978). *Educational Administration: Theory, Research and Practice* (1st ed.). Boston: McGraw-Hill.

Hoy, W.K. (1994). Foundations of educational administration: Traditional and emerging perspectives. *Educational Administration Quartely, 30*(2), 178-198.

Miklos, E. (1972). *Training-in-Common for Educational, Public, and Business Administratiors.* Columbus, OH: University Council for Educational Administration.

Miskel, C., & Sandlin, T. (1981). Survey research in educational administration. *Educational Administration Quarterly, 17* (4), 1-20.

Murphy, J., & Forsyth, P. B. (1999). A decade of change: An overview. In J. Murphy & P. B, Forsyth (Eds.), *Educational Administration: a Decade of Reform* (pp.3-38). CA: Corwin.

Swafford, G. L. (1990). Window or mirror? A content analysis of the first 25 years of the Journal of Educational Administration. *Journal of Educational Administration, 28* (1), 5-23.

Watkins, P. (1985). *The Administrator as Manager.* (ERIC Document Reproduction Service, No.ED283251)

Willower, D. J. (1996). Explaining and improving educational administration. In C. W. Evers & G. Lakomski (Eds.), *Exploring Educational Administration: Coherentist Applications and Critical Debates* (pp.165-174). Oxford: Pergamon.

第三章

T. B. Greenfield 主觀主義
教育行政理論及評析

第一節　前　言

　　加拿大學者 T. B. Greenfield 是當代教育行政學者中蠻具爭議性的
一位，在一九六一年至一九七一年間，當他初次進入教育行政界
時，主要是追隨實證主義「理論運動」學者，從事教育行政相關理
論的建立。在這期間發表的文章如〈教師領導行為及其對學生成長
之 關 係〉（"Teacher-leader behaviour and its relationship to pupil
growth"），及博士論文《教育的系統分析——學生成就變項之因素
分析》（*Systems Analysis in Education——A Factor Analysis of Variance
of Pupil Achievement*）等，均是參與「理論運動」實務運作的具體成
果。然隨後受到其個人教育行政實際工作經驗，以及生涯體驗的影
響，讓 T. B. Greenfield 發現實證主義運用到現實教育行政界中的諸多
難題，促使他對實證主義之客觀方法產生懷疑（Gronn, 1983: 14-15;
1985）。

　　一九六八年 T. B. Greenfield 首度對「理論運動」公開反省，其發
表〈教育領導行為之研究——傳統的批判〉（"Research on the behaviour
of educational leaders: Critique of a tradition"），即是針對「理論運動」
典型之成果——「領導行為描述問卷」（Leadership Behaviour Description
Questonnaire, LBDQ）進行反省與批判。而後歷經五年的學術生涯體
驗的擴展，特別是在德國四個月的研究經歷，T. B. Greenfield 接觸了
韋伯（Marx Weber）思想，同時接觸了藝術、語言與哲學等領域，T.
B. Greenfield 聲稱他認識了所謂的知識的泉源與批判的基礎。從中他
深深覺得世界是神秘的，在所謂客觀方法中其實存在著主觀的因素
值得加以探究（Greenfield & Ribbins, 1993: 236-237）。這些經驗，促
使他在一九七四年在布里斯托之「教育行政國際互訪計畫」中，發

表〈關於組織理論：一個新的觀點及其對學校的意涵〉，質疑實證主義的主要假設，並提出教育行政的「主觀主義」（註 1）。此舉引發後續多位教育行政學者的理論開展，同時也帶動了另類教育行政理論思潮的產生，奠定其在教育行政理論發展中的地位（Greenfield & Ribbins, 1993: 231-237）。在一九九三年「加拿大教育行政研究協會」（Canadian Association for the Study of Educational Administration）中，T. B. Greenfield 還曾得到榮譽獎之鼓勵（Stapleton, 1994: 240）。

雖然 T. B. Greenfield 對整個教育行政理論有如此重大的影響，討論的主題也極為廣泛，包括知識本質、行政理論與研究、價值、科學限制、人類主觀性、真理與實在等概念。但其主要的論點除加拿大學者 C. Hodgkinson 與澳洲學者 R. J. Bates、P. C. Gronn 等有所延續外，較少見後續學者的支持與發展。基此，本文將以 T. B. Greenfield 主觀主義的教育行政理論為重心，特別是以收錄在一九九三年出版之《Greenfield 的教育行政》（*Greenfield on Educational Administration*）一書中之文獻為主體，先是探討他對社會實在的基本觀點；其次，對其組織理論、領導理論及對未來教育行政研究之建議進行探討；最後，再針對 T. B. Greenfield 教育行政理論的貢獻及缺失，以及其在事實－價值、研究方法、理論－實踐、律則－個殊與教育行政的獨特性等主題之主張，提出相關的評析。

註 1　P. Ribbins 曾詢問 T. B. Greenfield 對於一九七四年後人們即以主觀主義相稱是否恰當，他個人認為不但無不可，甚至還說為何不早些使用它（Greenfield & Ribbins, 1993: 240-241）。

第二節　T. B. Greenfield 對社會實在的基本觀點

　　T. B. Greenfield 主觀主義教育行政學說的開展，主要建立在另類社會實在詮釋的基礎上。他於一九七四年發表之〈關於組織理論：一個新的觀點及其對學校的意涵〉中，極力主張社會實在的詮釋可採用多種途徑，傳統美國教育行政「理論運動」主要是採取一種自然系統（natural system）的看法，而他則以人類創作（human invention）為主軸，這兩種不同的詮釋途徑，衍生出不同社會實在的看法。本段將先依主觀主義對自然系統在哲學基礎、社會實在基本單位、理論與社會科學家的角色與研究方法論等主題之批判著手（如表 3-1），而後再總結主觀主義對社會實在的基本觀點，以作為理解其主觀主義教育行政學說的基礎。

一、主觀主義對自然系統在社會實在相關主張的批判

(一)哲學基礎

　　自然系統觀點主要以實證主義哲學為基礎，其對社會實在的看法，主要是採實在主義（realism）的觀點，強調社會是在人們立即經驗之外而具體存在的。而且透過科學家及理論學者運用科學的方法，以及類似理性的作法，最後將可客觀地發現社會最終實在的存在，包括「是什麼」（what it is）與「它如何運轉」（how it work）等問題。以此，組織常被視為一種有機體（organism），是可以由科

表 3-1　自然系統、人類創作對社會實在詮釋相關議題之比較

	實證主義	T. B. Greenfield 的主觀主義
對社會實在的基本立場	自然系統（natural system）	人類創作（human invention）
哲學的基礎	實在主義：認為世界是存在的，而且可以被客觀認知的。組織是擁有它們自己生命的實在。	主觀主義：世界是存在的，但是不同的人會以不同的方式來詮釋它，因而組織是被發明的社會實在。
社會實在的基本單元	集體（collectivity）：社會或組織。	個人單獨或一起行動。
社會	是有秩序的，主要由一組統合的價值體系所管制，而且只有藉著這價值體系，它才有可能建立。	衝突的：由擁有權力的人之價值所治理。
理論	由科學家建立以便解釋人類行為的理性建構。	人類為了使其世界與行動具有意義所使用的整組意義。
社會科學的角色	發現社會及其人類行為的普遍法則。	發現不同的人們如何詮釋人類生存的世界。
研究	實驗或準實驗的（quasiexperimental）理論檢證。	為行動尋求有意義的關係，以及發現這些關係的結果。
理解的方法	確認允許這集體存在的關係與條件，並對於這些關係與條件加以理解。	個人賦與他們行動的主觀意義之詮釋。
方法論	實在的抽象概念，尤其是經由數學模式或量化分析的概念。	為了比較目的而進行的實在再現（representation）；強調語言與意義的分析。

資料來源：Greenfield , T. B., & Ribbins, P. (1993). *Greenfield on Educational Administration* (p.7). London and N.J. : Routledge.

　　王如哲（1998）。教育行政學（頁 42-57）。台北：五南。

學方法加以觀察的實在。

　　T. B. Greenfield 受到十九世紀德國觀念論（idealism）、現象學、韋伯等諸多觀點的影響，強調事實不能決定任何事實，是人們決定了事實（Greenfield, 1986）。此正如康德（I. Kant）在「本體世界」（the noumenal world）（世界如其本來之面貌）與「現象世界」（the phenomenal world）（世界如我們看到的）之區分中強調：「人們並沒有建造（make）世界，但是確實創造了（create）它」的說法（林正弘召集審訂，2002: 628）。因此，T. B. Greenfield 強調實在世界雖然確實存在，但人類不曾直接認知到它，反而總是仰賴人類的詮釋來加以解釋，而且此種詮釋本身常又變成人類所處理的實在。亦即，世界雖然是存在的，但是不同人常以不同方式來解釋它，故社會實在是被創造的，組織是被發明的。此即一種主觀主義，主張人在理解人類行為時，信念（beliefs）總是較事實（facts）有著更大的影響作用（Greenfield, 1975: 6-8）。假若人們只引用實證主義來研究教育行政，將使行政科學只能處理事實，忽略了教育行政中的本質因素及重要內涵，而產生了許多嚴重的後遺症（Greenfield, 1979b; 1986; 1991b）。

(二)社會的基本單位

　　接續前面的討論，傳統實證之自然系統概念中，社會或組織實在的基本單位是一種集合體，同時均由一組統合之價值體系所管制，藉由這價值體系的建立，社會才有可能建立其秩序性。因此，社會問題是秩序性問題，若沒有社會及其組織的組成，將會使社會呈現無政府狀態。

　　T. B. Greenfield 主觀主義強調，雖然社會是致力於達成某一目標的實在，然社會本身並未擁有目標，組織也不會做成決策，社會與組織更不會思考，這全然是依社會中之個體行為的表現而定。因此，社會實在的基本單位是個體，社會問題不是秩序問題，而是控

制問題。社會可能是一種意識型態表現,學者必須關心是由誰來維
持秩序?是如何維持秩序?以及將產生什麼樣的結果等問題。這樣
的社會T. B. Greenfield認為應該是充滿衝突的,由擁有權力者為尋求
達成某一目標,進而運用組織資源控制權力,迫使他人接受特定價
值所建構的衝突情境(Greenfield, 1975: 7)。

(三)理論與社會科學家的角色

基於自然系統假設最終社會實在的存在,在自然系統觀點中,
自然會強調理論即是對於社會實在最終解釋。特別是透過眾多理念
的組成,以及不斷複雜化的研究方法,理論將成為社會行為的普遍
法則。而社會科學家的角色,即是以發現社會及人類最終的普遍法
則為職志,透過此種事實的說明,企圖達成價值的導引。

從個體為社會實在之基本單元進一步延伸,T. B. Greenfield 的主
觀主義反對自然系統主張理論是社會實在的最終解釋。他強調人若
要認知世界,惟有靠自身的興趣,態度與價值為基礎,沒有人可以
脫離人的主觀觀點來察看外在的實在。因此,面對不同個體所建構
的意義世界,任何一個理論或社會學家均必須著重理念來源的質
疑,關心其是否能代表最終的社會實在(Greenfield, 1980: 31; Greenfield
& Ribbins, 1993: 62-63)。此正如馬克思(K. Marx)對人之為 homo
faber特質的強調,認為人類所有行動均由個體之興趣引來,透過個
體之力量,採取行動而獲致某些結果,並進而創造某些社會實在。
因此,人是生產者,人依個人興趣創造社會實在,而理論是起自於
探究的過程本身,它是出自個人尋求了解與解釋周遭世界而出發。
這種理論是植基於個別的資料,是個體依其所在位置的目的與意
義,對現象予以研究所建構而成的。故,T. B. Greenfield 強調理論僅
是促進人類行為的了解與學術見解之一組意義,它是多元而富有變
化的,是沒有所謂普遍理論存在的。在理論的建構與選擇過程中,
均會涉及規範性的道德問題。至於理論之選擇標準,則以何種理論

能夠對人類問題做有效指引，以及何種理論對這些問題提供最有助益的洞見為標的。

　　T. B. Greenfield 曾以韋伯和涂爾幹（E. Durkheim）兩人的論點，作為突顯主觀主義主張的例證。T. B. Greenfield 認為韋伯強調以「了解的方法」（method of understanding）來進行研究，並歸結指出：並沒有集體的人格，只有個人基於對實在解釋的行動。此種強調個別特殊的、具體的、以及基於經驗的組織研究，即是主觀主義理論的主要看法。相對地，T. B. Greenfield 認為涂爾幹強調社會最終實在認識的可能性，同時主張惟有致力於個人意識的減低，才能尋求共同生活「基本型式」（elemental forms）的理解。此種追求組織通則、抽象概念及普遍法則的研究，正是自然系統之理論觀（Greenfield, 1975: 10-11）。

　　在此種差異理論觀點下，主觀主義也反對自然系統中將社會科學，視為發現社會及其人類最終的普遍法則的主要機制。主觀主義認為，配合理論的目的在發現不同的人們如何解釋人類生活的世界為任務的主張，因此，社會科學的目的旨在了解不同的人所看到的實在，以及在這實在中顯現出來的人類行動，以協助生存世界意義的建構（Greenfield, 1975: 10-11）。

(四)研究方法論

　　在研究方法論中，自然系統觀點強調以實證主義為主，傾向使用科學或實驗的方法，透過某些變項的控制，以數理模式、量化分析，尋求相關變項關係之建立。從中並希望建立一個最終的實在圖像，以控制每日生活的每一件事。

　　T. B. Greenfield 強調自然世界的研究的確可以此種規則來加以研究，然若同樣以此方式看待社會實在，他認為這將如柏拉圖（Plato）之洞穴比喻，人們終究只看到火光下的陰影，而不是真相。具體而言，T. B. Greenfield 認為以自然系統觀點來看待社會有下列幾個重要

缺失,而此正是他對美國一九五〇年代教育行政「理論運動」批判的核心:

　　1. 過分強調實驗與量化的統計:就實驗設計而言,T. B. Greenfield 認為實驗過程中所選擇之變項間是否真有意義,對社會情境中之行動者是否真有影響,值得考慮。另外,當其他的變項依然可能產生影響時,是否控制了幾個變項的恆定,就足以產生具有解釋力的結果,亦有待斟酌。至於量化的統計,T. B. Greenfield 認為以高等統計作為探究社會實在的唯一方法,實難以提供足夠洞察,而且常將相關視為因果,將信度視為效度,將幾個變項的處理當成對整體現象的解釋。另外,一般研究傾向視理論所知為真,再透過量化數據來尋求支持的習慣,如使用因素分析和多元迴歸的統計方式來檢測理論,也備受質疑(Greenfield, 1991b; Greenfield & Ribbins, 1993: 61)。

　　2. 過分著重事實的研究:T. B. Greenfield 認為社會實在的探究終是不可忽略事實與價值兩者的存在,特別是不同價值假設、意識型態的差別,常會給與個體對社會實在不同創造的機會。而實證傳統長久以來過分重視事實,所形成一種去價值的行政研究,不但忽略了行政過程中人之意向、價值與選擇等多項內在因素,同時更會使人誤以為價值中立的行政可能且即將到來,因而忽略行政科學隱藏之價值,使研究發現與行政的實際作為無法有密切關係。如此,不但無法回答「什麼構成進步」、「善是什麼」、「善是如何達成」、「教育或學校如何有助於社會的善及人的快樂的達成」等問題,同時還常使教育問題被簡化為一種效率的問題。此種科學發展正如A. Halpin 所說,切除了與法律、歷史與哲學等古老行政知識與研究的關係,而 T. B. Greenfields 也說這將造成一種無味、無色的雜工或道德的太監(Greenfield, 1979b; 1980: 30-31; 1986; 1991b; Gronn, 1995: 41)。

　　3. 目的與方法的錯置:T. B. Greenfield 認為由此種客觀、量化與價值中立之研究中,不但區分了事實與價值,進而也形成了目的與

方法的錯置。其結果是人們對科學、科技與理性的過分尊崇,深信從這種科學之數學邏輯語言中,將提供了一種深具說服力及不可反駁的主張,從而獲得客觀的真理與價值之合法性來源。他認為當人們順從一個客觀、無自我及理性工具時,自然會放棄了原先之目的,以及個人選擇、道德與意向等人類行動的真正泉源(Greenfield, 1986; 1991a; 1991b)。

4. 客觀性理論的質疑:囿於 T. B. Greenfield 對個體主觀因素的強調,他認為任何模式與理論的客觀性是備受質疑。一方面所有的觀察均有某種程度的解釋,亦即均將透過某種理論的承載而來。其次,理論與資料間也沒有必然的關係,相同的資料常能證實不同的理論。再者,在社會科學中,很少理論的測試是嚴密的。故他強調在實證主義傳統中實無有效之真理選擇。人們僅是依內在的喜好、價值、主觀意識來做決定(Evers & Lakomski, 1996: 7-8)。

韋伯曾區分兩類知識,一是解釋(Erklärung),一是理解(Verstehen),前者是採用一種觀察者角度的說明,強調從一般規律來發現原因;而後者則是從一個局內人的角度來澄清意義,強調的是一種意義的發現或賦與(林正弘召集審訂,2000: 1278-1279)。主觀主義認為,前者是當前自然科學主要使用的方法,然社會科學家不能僅止於此,更應扮演一位實在詮釋的探索者。因為當人類在尋求解釋社會實在時,人類的興趣、偏見、價值與意向等均將交織在解釋的過程中。由此推之,人類的觀察是理論承載(theory-ladenness)的,社會實在是人類的創造,社會實在的理解會因不同的個體而有不同的意義,人們是無法在競爭的兩個科學理論中,判定何者較為真確,因而也排除了傳統行政理論之客觀性的問題。

基於上述主觀主義的觀點,T. B. Greenfield 強調研究方法必須回復到現象直接感覺的理解,甚至是從藝術、想像、洞察與宗教等這些非理性與直覺的方式,來尋求真理的元素。雖然藝術與宗教等之經驗通常是暫時的,有時甚至只會提供一種非理性的認知,但 T. B.

Greenfield認為惟有去接近這些經驗，才能有突破傳統西方重技術、重方法導向之思考模式，且提供關於它之反省的另一種知識的說明。至於具體的研究方法，在主觀主義的主張中，T. B. Greenfield 雖然認為量化研究不一定得排除，但質一人種誌（qualitative-ethnographic）的研究，或是個案研究、比較與歷史的方法，常更能顯露出人情境中的基本價值和真理（Cahill, 1994: 252-255），使人對對世界有更佳的了解（Greenfield, 1980: 34-36）。

二、主觀主義對社會實在詮釋的基本主張

基於上述的批判，T. B. Greenfield 強調其主觀主義對社會實在的基本主張，在哲學基礎上，強調的是一種主觀主義，意即世界雖是存在的，但人類不會直接認知，而只有仰賴個體的詮釋來加以解釋，因而社會實在是人類的創造。至於分析社會的基本單位，主觀主義認為是社會實在中之個體，由某些單一的個體決定社會的整體發展方向，因而社會的問題不是秩序而是控制問題。在理論與社會科學家角色的部分，主觀主義強調理論是人類為使其世界與行動具有意義所使用的整組意向，而社會學家的主要任務即在發現這些不同個體解釋社會實在的不同觀點，以協助世界意義的建構。最後在研究方法上，主觀主義主要乃是著重個人建構社會的意義詮釋，特別是語言與意義之理解，而其研究方法則強調直接感覺的理解，如質一人種誌的研究，或是個案研究、比較與歷史的方法等，甚至是從藝術、想像、洞察與宗教等這些非理性與直覺的方式。

第三節　T. B. Greenfield 之組織理論

　　奠基在上述主觀主義的主張中，T. B. Greenfield 教育行政學說的開展，主要是以組織為範圍，從對傳統組織系統理論的批判，進而提出組織的意識型態及無政府主義，以及未來組織研究的努力方向（Gronn, 1995: 34）。同時也從組織理論的闡釋中，進一步討論了領導，以及未來教育行政研究之建議等問題，以作為教育行政學說建立的依據。本段將先以 T. B. Greenfield 的組織觀為重點，共分下列七項主題加以說明。

一、組織不是真實存在，組織是人的創造物，是意向、意志與價值的表達

　　傳統理論之組織有幾項重要特色：(1)強調組織是獨立於個體之外，具普遍結構法則的實在；(2)強調組織是大於個體的總和，且與個體之行動、情感與目的分離；(3)強調組織不是個人或道德的責任，而是集體權威之運作。然基於 T. B. Greenfield 主觀主義的哲學觀，他強調組織不是一種靜態、客觀存在的東西，也不是一種自然的秩序，而是依人類意向、意志、價值與道德所建立的存在型式，同時也是人類說明生活的一組型式。如同前述，T. B. Greenfield 贊同人是 homo faber 的，因而他認為組織純粹是一項社會發明，是人類主觀建構的產品。在這項發明中，組織是意志、意向與價值的世界，它提供人類自我行動及與他人互動的架構。組織是生活的模式及看待世界的方法，組織是人們選擇生活的規則，組織也是人們發現自我生活中意義的來源。因此，T. B. Greenfield 常將組織等同於

「經驗」,是依理念給與型式與意義的經驗,而這組織與經驗是透過人的行動而存在,而不是因人在組織之中而有行動(Greenfield, 1980: 38-39; 1986; Greenfield & Ribbins, 1993: 53-54, 74, 123)。

二、組織不是目標導向的,而是依人的意向而行,因此人必須對組織之運作負責

組織既然是依人的意向而創造,因此 T. B. Greenfield 認為組織本身不會思考與行動,不會做決定,也不會擁有目標。有關組織之思考、行動與決策,其實全都是個體所為,組織是依人的意向而行的。也因此,不會有所謂組織與人分離之事,也不會有組織控制人的事。組織的力量是來自人類行動的轉化,故只會有人來控制組織(Greenfield, 1979a: 100; 1980: 38-39; 1983a: 7-8)。

這樣的說法,進一步衍生出兩種主張。一方面組織為人所創造,它雖限制了人的行動,但卻同時也使人成為可能。人若無法控制社會與組織,也將無法控制個體。因此,人們必須透過定義自我、存在及人類意識歷史等行動來理解人類自己(Greenfield, 1980: 33)。另一方面,也因為是人創造組織,故人也必須為組織及其運作負責。T. B. Greenfield 認為傳統將組織視為具有目標之行動體,大大減低了人的責任感,特別是如 C. Hodgkinson 所說由於人對組織的過度忠誠,將組織具體化與神化,使人們忘卻了對與錯的觀念,此時個體不再是行為的主體,而只是組織實在下的代理人。

如 Willim Blake 所說,人們必須創造一個系統,否則將盲目順從另一個他人。將此觀點放在組織中,則強調人若不主動控制組織方向,就將只能受組織的操弄。特別是人若如此忽視行政科學中隱藏的價值,也將造成組織與人長久的爭論,質問到底是組織來壓榨人?還是人無法有效去執行組織的意向?其結果會演變成到底是廢除組織?重新依人類的思維來重建組織?還是訓練人再認識組織的

目的（Greenfield & Ribbins, 1993: 122-132）。

三、組織為一種意識型態，組織理論為意識型態理論

　　既然組織乃是依人之意向而加以建構，T. B. Greenfield 認為權力是組織的靈魂，組織是用來迫使某些人接受的工具。以學校為例，他認為校長與教師如同集中營之管理者，他們代表著一種權力、社會型式與價值的典型，有權要求其從屬或學生的順從。因此，組織行政中其實是充滿著強迫的權力關係，此時組織的秩序的問題變成控制的問題，組織中有些人做得多，擁有較大的影響力；有些人則做得少，較受他人的行為所支配。特別是組織常是依單一個體（通常是領導者）之目的與意義而生，而非所有個體共享相同的意義與目的。因而，T. B. Greenfield 將組織這種權力關係視為一種意識型態表現，使組織理論為一種意識型態理論，組織的權力變成是一種意識型態之霸權。

　　這樣一種權力關係或意識型態理論，T. B. Greenfield 認為在現代組織理論中並沒有受到重視。一般學者不是視而不見，不然就是將其看成個體逃離組織控制時之非邏輯性行為，或者是與邪惡相連接的非理性行為。T. B. Greenfield 認為這都是因為個體長久受到傳統與組織之規範，不知不覺地養成一種秩序性，使個體僅以服從他人，或實現他人的意志為職志，而忽略組織中的權力關係所致（Greenfield, 1979a: 100, 107-109; 1980: 38-39; 1983b: 7-8, 46-49）。實質上，T. B. Greenfield 認為應該關心是誰來維持組織秩序？是如何來維持秩序？以及將產生什麼樣的結果？等問題，只不過，如 T. B. Greenfield 所說，組織是個體主觀意義創造的結果，因而任何組織均沒有最終實在，組織之意識型態是處在不斷變遷的過程中。

四、組織的無政府主義、組織的道德秩序

配合組織之意識型態理論，在一九八三年 T. B. Greenfield 更提出組織之無政府（anarchistic）理論。這種無政府主義的主張，一方面是基於個體乃是社會實在最終的建構者，另一方面又源自個體的理念常是多樣式。因而如前所述，使得組織表現出一種不斷變遷、多樣式的意識型態，沒有任何一種意識型態能成為最終或最佳的標準，由此導出所謂組織之無政府理論。

透過組織之無政府理論，T. B. Greenfield 想要表達四個主要的想法。一是反對集體心靈、全面性（over-arching）的社會實在，T. B. Greenfield 認為這是一種超越人類個體意志、意向與行動的組織概念。其二，從組織的無政府主義中，T. B. Greenfield 想突顯一種非理性與激情因素的存在，他認為組織理念中不可避免會包括個體之行動、意向、熱情、害怕、希望、死亡、犯罪等複雜理念。傳統教育行政理論僅以結構功能或系統理論觀點來看待組織，特別是喜歡僅以機械（mechanistic）、自然存在系統（naturally existing system）來做為論述主軸，明顯忽略以經驗為基礎的組織樣貌，及其多樣性的實在觀。T. B. Greenfield 認為理性之中隱含非理性，邏輯中隱含非邏輯。雖然現代科學或古代哲學均認為世界是由普遍邏輯與理性掌控，但是在普遍邏輯與理性之中，卻帶有混沌，而在邏輯的核心中有時也是不合乎邏輯的（Greenfield & Ribbins, 1993: 128）。因此，T. B. Greenfield 稱系統理論為一種壞理論，是一種意識型態的霸權，今後的組織理論應重經驗，特別是對經驗之神秘性、多變與複雜性加以詮釋（Greenfield, 1979a: 97-98; Greenfield & Ribbins, 1993: 123）。

其三，由組織之無政府主義，T. B. Greenfield 還想表達出行政科學本身之衝突及複雜本質。因為組織概念既然是由個體任意或自然意向所組成的意識型態，同時其間並沒有所謂穩定的標準存在。受

到不同群體間相對立價值之影響，其彼此間會形成一種衝突與鬥爭，使得組織成為一種衝突戰爭的場所。任何一次的勝利都不是絕對的，同時偶爾的失敗更不是致命的，因為在組織中隨時都將產生另一回合的戰爭。因此，組織中任何具優勢的道德秩序，都將是暫時性的，不穩定的（Gronn, 1995: 43）。T. B. Greenfield 認為此種衝突與複雜之特性，實為教育行政學之本質，只是當前有許多組織理論學者忽略組織中意識型態的存在，僅以一種平衡與穩定、適應與和諧的觀點來看待組織及其中的行為表現，明顯地忽略其中衝突的意識型態問題（Greenfield, 1979a: 100; 1980: 38-39; 1986）。

　　由組織之無政府主義觀點，想突顯的最後一點是組織的道德秩序問題。T. B. Greenfield 認為雖然各種不同組織理論的意識型態將共同存在，同時也一直沒有所謂單一真理的產生，然理論的判斷仍必須不斷進行，因此組織的本質最終將是一種道德秩序的工作。組織不但不是對象的問題，組織也不是一種理性的技術家，它應該是藉由人的意志與選擇中，強調一種道德秩序的選擇與建立（Greenfield, 1979a; 1986; 1991b）。依此，學校也應是一種道德秩序，秉持廣大和重要的價值，並以培育文化人為目的（Cahill, 1994: 251）。

五、組織與環境關係

　　傳統組織理論中，組織與環境之關係，有下列基本主張：(1)組織是真實的實在，即使不是有機體的，也應該是有界限、有結構和目標導向的；(2)組織存在於環境中，環境常會要求組織以效能或效率標準來評斷組織；(3)組織除了適應與順從環境外，另一個可能是死亡，組織無法逃離它的環境；(4)組織之生存意味著是有效率或具有功能的，若不是有效率或具備功能，它們至少是一致或好的。T. B. Greenfield 認為如此想法，大都是基於環境決定論（environmental determinists）的立場，強調組織的命運與外貌均由外在環境所影響，

因而組織必須適應環境、依賴環境，組織必須尋求與外在環境之均衡（equilibrium）。其間雖然有時也會主張組織主動作用於環境，然終究是以環境作用於組織較為重要。由此觀之，在面臨外在環境變化時，行政的工作在於維持組織與環境目的之整合，行政者的責任不在於組織，而是在於環境中之組織（Greenfield, 1983b: 11-14）。

面對上述看法，T. B. Greenfield 認為主要將產生幾個問題：⑴畫定組織與環境界限的困難，因為任何描繪均可能是專斷的；⑵將組織僅視為機械－理性－技術事務（mechanical-rational-technical matter）的問題；⑶將人類力量的誤置，僅強調人之順從，免除人的責任與創造力；⑷從組織之執行與管理中將價值問題的刪除，不但僅重效率，且破壞了人的意向、意志與自由（Greenfield, 1983b: 27-33）。因為傳統組織理論中，忽視個體的重要，視個體是有缺失的，個體不但應該消失在大系統設計中，同時應該強調個人的需求與環境的目標互相符合。亦即惟有當個體感覺隸屬組織角色，認同系統所賦與的目標，才是一種理性的表現，個人的滿意也才會產生（Greenfield, 1975: 8, 20-22; 1979b）。

T. B. Greenfield 否定上述看法，他認為組織與環境均是主觀的實在，組織為個體主觀的建構，而環境則是其他組織之反射想像，兩者均可理解為人之理念與信仰之行動。因此，組織是在人之中，組織是人的，而非超越人的，人應反對組織或制度本身有自身的生命；應該反對組織有超越人之控制，或在人之意向與行動之外的社會實在；也應該反對個人必須順應外在超結構的客觀實在（Gronn, 1994: 226）。人處在組織中，代表與其他組織之更多人接觸，而非有一種稱之為環境之客觀力量。由此推之，組織無需強調與環境之適應關係，組織也無需尋求效能與效率。行政領導者應免除平衡系統概念，反倒是個體對其他組織某些理念懷有敵意或有意見時，則組織必須常與其他組織爭鬥（Greenfield, 1983b: 4-6, 8-9, 38-40）。因此，T. B. Greenfield 認為社會秩序的維持，並非一個良好行政工作中

必然的結果，而是繫於人與人之間心靈理念如何彼此對待所造成。亦即，一個社會系統的出現，不是因為它是一個客觀實在的關係，而是基於個體接受某一種意識型態社會秩序的原因（Greenfield, 1979b: 100）。

六、組織的病理與治療

T. B. Greenfield 認為傳統組織理論學者係自組織本身，來找尋組織的病理原因。彷彿組織為一項實在，擁有自己生命的事物，因而無視於它們的複雜性，以及構成組織面貌的人類行動。從中他們認為組織病變主要源自於組織無法產生合宜之調適，以順應環境並達成最終目標。故為化解這些病症的對策，主要是改變組織的結構，以便符合社會價值，增加組織的適應能力，從而改進組織的表現。

T. B. Greenfield 反對此種說法，認為結構只不過是人類信念的反映。如果組織存在著問題，那麼它們一定是個人擁有不同信念造成衝突而產生。人類不可忽視構成組織面貌的人類行動，當人們愈密切檢視組織，愈容易發現多元的人類意義表述方式。因此，面對組織的病徵，解決對策不能僅僅是以改變組織結構來獲得，問題的根源在於人們的信念，以及基於這些信念所產生的行動能力。亦即，人類努力改進的焦點應該不是「可以做些什麼來改變組織的結構」，而應是「誰的意圖界定了人際互動合宜行為的標準」，以及「如何來改變這些意圖」。其中又以價值因素的考量，特別是愛及最佳的價值，才是組織病理最重要的治療策略（Greenfield, 1975: 16; 1986）。

七、組織理論的特性

由上述組織特性的描述中，T. B. Greenfield 認為之組織理論應該與傳統或現代組織理論有所不同。而主要的特性展現在下列三種特

點上：

(一)組織理論的多樣性

T. B. Greenfield 認為現代組織理論，主要是從美國教育行政「理論運動」時所產生，它們大都反映實證主義哲學的觀點。一方面企圖從哲學、道德和其他主觀的觀點中解救出來外，另一方面則積極尋求從經驗檢證（verification）中來設立理論，強調以一種客觀與科學的組織理論，以有效預測與控制人類行為。如此作為，不但促使組織科學化，同時也提供一套有效科學的訓練課程（science-validated training programmes）。彷彿其能使教育行政者從行政科學的專業知識中，立即獲得有效的知識及原理原則（Greenfield, 1986）。

如同前述，T. B. Greenfield 主要是採主觀的哲學觀（subjectivist philosophy）來對組織進行理解。因而 T. B. Greenfield 不認為有一種普遍存在之組織或行政科學，反倒是非常贊同跨國際之比較方式來研究教育行政。特別是強調在美國文化背景之外，去發現不同文化所賦與組織的意義，以提供比較與批判的觀點。T. B. Greenfield 認為惟有依本身組織的體驗，才是最有價值的；惟有從自身經驗來界定問題、理解問題並解決問題才是最真確的。特別是在任何實在中均有不規則、與不可預測的一面；社會的建構方式是沒有固定的方式，組織的實在也必定不會只有一種。因此，組織理論應從不同意識型態的角度，或是不同的環境中來說明組織現象，而不是僅表現出一種普遍的理念及價值（Greenfield, 1975: 17-18; 1979a: 99, 105-106; 1980: 26, 33; 1986）。

(二)組織理論應以意義、權力與價值為研究主題

組織既然為人類行動意向的展現，T. B. Greenfield 認為意義、權力與道德規範為組織的三個重要獨立變項，應該是組織理論研究時的重要主題。

　　首先，T. B. Greenfield 強調應以人類意義與意向的觀點來看社會
與組織結構。他認為人類的意向（intention）與意義，決定人類的行
動（action），而人類的行動則組成社會實在的結構。亦即，組織實
在是以個體行動為中心的，組織的動態即是人的踐履（doing）與思
考（thinking）的結果。因此，當教育行政學者欲探究組織時，其主
要的問題，即是理解人的意向與意義，包括：「人做什麼」（what
people do）、「人為什麼做」（why they do it）等問題。惟有從人的
意義與意向著手，而非從組織結構等問題，才能理解實在之複雜與
模糊特性（Cahill, 1994: 254; Greenfield, 1979a: 102; 1980: 26, 32, 37;
Greenfield & Ribbins, 1993: 53, 127）。

　　其次，T. B. Greenfield 認為組織的研究應該強調權力的分析。在
組織為一種意識型態的主張中，T. B. Greenfield 認為組織是權力與行
動的工具，組織將呈現出意識與道德的衝突與不平衡，也將表現出
權力控制的問題，因此，研究組織時應該關心這些不均衡的現象。
以學校為例，研究者應該對行政與教師之命令，以及學生之服從與
反應等回應加以研究。若是未能了解涉入組織中權力之爭論，尤其
未能了解什麼樣的意識型態是在控制之中，以及什麼是組織中個人
所經歷的經驗，僅對於組織一般性原則的說明，是沒有什麼意義的
（Greenfield, 1979a: 109-110; 1980: 44; 1983b: 9-10, 46-49）。

　　從組織權力的考慮中，不可避免即必須進一步討論價值問題。
T. B. Greenfield 認為正如 C. Hodgkinson 所觀察，行政本質是倫理問題
與價值問題，傳統行政組織科學中之理性概念，是無法面對複雜的
組織世界，因而必須以價值名詞來取代。T. B. Greenfield 認為雖然明
確選擇價值有可能是危險的，但它卻能使人們反省內在價值，並加
以許諾（Greenfield, 1979a: 104; 1980; 1991a）。

　　對於價值領域的觀點，T. B. Greenfield 認為有三個重要主張：(1)
他強調事實和價值在組織及環境領域中彼此不可分，在任何人的行
動中也是不可分的（Greenfield, 1991a）；(2)正如C. Hodgkinson所說：

事實的世界是既定（given），而價值的世界是製成的（making），T.
B. Greenfield強調價值是源自人的內在，是內在的主觀實在。因此人
們是發現事實，但卻賦與價值；價值是被主張與選擇的，它不但超
越量的特性，甚至於超越理性的（Greenfield, 1986; 1991b）；(3) T. B.
Greenfield認為事實是無法決定任何事的，人類主要是以價值行動來
做決策，因此，人類需要從價值中來告知人們應如何做（Greenfield,
1980: 40-42）。

(三)強調組織理論以語言概念來理解

　　面對以價值為核心的組織理論，T. B. Greenfield 反對傳統實證科
學強調之客觀性與可計算的研究方法。至於試圖擴大觀察的技術，
容納可處理價值的質性方法，或是以結合質與量之修正作法，T. B.
Greenfield 也認為是很難解決的問題。如 D. E. Griffiths 在一九七四年
後雖然以典範的多樣性（paradigm diversity）來支持方法論中實用的
折衷主義（pragmatic eclecticism），主張組織的研究不能僅局限在單
一的典範（Greenfield & Ribbins, 1993: 176-177）。然 T. B. Greenfield 認
為其最終將仍如 D. J. Willower 所說，還是會僅以經驗主義典範所主
導（Greenfield, 1991b）。

　　在 T. B. Greenfield 的心目中，只有透過哲學分析而非經驗的有效
性途徑，才能確立理念的真理。因此他非常欣賞詩人、聖人、藝術
家與魅力（charismatic）領導者等非傳統理性之對話。另外，他主張
最適合用以研究組織的典範是歷史與法律，因為這兩支知識深知知
識中之不圓滿，同時也極為強調對作者旨趣的認識。在這其中又以
語言分析是研究組織時最佳的工具。他認為組織與行動如同語言與
說的關係，語言是抽象的，它不存在在具體的實在，它存在在一個
意義的結構中，使說成為可能。同樣地組織代表一種情境與一種可
能，而行動是具體與特殊的，任何行動前均需一個意義的情境，使
其成為可能。T. B. Greenfield 認為語言即是力量，是語言讓實在顯像

或消失的，能控制語言的人也因此將控制思想、控制自我與他人。
人們透過語言建立各種領域範疇，藉以控制世界及其組織。因此，
研究組織的學生沒有選擇，必須使用語言去進一步理解組織（Greenfield,
1980: 43, 49-50; Greenfield & Ribbins, 1993, 129-130）。

第四節　T. B. Greenfield 之領導理論

雖然 T. B. Greenfield 並沒有直接地論及領導概念，有時還被稱為
是一種反領導者（Gronn, 1995: 43-44）。然如 C. Hodgkinson 之分析，
整個 T. B. Greenfield 之文章其實交織著對領導的理解，其中又以領導
之道德意識、領導的培育等主題的討論最為重要（Greenfield & Ribbins,
1993: xv）。

T. B. Greenfield 認為人類組織的道德秩序，不是一種自然秩序，
而是依人類經驗及他人的行動加以建立。因為道德秩序總是處在人
之間，每個地方並非相似，同時這些不相似之處會促成人更進一步
的行動，以推展其所認為的道德秩序。因此，如前所述，他認為組
織主要的價值現象是許諾（commitment），是以道德的領導者，取
代理性與技術家的工作，領導者應該注意道德的複雜性，以及價值
的創造的角色（Greenfield, 1980: 32; 1986; Gronn, 1995: 43）。

在此，T. B. Greenfield 認為新的教育訓練有幾個方向可以依循。
一方面他極力主張在行政研究課程中，提倡法律、歷史與哲學等比
較具有博雅特性的研究，認為以此才能脫離實證主義對教育行政狹
窄的限制，也才能處理實在為主觀世界的獨特情形（Greefield, 1983a:
6-7）。不過這種主張與柏拉圖及 C. Hodgkinson 提倡一種哲學家之訓
練，以作為人類監護人（guardians）與領導者的主張稍有不同。柏
拉圖認為哲學家有洞察真理本質，以及進入善的理型（form of good）

的能力，故可以扮演此種角色。而 C. Hodgkinson 認為應使行政人員
成為哲學家，或至少使他們朝向哲學理解，因為行政的病理學只能
由哲學加以治療。T. B. Greenfield 雖不否認上述的理想，但卻對如何
完成這個目的感到懷疑。其次，T. B. Greenfield 主張只有對生活有洞
察的人適合為行政人員，因此行政人員的訓練應該是一種為生活而
訓練，從中訓練科學家去面對價值與道德，使其體認理解生活的重
要性，同時理解人的精神有許多表達型式。至於具體的措施，他認
為如能將行政者的訓練安置在非自然的環境中，如修道院中，可使
人去理解各種不同組織實在的經驗，從中產生之衝擊與迷失方向的
經驗，進而會指導行政者思索更複雜與模稜兩可的生活特性，行政
者也才能較真正的看待其所處世界（Gronn, 1994: 228），從而訓練行
政者對宇宙及地球生命具有天啟（apocalyptic）和先驗的願景
（transcendental vision），以求對組織做有效的引導。依此，也才能
從這些具體經驗的體驗中，發掘出組織行動中所蘊含的價值內容，
並進而改善組織或建立適當的組織（Greenfield, 1980: 30, 45-46）。

　　至於領導相關主題的研究，T. B. Greenfield 也曾在一九八四年對
領導和學校的討論中，表達了一些主張。他認為領導不是以角色探
討為主，而應針對人來研究。前者主要是領導（leaderhsip）技術的
研究，強調以實證模式，對領導者的特徵（characteristics）進行說
明。這種特徵的研究僅羅列一些個人特質（trait），忽視了領導者獨
特與複雜性探討的說明方式不同。而後者以領導者（leader）的研究
為主，強調性格（character）的研究，包含完整的個人。因為，T. B.
Greenfield 強調領導者必須扮演一位價值與道德的企業家，結合組織
中不同成員，朝向某一個特定的意向或思想前進，因而重要的是領
導的意志和整體性格的主導，而非僅是一些原理與信條的技術明，
或特徵的描述（Cahill, 1994: 258; Evers & Lakomski, 1994: 265）。

第五節　T. B. Greenfield 對未來教育 行政研究的建議

　　面對實證傳統的教育行政理論發展，T. B. Greenfield 提出這種主觀主義的學說，著實希望能在偏狹的教育行政科學中，開展出不一樣類型的樣貌。這樣的主張雖然已獲得部分學者如 C. Hodgkinson、R. Bates 等人的重視，甚至是美國教育行政「理論運動」學者 D. E. Griffiths 等人的關心，但仍有許多教育行政學者如 D. J. Willower 等人強烈的批判。為此，他一方面希望任何有關教育行政的期刊，能容取更多不同理念與方法之研究，以對真理進行不斷地試驗（Greenfield, 1991b）。另一方面，他也於一九八〇年、一九八六年提出組織研究八個新的方向，特別是著重詮釋科學，及社會實在之主體建構主張，來鼓勵教育行政或行政組織新模式的探究（Greenfield, 1986）。這八項新的研究主題，其實正融合前述論述的各個重點，包括：

　　1.應強調組織社會實在之建構和維持的探討，特別是行政人員和其他人對這個過程貢獻的分析。

　　2.應強調在行政實在的建構中，語言角色的分析，特別是語言和權力間的關係探討。

　　3.應強調行政人員的性格（character）的分析，特別是從傳記與歷史學中來研究。

　　4.應強調法律對價值衝突仲裁的學習與研究，特別是行政者必須模仿它的方法，從中加以學習。

　　5.應強調價值本質及價值哲學問題的思考，特別在行政事務中，對於如何判斷是好的與對的方法？以及行政人員如何去獲得這些知識？等問題，進行探討。

　　6.應強調在特殊的教育議題與政策中，反省行政行動的價值問題。

　　7. 應深入理解行政職業，包括是誰管理我們學校？行政階層的動機為何？他們的作為產生何種影響？過去習慣強調女性為教師，男性為行政人員之見解是否需要改變？

　　8.應強調組織中領導（leading）與隨從（following）關係的理解，從中探究行政權力及決策支配的情形？以及相關決策過程中可能需付出代價又為何？

第六節　T. B. Greenfield 主觀主義教育行政理論之評析

　　綜合上述，T. B. Greenfield 教育行政理論從實證主義傳統的批判著手，他認為試圖以實證主義建立理論，以作為理解與控制組織問題是不適切的，這不但造成行政如科學的假像，強調組織適應環境，同時也常造成組織與人長久的爭論。基此，T. B. Greenfield 強調組織為個體主觀意識所發明的社會實在，必須從個人賦與他們行動的主觀詮釋，才能理解教育的組織，也因此其相關的教育行政理論被稱為一種主觀主義。然這種引起教育行政典範轉移的學說，其對教育行政理論發展的具體貢獻為何？同時其理論本身又存在哪些缺失需要加以改進？以下分別從事實與價值、研究方法、理論與實踐、律則與個殊、教育行政獨特性與具體的研究成果等各項主題，對 T. B. Greenfield 的觀點進行評析。

一、在價值與事實二分的立場中，強調以價值為出發點的研究典範

　　在事實與價值問題的處理上，T. B. Greenfield 首先批判實證主義傳統的作法，他認為實證主義以事實研究為主體的研究方式，不但會造成一種去價值化的行政研究，忽略行政過程有關意義與價值等真正本質，因而造成事實與價值的分離。同時還會在價值中立的錯誤印象中，忽略行政科學隱藏之價值，無法對行政的實際作為有任何密切導引。為改善此一困境，他拒絕社會實在自然系統觀察，而改從主觀主義出發，從中強調社會實在，甚至是組織均是為個人意義、意向或價值等之創作，即使面對既定的事實世界，人們也會給與不同的價值意義。因而組織是一種意識型態或道德秩序的表達，教育行政的本質應該是價值的世界。特別是隨著不同個體內在價值與意義的歧異，教育組織將充滿著衝突，有待領導者同樣以價值的建構來導引。

　　這樣的觀點，在 T. B. Greenfield 後期的文章中，更直接引用 C. Hodgkinson 的觀點加以強調。他贊同 C. Hodgkinson 的看法，認為「行政是一種道德藝術」（administration is a moral art），教育行政科學應該為道德與教育的工作，而其主要是一種藝術與價值的活動。因而教育行政不是科學的問題，而是哲學的問題，主要不是處理實然的問題，而是處理價值與道德等應然的問題。T. B. Greenfield 認為這樣一個價值導向的行政理論，不但關乎行政理論的建立，更直接進入行政生活的實踐（praxis）中（Greenfield, 1991b）。

　　從僅重事實的研究，轉而偏向價值的探究，T. B. Greenfield 在這個議題上面臨的第一個批判，其實如同實證主義般，是價值是否與事實二分的問題。實證主義明白地表示，因科學無法處理價值問題而僅以事實為主。而 T. B. Greenfield 雖然沒有類似的表示，同時還在

一九九一年〈科學與服務〉（"Science and service"）一文中，宣告事實和價值在組織及環境實在領域中彼此不可分，在任何人的行動中也是不可分的（Greenfield, 1991a）。然正如C. W. Evers 和 G. Lakomski（1994: 264-265）所說，T. B. Greenfield彷彿未放棄事實與價值分離的主張，只是僅將過去實證傳統以事實作為教育行研究的原料，轉而以價值或人類意向為主體。因此，C. W. Evers 和 G. Lakomski 認為即使 T. B. Greenfield 宣稱事實與價值之緊密結合在教育行政中極為重要，但他並沒有真正處理事實與價值分離的問題。甚至於R. Bates 還認為T. B. Greenfield在提出價值主觀論之教育行政論後，拒絕對於所面臨的問題提出解決之道（Park, 1999: 375）。

在主觀主義中，必須面臨的第二個問題是價值的衝突如何解決的問題。既然組織是個體主觀意向或價值的建構，人人均可能以不同的價值與意向建構不同的組織，因而T. B. Greenfield宣稱組織會是個意識型態，組織將不斷地戰爭，形成一種組織的無政府主義。雖然他也說明這意味著組織領域依此需要不斷的進行判斷，但到底如何判斷？又在不斷爭議的價值理念中，何者才是最後的依規？J. Hills 和D. J. Willower 曾從自我與他人、秩序、真理與心靈、意義與自我、語言等五大方向，質疑此種主觀主義的主張（Greenfield, 1980: 47-50）。T. B. Greenfield在答辯時宣稱，人與人之間彼此的理解，最重要的原則是尊重他人意義與心靈，因而他再一次反對如 E. Durkheim 和 T. Parsons等人宣稱之普遍共識（consensus universel），轉而強調個體主體性之重要。他認為若相信有共同價值，個體的價值必然與大的道德秩序相衝突，行政者輕易可以採用特定的思考模式，不再思考個人的信念與行動。反之，若秩序必須經過眾多權力的交涉，此時行政者必須真正察覺他的決定、價值與權力，行政者的責任也將隨之產生，每個人個體的主體性也會受到重視（Greenfield, 1980: 47-48）。然很顯然地，如此的答辯，並沒有解決價值衝突或價值相對論的問題，這在 T. B. Greenfield 的主觀主義中是很難處理的問題。T. B.

Greenfield 曾大力讚揚 C. Hodgkinson 對教育行政領域價值主題的剖析，明顯地補其不足，因之面對其主觀論中隨之而來的價值相對主義，到底何者為善的問題，T. B. Greenfield 到後來受到 C. Hodgkinson 的影響，同意了有價值序階的存在（Gronn, 1995: 46）。只是這樣的解決之道，似乎又與其主觀主義的基本觀點有所衝突。

二、研究方法主張用詞含混的困境

　　T. B. Greenfield 主觀主義與實證主義另一個最大的差異處，即不同研究方法論的主張。面對實證主義傳統對教育行政理論帶來偏失的研究，T. B. Greenfield 極力反對過分重視量的、事實的、實驗與客觀性的自然科學研究方法，轉而尋求一種解釋、詮釋或稱質化等的研究路線。其中，基於主觀主義中對人類意向與價值理解的重要性，他非常強調語言、歷史、法律與哲學等領域，從一個局內人的角度來澄清意義的涵義。至於方法論方向，則較重視質的、人種誌、個案的、歷史或比較的方法。整體而言，在 T. B. Greenfield 的眼中，社會科學和自然科學是分離的（Evers & Lakomski, 1996: 131）。

　　雖然，方法論的問題並不是 T. B. Greenfield 最重要的主題，然由於他對許多名詞模糊的使用，導致其他學者在此給與他最嚴苛的批判，形成其行政理論論述中最大的致命傷。首先，學者 D. J. Willower 認為 T. B. Greenfield 的主觀主義雖對於研究與理論類型展開批判，但它並沒有提供可以引導研究進行的解釋架構，或者是一項明確界定的概念，有時還僅屬於指明重要主題之一般性建議。其次，因為缺乏研究歸類的說明，R. J. Willower 也認為人們其實是無法分辨，哪些研究是由這種研究觀點所引導。特別在教育行政領域中，為了處理組織或其他機構中的個人問題，所發展出來的「質性研究」已有很長的歷史，然並非所有質性研究工作者，均同意 T. B. Greenfield 此種主觀主義（Willower, 1992: 367）。再者，面對 T. B. Greenfield 這種

主觀的批判，如前所述，J. Hills 和 D. J. Willower 也曾提出自我與他人、秩序、真理與心靈、意義與自我、語言等五大問題加以質疑（Greenfield, 1980: 47-50）。故，D. J. Willower 強調傳統教育行政依舊是有好的外型，教育行政的再生不需要浴火鳳凰，而只是需要磨光。傳統教育行政本身包括自我改正的機制，故乃是接近真理的唯一道路（Greenfield, 1991b）。

有關方法論的另一個大的問題，即許多學者對於 T. B. Greenfield 主觀主義的思考路線與現象學間的關係之反省。早在一九七五年起 T. B. Greenfield 即不斷的使用現象學（phenomenology）、現象學的觀點（phenomenological perspective）等語詞。一九八六年他也曾自稱是一種現象學基礎研究（phenomenologically-based research），用以處理在特殊情境中人之經驗。然如 P. C. Gronn（1983: 11-12）所述，如此使用現象學字眼是非常不恰當的。其理由有二：(1) T. B. Greenfield 雖然使用現象學一詞，但並不是如此肯定的支持現象學觀點，一般而言，他常稱自己的觀點為另類觀點，而非全然以現象學觀點一詞代表之；(2) T. B. Greenfield 本身的文章很少引用現象學主要學者胡賽爾（E. Husserl）的觀點，而真正啟發 T. B. Greenfield 的學者，主要是以韋伯為主。其中韋伯關於「理解」的觀點，即解釋性的觀點，貫穿 T. B. Greenfield 大部分的作（Bates, 1988: 5）。然基本上，韋伯不是一個現象學者，故稱 T. B. Greenfield 為現象學觀點實值得討論；(3) T. B. Greenfield 所說的現象學與真正現象學之基本定義也大有不同。如 D. J. Willower 即認為傳統胡賽爾之現象學包括精巧認識論及探究的方法論，然社會科學卻沒有這個特質，特別是 T. B. Greenfield 對科學知識的批判，常是涉及很多認識論但卻沒有宣布一個認識論的立場，因而是與傳統現象學有明顯差異的（Evers & Lakomski, 1991: 83）。

在此，可以說 T. B. Greenfield 對現象學相關用語的使用是不夠嚴謹的。其實 T. B. Greenfield 也曾自我表示如此使用現象學字眼是輕率的，當一九七八年 D. E. Griffiths 與 D. J. Willower 質疑〈組織理論及

難以和解實在真理的反省〉（"Reflection on organization theory and the truths of irreconcilable realities"）一文現象學字眼的使用時，他即表示這並非恰當（Gronn, 1983: 34-35）。另外，在接受 P. Ribbins 專訪時，他還曾表明其文中使用現象學一詞並非美國現象學用法，實是個人特殊用法，故以小寫 p 開頭，而與大寫的專有名詞的 Phenomenology 區別（Greenfield & Ribbins, 1993: 248-249）。由此，實都顯示出 T. B. Greenfield 在此用詞不嚴謹的問題。

三、主觀主義中對理論與實踐問題的主張

T. B. Greenfield 從主觀主義的立場，認為理論是起自個人尋求解釋周遭世界而來，故強調理論是為了使其世界及行動具有意義所使用的整組意義。雖然面對不同個體所建構的意義世界，任何一個領導者或社會學家均必須著重理念來源的質疑，關心其是否能代表最終的社會實在，然基本上，它是富有變化的，且沒有所謂普遍理論存在的。

從 T. B. Greenfield 學說中對理論的解釋，可以發現不同人們理論形成，常是人們自身對世界實踐的解釋，而非抽象的原則，同時它也是多元變化的說明，不是一種普遍化的法則。人們是不需要也不能建立一種普遍理論，來引導實踐的作為，因為社會或組織不是秩序的問題而是控制的問題。但若以單一個人而言，在主觀主義的學說中，理論與實踐分離的現象其實並不明顯地存在，因而理論與實踐的問題也不是如此重要。此正如秦夢群和黃貞裕（2001: 122-124）在評析 T. B. Greenfield 對教育行政的貢獻時，即認為其將觀察與理論之間的分野剔除。也因此，T. B. Greenfield 在領導者的培育或對組織的理解，也不是僅由抽象或普遍法則之理論著手，而是強調從實踐生活中產生。這包括對不同文化中給與組織意義的理解，或是在修道院中，促使人去理解各種組織實在的經驗，從中產生衝突及迷失

方向之經驗，再進行更深入地思索複雜的組織情境。特別對組織研究，他強調惟有從自身經驗來界定問題、理解問題並解決問題才是最真確的。

四、輕律則與重個殊的現象

　　有關主觀主義中個殊與律則間的關係，從上述的分析中，可知T. B. Greenfield的學說充分顯示出重個殊而輕律則的研究取向。如W. P. Cahill（1994: 254）認為從 T. B. Greenfield 組織觀點中，可使學者發現學校中最重要的是人們的特殊意義和意向性，而不是組織結構面向的問題。另外，澳洲學者R. J. Bates（1994）在分析 T. B. Greenfield 與韋伯兩人論點傳承時，也明確指出T. B. Greenfield只是部分的韋伯論者，主要的原因是T. B. Greenfield雖對韋伯主觀理解的論點極力支持，但對韋伯在社會與組織現象的結構說明卻明顯地忽略。因而R. J. Bates（1995: 53）認為拒絕教育行政結構面向的研究，造成 T. B. Greenfield 主觀主義中嚴重的缺失。

　　P. C. Gronn（1994: 228）曾在此為 T. B. Greenfield 的學說辯駁，認為在T. B. Greenfield的學說中，不但不是否定社會文化的結構，甚至在個人主體和社會結構的關係中，還保留一些有意義的連結，因此在T. B. Greenfield學說根本並沒有律則與個殊的問題（Gronn, 1994）。不可否認地，T. B. Greenfield的確是曾提及個體在進行意義創造時，也會受到外在文化價值的影響，因此主張領導者必須從人文學科與通識教材，甚至是修道院的生活經驗來體察生活（Gronn, 1994: 228）。但從主觀主義出發，不但任何實在的解釋均從個體的主觀意識出發，即使是代表個體集合的社會、文化與環境，還仍只是個體主觀意義的貫徹，它不是客觀存在，而僅是一種意識型態必須加以反省與批判。這明顯地與傳統視組織是大於個體總和，組織是獨立於個體之外，具普遍結構法則實在的說法不同。基此，他是明顯有重個

殊而輕律則的現象。

五、缺乏細緻教育行政獨特性之分析

　　T. B. Greenfield 之所以被列入重要之教育行政理論，除其本身接受的學術陶冶，或本身從事之工作均是以教育行政為主體外，主要是因為其所發表的多篇主要論述，也都是以教育行政為題居多。另外，基於反對傳統實證主義的立場，他自然也反對如 D. E. Griffiths 等人之主張，反對教育行政組織科學與其他行政之組織相同，不具備獨特的學術造型。T. B. Greenfield 曾在一九九一年對教育行政之教育特質進行分析，他主要參考 C. Hodgkinson 之見解，強調教育之獨特處，主要在於他所面對的是一種應然的與價值的問題，因而教育應該是道德與教育的工作。只不過這種說法，並沒有真正為 T. B. Greenfield 析論出教育行政的獨特性，因為他也強調一般行政工作也是一種價值的導引，也是一種道德工作，透過領導以使自己和階層朝向善的發展（Greenfield & Ribbins, 1993: 194-195），因而在 T. B. Greenfield 學說中，教育與一般行政必然產生重疊。

　　曾有許多學者對 T. B. Greenfield 身為教育行政學者的身分展開批判。如 A. Thody（1994: 247）即認為，一九九三年 T. B. Greenfield 之著作，以《Greenfield 的教育行政》為名是不恰當的，因為在整本書中，很少看到 T. B. Greenfield 直接論述教育的實例。因此可以說 T. B. Greenfield 並沒有將教育行政視為一個特殊的專業，而只是如同一般行政的普通學科，為管理主流中的一支。甚至於 A. Thody 還認為從 T. B. Greenfield 將組織還原成權力、意義與道德秩序的角度，其實 T. B. Greenfield 之學說，應該與政治學更為接近才是。

六、促進多元典範研究觀點及多元主題在教育 行政領域的萌芽，惟較欠缺豐富研究成果

　　除上述從教育行政主要議題對 T. B. Greenfield 觀點加以評析外，一般而言，面對他所提出的主觀主義，學者們還有一些批判與討論。

　　就 T. B. Greenfield 主觀主義的發展對整個教育行政理論發展而言，正如依 C. W. Evers 和 G. Lakomski（1991: 229）所言，其理論思想構成教育行政理論的重要發展。這包括：促進多元典範研究，及多元主題探討的努力，其中又以重新納入價值主題的作法最受人讚賞（Evers, Lakomski, 2000: 4-5）。首先，T. B. Greenfield 透過自然系統與主觀主義兩者不同社會實在的詮釋，勇敢地挑戰傳統實證主義，同時並正式對所有教育行政學者宣告，「理論運動」所依賴的實證哲學與方法論基礎，已無法有效理解所處的社會實在，且被大多數的科學哲學家視為過時。如此作為，不但促使美國教育行政「理論運動」學者展開反省，如 D. E. Griffiths 學者對一九五〇年代之「理論運動」重新檢討，以及一九八五年美國「大學教育行政委員會」（UCEA）發動之「教育行政知識基礎」的運動。同時這也是許多另類教育行政理論的開端，特別是在美國之外教育行政理論的開始，如 R. J. Bates、C. Hodgkinson、C. W. Evers 和 G. Lakomski 等各種觀點理論的開展，直接促使教育行政理論多元化。因而，A. Thody（1994）認為 T. B. Greenfield 在教育行政中的學說，充分提供了當前教育行政之實際與研究一個新的方向。

　　至於研究主題的開發，P. C. Gronn 和 P. Ribbins（1993: 161）認為 T. B. Greenfield 在知識性質、行政理論、主觀性、價值、真理與實在的討論，均是最近教育行政重要的討論主題。另外，W. P. Cahill（1994: 253）也認為從 T. B. Greenfield 對人與組織、人性與宗教價值、學校中領導的角色等三個面向，明顯地發現 T. B. Greenfield 的觀點正足以

提供羅馬天主教教育（Catholic education）一些支持，特別是對學校
領導者、行政人員與教師，提供一些新的理解，以應付不斷變遷的
挑戰。而實質上，由於他對主觀主義的提倡，從中對於個體經驗、
意向與價值領域的重視，更促使教育行政多元主題的產生（Evers &
Lakomski, 1991: 76; Lakomski & Evers, 1995）。

　　惟較令人遺憾的是，此種多元典範及多元主題的開展，似乎並
沒有為教育行政學說帶來較豐碩的成果。不但T. B. Greenfield的努力
常僅止於理念的提出，同時從其主觀主義中所衍生之問題，除了C.
Hodgkinson對價值有較多的闡釋外，大多數主題也缺乏進一步討論，
因而在近年來也受到許多實證主義支持者的批判。包括：如一九八
八年 J. A. Culbertson 用帶點責難的口吻，認為 T. B. Greenfield 對「理
論運動」開火，攻擊「理論運動」所有的基本假設，導致的爭端到
目前還沒有結束（Greenfield & Ribbins, 1993: 171）。一九八八年 D. E.
Griffiths也曾評論T. B. Greenfield的主觀主義對「理論運動」之批判，
為何在大英國協較受重視，而為美國學者所忽視？他認為主要因為
T. B. Greenfield的學說太極端且太全面性了。同時，除了攻擊「理論
運動」的觀點有一致外，其他的論點並沒有一致性，同時並沒有導
引更多經驗性研究（Greenfield & Ribbins, 1993: 172）。另外，D. J.
Willower 在一九七九年則指出 T. B. Greenfield 雖然對現存教育行政的
負面實例有很多的討論，但卻缺乏具體可行作法的提供（Gronn, 1983:
34-35）。甚至於 P. C. Gronn（1983: 21）還認為 T. B. Greenfield 對其理
論的重要名詞，如意義與有意義行動等，均缺乏有效的說明。事實
上，T. B. Greenfield 接受 P. Ribbins 之訪問時，曾提到教育行政是一種
人文科學（humane science），主要是強調人文的解釋及價值之基本
重要性，但C. W. Evers 和G. Lakomski（1994: 260）認為 T. B. Greenfield
此種野心並沒有完成，整體而言，其教育行政理論具體研究的建樹
是略顯不足的。

　　（本文原載於《教育科學期刊》，三期二卷，頁28-58。台中：

國立中興大學）。

參考書目

王如哲（1998）。教育行政學。台北：五南。

林正弘召集審訂。Robert Audi 英文版主編（2002）。劍橋哲學辭典。
台北：貓頭鷹。

秦夢群、黃貞裕（2001）。教育行政研究方法論。台北：五南。

Bates, R. J. (1988). *Is There a New Paradigm in Educational Administration?*
(ERIC Document Reproduction Service, No. ED303847)

Bates, R. J. (1994). *The Bird that Sets Itself on Fire: Thom Greenfield and the
Renewal of Educational Administration*. Paper presented to the 8th Inter-
national Intervisitation Program, Ontario Institute for Studies in Educa-
tion, Toronto.

Bates, R. J. (1995). Critical theory of educational administration. In C. W.
Evers & J. Chapman (Eds.), *Educational Administration: An Australian
Perspeative* (pp.49-59). Australia: Allen and Unwin.

Cahill, W.P. (1994). Why Greenfield? The relevance of T. B. Greenfield's the-
ories to Catholic education. *Educational Management and Administra-
tion, 22* (4), 251-259.

Evers, C. W., & Lakomski, G. (1991). *Knowing Educational Administration:
Contemporary Methodological Controversies in Educational Administration
Research*. Oxford: Pergamon.

Evers, C. W., & Lakomski, G. (1994). Greenfield's humane science. *Educational
Management and Administration, 22* (4), 260-269.

Evers, C. W., & Lakomski, G. (1996). *Exploring Educational Administration:
Coherentist Applications and Critical Debates*. Oxford: Pergamon.

Evers, C. W., & G. Lakomski, G. (2000). *Doing Educational Administration*. Oxford: Pergamon.

Greenfield, T. B., & Ribbins, P. (1993). *Greenfield on Educational Administration*. London: Routledge.

Greenfield, T. B. (1968). Research on the behavior of educational leaders: Critique of a tradition. *Alberta Journal of Educational Research, 14*(1), 55-86.

Greenfield, T. B. (1975). Theory about organization: A new perspective and its implications for schools. In M. C. Hughes (Ed.), *Administering Education: International Challenges* (pp.71-99). London: Athlone.

Greenfield, T. B. (1979a). Organization theory as ideology. *Curriculum Inquiry, 9* (2), 97-112.

Greenfield, T. B. (1979b). Research in educational administration in the United States and Canada: An overview and critique. *Educational Administration, 8* (1), 207-245.

Greenfield, T. B. (1980). The man who comes back through the door in the wall: Discovering truth, discovering self, discovering organizations. *Educational Administration Quarterly, 16* (3), 26-59.

Greenfield, T. B. (1983a). Against group mind: An anarchistic theory of organization. *Reflective Readings in Educational Administration*. Victoria, Australia: Deakin University Press.

Greenfield, T. B. (1983b). *Environment as Subjective Reality*. (ERIC Document Reproduction Service, No. ED232258)

Greenfield, T. B. (1986). The decline and fall of science in educational administration. *Interchange, 17* (2), 57-90.

Greenfield, T. B. (1991a). *Science and Service; The Making of One Profession of Educational Administration*. Papers presented at one Thirty-fifth Anniversary Conference of the Department of Educational Administration, University of Alberta, Edmonton, September.

Greenfield, T. B. (1991b). Re-forming and re-valuing educational administration: Whence and when cometh the phoenix? *Educational Management and Administration, 19* (4), 200-217.

Gronn, P. C., & Ribbins, P. (1993). The salvation of educational administration: Better science or alternatives to science ? *Educational Management and Administration, 21*(3), 161-169.

Gronn, P. C. (1983). *Rethinking Educational Administration: T. B. Greenfield and His Critics.* (ERIC Document Reproduction Service, No. ED283257)

Gronn, P. C. (1985). After T. B. Greenfield, whither Educational Administration? *Educational Management and Administration, 13*(1), 55-61.

Gronn, P. C. (1994). Educational administration's Weber. *Educational Management and Administration, 22* (4), 224-231.

Gronn, P. C. (1995). Subjectivity and the creation of organizations: Australian educational administration and the writings of T. B. Greenfield. In C. W. Evers & J. D. Chapman (Eds.), *Educational Administration: An Australian Perspective* (pp.34-48). Australia: Allen and Unwin.

Lakomski, G., & Evers, C. W. (1995). Theory in educational administration. In C. W. Evers & J. D. Chapman (Eds), *Educational Administration: An Australian Perspective* (pp.1-17). Australia: Allen and Unwin.

Park, S. H. (1999). The development of Richard Bates's critical theory in educational administration. *Journal of Educational Administration, 37* (4), 367-388,

Stapleton, J. J. (1994). Thomas Greenfield and the study of decision making. *Educational Management and Administration, 22* (4), 232-242.

Thody, A. (1994). T. B. Greenfieldism: Milestone or millstone? A dabatable critique. *Educational Management and Administration, 22* (4), 243-250.

Willower, D.J. (1992). Educational administration: Intellectual trends. In M. C. Alkin (Ed.), *Encyclopedia of Educational Research* (6th ed.) (pp. 364-375), 2, N. Y.: MacMillan.

第四章

C. Hodgkinson 人文主義
教育行政理論及評析

第一節　前　言

　　Christopher Hodgkinson 為加拿大當代的教育行政學者，其學說主要延續 T. B. Greenfield 的主觀主義而來，一方面強調哲學在教育行政中的重要性，認為哲學是行政的一個本質元素，從哲學之形上學、認識論與價值論分析中，將可提供行政者對行政事務的理解，同時也能治療當前實證主義傳統行政作為的諸多病理現象（Hodgkinson, 1983: 1-18; 1991: 112; 1996: 204）。另一方面，如 T. B. Greenfield，C. Hodgkinson 也對「理論運動」之實證傳統行政理論展開嚴格的批判。其中，他強調行政與科學的差異，認為科學處理自然界事實的問題，有著客觀性的可能；而行政則以價值的討論為主，有較多的主觀因素存在（Greenfield, 1983: 5-7; Greenfield & Ribbins, 1993: 106-107, 238-239）。因而教育行政不應被歸為一種科學，也不應一味朝向科學化而努力；反之應該被視為一種行動哲學，是一種蘊含價值成分的「人文主義」與實踐（praxis）學科。就在這種「人文主義」與實踐的主張中，C. Hodgkinson 開展出許多重要的教育行政理論思想。

　　C. Hodgkinson 所建構的教育行政理論，主要以一九七八年《朝向行政哲學》（*Towards a Philosophy of Administration*）、一九八三年《領導哲學》（*The Philosophy of Leadership*）、一九九一年《教育領導：道德藝術》（*Educational Leadership: The Moral Art*）、及一九九六年《行政哲學——行政生活中的價值與動機》（*Administrative Philosophy: Values and Motivations in Administrative Life*）等四本書為主。其間雖也發表數篇相關之期刊文獻，然大都不出上述四本書之範圍。事實上，上述四本書彼此的觀念也極為一致，總括而言，可以一九九六年《行政哲學——行政生活中的價值與動機》及一九九一

年《教育領導：道德藝術》兩本書為代表。而其主要論點，包括教育行政工作類型的分析，價值理論與組織道德原式的討論，領導理論與決策理論，當前教育行政現象的批判等。

　　C. Hodgkinson 對教育行政理論的闡釋，有著細緻思維及獨到見解，其主要是希望能建立一套以價值理論為主軸的教育行政學說，並以此解釋教育行政理論長久以來，對價值／事實、理論／實踐、個殊／律則等主題的爭議，提出個人的看法。只可惜相關學說的說明，在國內卻未見深入的剖析。基此，本文將以 C. Hodgkinson 人文主義教育行政理論為主軸，依序討論 C. Hodgkinson 對教育行政工作類型之分析，價值理論及組織的道德原式（moral primitives），領導理論與決策理論，以及當前教育行政現象的批判等，最後再對其學說加以評析，以作為國內相關學說建立與實踐之參考。

第二節　C. Hodgkinson 教育行政工作類型之分析

　　C. Hodgkinson 教育行政工作類型之分析，主要是基於其對實在（reality）的觀點而來。配合 C. Hodgkinson 對實在三分的說法，他強調組織實在也可以分為三類，從中再對行政與管理工作加以區分，提出教育行政工作類型的說法，最後並主張教育行政為一種實踐學科。

一、「實在」區分為三類的觀點

　　實證傳統教育行政學說，如 D. E. Griffiths 傾向將實在視為一靜止客觀的存在，強調研究者能以客觀的觀察與調查，來發現其中之

秩序與結構等普遍性法則，以期能對人類行為加以預測。而主觀主義學者 T. B. Greenfield，則強調：「實在的發生，如同一幅風景，具有無數可能的觀點，而且它們都是同等地真實與可信的」（Reality happens to be, like a landscape, possessed of an infinite number of perspectives, all equally vercious and authentic）。因此，在 T. B. Greenfield 的觀念中，所謂「真」，純粹都是依個人希望如何看待實在而定，強調的是一種主觀的實在觀，唯一的錯誤在於認定實在只有一種（Hodgkinson, 1983: 76-78; 1996: 144）。

　　至於 C. Hodgkinson 的實在觀，則綜合了實證傳統與主觀主義兩種爭議的觀點，他認為人類可能面對的實在包括 RⅠ、RⅡ、RⅢ 三種不同範疇（如圖 4-1）（Hodgkinson, 1983: 75-78; 1996: 144-146）：

　　1.RⅢ 實在，主要由事物組成的實在，為傳統自然科學研究的經驗領域。在此實在中，如傳統實證觀點的看法，認為常蘊涵著決定論等關係，因而能透過科學家的觀察，發現其中的法則，同時並進一步的加以預測與控制。

　　2.RⅡ 實在，是由人加以組成的實在，通常也是社會科學家所面對的實在世界。在這個實在世界中，雖然無法如 RⅢ 實在有較強的準確率，以便進行因果的說明及預測。但它仍然可藉由統計歸納，強調相關與辨別的建立，只不過總是需要容取部分的彈性與自由。因此這個實在的命題常是試驗性的或假設性的，而任何理論的提出也常只是建議而不是教條，若是企圖如實證主義般地，以處理 RⅢ 的方式來面對 RⅡ，無疑將會帶來更多的困境。但不能否認的，若是有更多的命題與證明，C. Hodgkinson 認為這將能對社會科學提供更好的說明。

　　3.RⅠ 實在，即是如 T. B. Greenfield 主觀主義中所強調的主觀實在世界，是著重個體經驗之主觀領域，包括意志與意向等內在理念。在這個實在世界中，每個人如同一個孤島，所有的命題均不是科學而是哲學的，所有現象完全依賴個體之價值導向、生活經驗和

生命世界來加以建立的。也因此該實在世界應依人之道德、興趣、
意義與價值而加以解釋的,而沒有所謂絕對真理的存在。

二、教育行政工作類型的分析

　　如同對實在區分為三類的方式,C. Hodgkinson 認為在組織實在
中,亦區分為三類:組織「實在三」是外在的物質世界,組織「實
在二」則是理念與物質、內在一外在綜合之人的世界,組織「實在
一」是內在的理念世界。而配合上述三類型組織實在的說法,C.
Hodgkinson 認為包括 H. Fayol、L. Gulick 和 L. Urwick(1937)以
POSDCORB 之說(註1),或是 J. W. Getzels 和 E. G. Guba(1957)以系
統理論等對教育行政工作的分類均是不妥的。他強調教育行政工作
的類型,應該區分為行政(administration)與管理(management)兩
主軸六階段的方式才合適,簡稱 P3M3(參見圖 4-1)。

　　　　行政者的工作,包括哲學(philosophy)、計畫(planning)與
政治(politics)三階段,主要功能在於政策的決定(policy making)。
其中哲學階段為一個理念層次,主要透過如想像、直覺、深思、假
設、議論、對話、邏輯、修辭、價值澄清等方法,將組織之價值及
存在理由(raison dêtre)予以說明。而計畫階段,是將這些理念轉換
為文字或溝通書寫型式,最後再進入與人相關之說服(persuasion)
政策製定的政治過程。前兩者是處理 R I 實在之理念的問題,而第
三個階段則是屬於 R II 實在之人的世界。

　　至於管理則承接行政政策之後,主要扮演政策實施(policy
implementation)的功能。包括了動員(mobilizing)、管理(managing)

註1　H. Fayol, L. Gulick 和 L. Urwick(1937)將行政過程區分為計畫(planning)、組織
　　　(organizing)、人事(staffing)、指揮(directing)、協調(co-ordinating)、報告與預
　　　算(reporting and budgeting),簡稱為 POSDCORB。

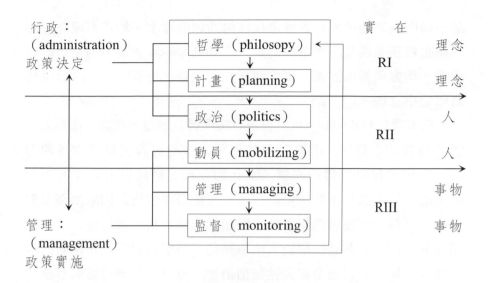

圖 4-1　C. Hodgkinson 對實在及教育行政工作類型之分析圖

資料來源：Hodgkinson, C. (1983). *The Philosophy of Leadership* (p.78). N.Y.: St.
　　　　　 Martin's.

與監督（monitoring）三階段的責任。動員階段也是屬於人的範疇，
主要論及人之權力分配與人力資源的投資問題。而後管理與監督兩
者屬於 RⅢ 事物實在的層級，管理階段關心土地、勞動與資本等之
控制管理，以及事務程序化與事實管理科學化等相關因素的探討。
至於監督的階段，則包括：正式監督（formal supervision）、檢查
（auditing）與評價（evaluation）等過程（Hodgkinson, 1983: 26-29; 1991:
64-65; 1996: 27-28, 31-33）。整個教育行政工作，即是將理念透過組
織中之人，轉換成事物之物質，以達成組織的目的（Hodgkinson, 1991:
63-65）。

　　在此，雖然 C. Hodgkinson 將行政與管理分開處理，然這並不意
味著他主張以行政取代管理，或是在行政中去除管理。其實，他認
為行政與管理過程間是處在一個動態的過程，兩者密不可分，這六
個階段常是彼此重疊，非絕然區隔的。特別是在哲學與監督間還包

括一條回饋的路徑，在管理過程任何問題的產生，均可對理念的建立產生修正與調整。更重要的是，C. Hodgkinson 強調不論是行政或管理，均會與價值因素、價值判斷有所關連，沒有哪一階段可以稱為價值中立的。

只不過 C. Hodgkinson 認為還是有突顯行政過程，強調行政為先、管理為後的必要性。因為管理的部分大多是討論完成行政目的方法，整個過程與具體的事實、量化的技術、科技與策略等方法有關，故以技術家為主體。至於行政，主要是決定目的與激勵部屬動機的廣泛藝術，著重哲學與計畫問題的處理，是強調以理念來進行領導的工作，而非僅局限於人或事務的。特別是它與人類深層的本質理解有關，故它總是與人性及價值密不可分，同時更常與哲學、文學、歷史、藝術與道德等互相結合。這也就是 C. Hodgkinson 宣稱行政本質是哲學的，行政屬於道德領域或藝術成分之活動的原因（Hodgkinson, 1983: 12-13, 26-29; 1996: 28）。同時這也是 C. Hodgkinson 一再反對將行政視為一種科學，而主張應朝向「人文主義」的主要用意（Hodgkinson, 1996: 144-146）。

三、C. Hodgkinson 與賽蒙對行政工作之區分

C. Hodgkinson 有關管理與行政之區分，其實與賽蒙行政與政策（policy）之區分是類似的。C. Hodgkinson 之行政階段與賽蒙所謂之「政策問題」（question of policy），均是以規範性（normative）問題及倫理、價值的考慮為主。至於 C. Hodgkinson 所描述的管理工作，則與賽蒙的「行政問題」（question of administration）相似，強調依特定的價值系統，考慮相關的事實之實際作為。兩者的差別在於賽蒙嚴格區分事實與價值，同時認為事實命題是因觀察的一致性成為有效，而價值判斷是依人之認可而為有效。另外，賽蒙又著重其「行政問題」的討論，強調做正確之工具性決定，而非目的性或倫

理的理性行為。因而在賽蒙的行政理性主張中，意味著建立許多方法與目的之連結（Evers & Lakomski, 1996: 145）。至於 C. Hodgkinson 雖然也是強調其行政問題的研究，只不過這種行政是一種著重價值的問題，他認為如賽蒙僅是論及工具理性，是無法說明何種目的被使用的（Evers & Lakomski, 1996: 149）。

　　另外，就哲學在整個價值理論中的地位，兩者的論述也有差異。賽蒙強調應然是透過集體主觀的情感所決定，而不為哲學所主導。而 C. Hodgkinson 反對賽蒙實證主張，傾向將行政看成是哲學觀點之直接結果，故他主張行政工作的主要工作是哲學的工作。特別在當前權力影響人、社會與世界，並創造邪惡時，他認為惟有哲學中的價值分析才是撥亂反正的主要力量（Evers & Lakomski, 1991: 103）。

四、教育行政為實踐學科

　　實踐（praxis）一詞主要源於亞里斯多德（Aristotle, 384-322B.C.）對人類理性功能、行動模式運作之討論而來。亞里斯多德認為行為實踐、理論沉思（theoria）和技術或藝術創作（poiesis）有別，理性沉思強調以人類理性功能中最高的直觀理性（nous）和智慧（sophia），來認知永恆的存有，並形成理論性知識為主；而技術或藝術創作，則係以人類理性中製作或創作的功能，來導向作品或技藝的完成；至於實踐性的知識，主要依實用智慧對實踐性問題進行適切的探索後，以正確的實踐性推論進行抉擇，從而透過良善的行為實踐，來促成良善生活達成，以導向人類的善（楊深坑，1998）。實踐知識與技術創作的差別，在於技術創作以物之製作（making）為對象，而實踐知識則強調人實際情境的踐履（doing）；另外，在實踐知識中，不只是將既有規則或理論運用到生活世界而已，而是必須強調實際情境的審慎考量。因而實踐知識是代表一種理論與踐履的結合，傳統學說中之理論與實際之區隔依此則不復存在。

從上述的分析，C. Hodgkinson 認為教育行政過程，包括行政與管理，強調人類依目的、意向、動機、道德、情感、價值，來進行有目的之行為的引導。具體而言，它包括兩個元素，前者是意識或反省的，代表理論與價值；而後者是行為或許諾（commitment）的，蘊含著人類具體的行為踐履。因而在整個教育行政過程的實際行動中，總是包含著意識的反省及選擇自由，總是表現出理論和踐履的結合，行政與管理的結合，管理與價值的結合，而這種結合正意味著行政為一種實踐的學科，需要實踐的知識。因此，C. Hodgkinson 稱實踐是教育與行政的核心，實踐是行政領域獨特的適用概念，且為行政的本質（quintessence）。事實上，C. Hodgkinson 之所以稱行政是行動中的哲學（philosophy-in-action），主要也即是在突顯行政為一種實踐智慧的特點。雖然這實踐的特質是複雜且難以想像的，但C. Hodgkinson 卻認為這是教育行政工作不容忽視的主要重點（Hodgkinson, 1983: 53-56; 1991: 42-43, 111-114）。

第三節　C. Hodgkinson 的價值理論
與組織之道德原式

前已述及，價值概念一直是 C. Hodgkinson 教育行政理論主要的核心及真正的本質（Hodgkinson, 1983: 6），同時也是其主張教育行政為一種人文主義，而與實證主義行政理論主要的差別。因而，在眾多著作中，C. Hodgkinson 一再提及價值的相關問題，包括事實與價值的區分，價值相關概念的討論，價值階層的建立，以及組織價值的探討。從中再引導出有關領導與決策理論的說明，以及對當前教育行政現象的批判。本段將先分析 C. Hodgkinson 的價值理論與組織之道德原式兩個主題，其餘主題將於後段再進行討論。

一、價值與事實的區別

C. Hodgkinson 認為事實與價值有別,「事實的世界是既定的,而價值世界是製造的」(the world of facts is given, the world of values made)(Hodgkinson, 1996: 123)。在事實的世界中,如同西方傳統科學與物質主義(materialism)的基礎,主要關心關心真(true)與假(false)的問題,強調任何事實現象透過一種公開的檢證(verification)過程,將可形成一種普遍的真理。至於價值,C. Hodgkinson(1996: 105-106)認為是一種「具有動機力量之欲望概念」(the concepts of the desirable with motivting force),在原先無美、醜、對錯、善惡的事實世界中,主體意識所加諸的一種價值秩序(axiological order)。不論是自發性的、被制約或不知不覺的人類價值,或是可由倫理、美學、經濟、政治、心理,甚至是組織理論加以解釋的價值,它終究是人類主觀製造的,是涉及主體意識的。特別是因為不同的人常對相同的事實產生不一樣的價值觀點,也因此價值總是衝突的(Hodgkinson, 1983: 31-32, 37; 1991: 89; 1996: 105-106)。

如前所述,C. Hodgkinson 強調價值為教育行政的主體,一方面教育行政以行政之哲學考量為主,因而教育行政所面臨的對象以價值為主體。另一方面,他也認為在教育組織中所有事實與事件本身,均會呈現出行政者、支配者或參與者之意志與價值的表現,因而在行政生活中,甚至可說僅是「一系列由主體賦與價值之事實事件」(a series of moment fact-events to which subjecties impute value)(Hodgkinson, 1983: 31)。C. Hodgkinson 認為這種價值的說明無法自事實的描述而來,因為價值總是相對的;為求面臨此種相對的價值處境,C. Hodgkinson 強調惟有透過行政藝術或領導,才能創造新的合作成就領域,以克服人類價值紛亂的現狀(Hodgkinson, 1983: 32; 1991: 90)。

二、價值、欲望與動機

　　面對教育行政中如此重要的價值概念，基本上，C. Hodgkinson 是從心理學的角度來處理的。如同前述他宣稱價值是一種「具有動機力量之欲望概念」，他將價值視為一個人的心理概念，同時與人之自我、動機、興趣、態度、行為等概念有密切關係（如圖 4-2）（Hodgkinson, 1991: 95; 1996: 105-106）。

　　整體而言，個體價值行動之心理基礎，首先來自自我（self or ego）的存在，從自我中產生一些基本的動機，如自我保護的本能（instinct for self-preservation），愛與死的本能（Eros and Thanatos），或是足以引發行動以修正不足或平衡狀態之欲望（desire）、需求（need）或需要（want）等概念。到了第三層面，乃是個體深層結構趨向表面化的表現，代表由內部的、自我與人格緊密結合的價值系

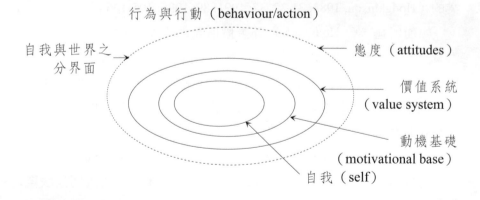

行為與行動（behaviour/action）

自我與世界之分界面

態度（attitudes）

價值系統（value system）

動機基礎（motivational base）

自我（self）

圖 4-2　價值與其他相關名詞之關係

資料來源：Hodgkinson, C. (1996). *Administrative Philosophy: Values and Motivations in Administrtive Life* (p.113). Oxford: Pergamon.

統出現。這種價值系統雖名之為「具有動機力量的欲望概念」，且由欲望所促發的動機行為，但較之欲望或動機有長久的持續力，並非只是暫時或一剎那的事。同時更因為價值的成因，也包括後天環境、文化、家族背景，以及教育與經驗所影響，故價值不能直接等同於動機或欲望，依 C. Hodgkinson 之說，還包括著思考、認知、理性與意志等因素。至於價值與態度的關係，C. Hodgkinson 認為價值是態度（attitudes）的來源，態度是價值與世界更直接接觸下的產物。相較於價值，態度是一種更穩定的行動傾向與回應刺激的方式，它是面對生活或生命型態中無數難題時，所採取的喜好表達。雖然價值與動機皆是不可見或不可完全知悉的，但表現於外的態度卻是可測量與觀察的，惟在人類中之態度種類繁多，要完全知悉也極為困難。最後一個領域是行為（behaviour）或行動（action），C. Hodgkinson 認為行動基本上它是無法測量的，因為它們總是有無限的可能，總是不可預測，總是挑起許多未來，促使許多新、舊的結合。至於行為它是基於態度、價值、動機與自我，透過因果連結表現於外之可觀察的事實（Hodgkinson, 1983: 36; 1991: 94-96; 1996: 110-114）。另外，C. Hodgkinson 在眾多著作中也不斷提及到興趣一詞，他在一九九六年一書中曾提及興趣是個體或群體主動的價值導向，它是涉及事實的價值（Hodgkinson, 1996: 163）。

　　從 C. Hodgkinson 對價值相關的描述中，可看出幾個現象。其一，價值本身處在一個連續體中，一端是以私人領域為主的自我動機的延伸，而另一端則朝向公共集體領域的有目的行為。公共集體領域之有目的行為，可形成一種文化標準或社會規範，或者進一步演化成法律、倫理、哲學與意識型態系統。惟個人私領域可隨時對這個連續體提供回饋，使價值本身呈現一種動態的過程（Hodgkinson, 1996: 113-114）。第二個現象是，在這個層級中，當其愈趨與世界或環境接觸，其表現的型態將愈趨複雜，因而價值的數量多於動機，而態度的種類又將多於價值，這造成衝突不可避免的產生，特別是行政

情境中更是如此（Hodgkinson, 1996: 110-113）。

三、價值的序階與價值衝突

C. Hodgkinson 整個價值理論以其價值序階的建立為核心，他認為人們價值的判斷如同實在分類般，也可區分為三個階層，從型Ⅲ、型Ⅱ與型Ⅰ（如表 4-1），而這正代表著從「好」（good）的價值考慮，到「對」（right）的價值思考。不同的價值階層，意識著個體

表 4-1 C. Hodgkinson 價值序階之分析

價值層次	價值類型	價值特徵	價值基礎	相關心理能力	相關動機層次	相關的哲學思維
Ⅰ	Ⅰ	對的 right	原則 principles	意動、意志 conation、willing	高層次需求	宗教（religion） 存在主義（existentialism） 直覺（intuition）
Ⅱ	ⅡA		結果 consequence (A)	認知、理性 cognition		人文主義（humanism） 民主（democratic） 自由主義（liberalism） 功利主義（utilitarianism） 實用主義（pragmatism）
	ⅡB		共識 consensus(B)	思考 thinking		
Ⅲ	Ⅲ	喜好 preference 好的 good	情感、情緒 affect、emotion、feeling		低層次需求	後現代主義（postmodernism） 行為主義（behaviorism） 實證主義（positivism） 快樂主義（hedonism）

資料來源：Hodgkinson, C. (1996). *Administrative Philosophy: Values and Motivations in Administrtive Life* (p.115). Oxford:Pergamon.

在面對不同種類實在時典型的價值考慮。在此不同典型的價值考慮中，各自擁有其所需的基礎、相關的心理能力與動機層次，而同時也有相關的哲學思維展現其具體的精神。C. Hodgkinson 認為就是因為價值本身有如此巨大的差異，才會導引出如此眾多不同的行政行為。惟當前一般學者，並未對此進行細部探究，故常犯邏輯分類錯誤，因而他認為整個價值序階的分析，實為教育行政與領導最重要的概念。

(一)價值的三種類型

　　型Ⅲ價值為「好」的價值領域。C. Hodgkinson 認為不論是天生或後天養成的，人常會以喜好（preference）的情感或情緒程度做為價值的基礎。這些價值取向不但常是個殊或是自我證成（self-justifying）的，而且均屬於馬斯洛（A. H. Maslow）「需求層次論」（need hierarchy theory），或是 M. Herzberg「兩因素理論」（two-factor theory）中，較低層次的動機需求。另外，C. Hodgkinson 認為這樣的價值取向常與後現代主義、行為主義、實證主義與快樂主義（hedonism）等哲學思維有關。

　　C. Hodgkinson 將型Ⅱ價值領域再區分為ⅡA、ⅡB兩個部分。ⅡB屬其中較低層次之價值領域，其以共識（consensus）的形成為價值基礎，意即以個人喜好意見的集合作為價值判斷的來源。至於，ⅡA為較高層級價值類型，主要透過理性分析的過程，強調以較佳、較具效率與效能的行為結果為基礎。在整個型Ⅱ價值領域中，不論ⅡA或ⅡB 的價值，C. Hodgkinson 認為皆以認知（cognition）、理性（reason）與思考（thinking）等心理特質為主，其中又以理性為最主要基礎。就價值的個殊與律則角度來看，C. Hodgkinson 認為在這個價值序階中，已從型Ⅲ個殊性的價值思維，提升到律則層次，人們在這個領域中常會透過法律、傳統、習俗與社會現況等加以設計與支持。它代表一種較深度的價值思維，同時也是典型的行政運作價

值思考的方向。另外,如功利主義(utilitarianism)、實用主義
(pragmatism)、人文主義(humanism)、民主(democratic)與自由
主義(liberalism)等,也與此價值導向較為相關。

　　型 I 層級為最高層級之價值,其價值的基礎主要為原則
(principles),而相關的心理能力為意志(willing)與意動
(conation)。這種價值的產生,通常來自單一個體一種道德的洞
察、宗教的天啟、美學的感覺,同時也代表著一種信念(belief)、
許諾的行動,是無法由科學技術或僅由邏輯立論加以證成的。因而
它們也常是超理性的,具有絕對(absoluteness)的特性。另外,C.
Hodgkinson 認為這些原則雖然常受理性之論述所保護,但原則上是
形上學層級的,舉凡倫理規章(codes)、或者摩西(Mosaic)之誡
律(commandments)等均是相關的表現。而與其相關的哲學思維則
如宗教、存在主義與直覺(intuition)等(Hodgkinson, 1983: 36-41; 1986;
1996: 114-120)。

(二)好壞、對錯價值的區分

　　有關 C. Hodgkinson 價值的模式,還可以從「好壞」、「對錯」
的角度加以說明。他認為這個價值典範符應心理學研究的結果,從
第三層是情感,往上到第二層級是認知─理性能力,到第一層則是
意志層面,而這正代表著從「好」的價值朝向「對」的價值的發
展。所謂「好」的價值,C. Hodgkinson 認為其對應著「欲求」
(desired),並名之為一種價值論(axiology),主要關心快樂
(pleasurable)與喜好的相關問題。它一方面可能是與動物經驗相
似,是經由自然的衝動與本能得知,也有可能是經由後天的學習而
產生。若從前述之價值序階中可發現,其主要對應著型Ⅲ價值,以
情感與情緒為主要基礎,並且與行為主義與實證主義相關。惟不論
如何,這種價值思維常是在快樂主義(hedonism)之趨利避苦的原
則中,朝向一種個殊或自我放縱(self-indulgent)的表現。只是這樣

的考慮往往忽略了價值衝突的潛在性，因為沒有一個情境是個人可以放縱所有欲望的。至於「對」的價值，它主要是對應著「適欲的」（desirable）概念，C. Hodgkinson 認為這是一種義務論（deontology）想法，強調律則與訓練（discipline）的，即強調在眾多人集合下何者適當？何者是有道德、有義務、或者是應該的問題。這種價值的思慮，是人與動物最主要之差別，同時也是人之集體責任、良心、超個人能力的展現。

　　關於「好」與「對」的價值區別，C. Hodgkinson 認為可以再從馬斯洛的「需求層次論」，以及 M. Herzberg 的「兩因素理論」對照說明，在馬斯洛生理與安全的需求，以及 M. Herzberg 的動機的保健（hygiene）因素，即是屬於「好」的價值典範；而在馬斯洛「愛與隸屬」以上的需求，以及 M. Herzberg 激勵（motivator）因素則已漸漸朝向「對」的價值範疇（Hodgkinson, 1983: 51-53; 1991: 97-98; 1996: 107）。

(三)價值衝突

　　對應著「對與好」的價值主張，C. Hodgkinson 提出了價值的階層假定（postulate hierarchy），其主要的意思強調型 I 的價值較型 II 價值是優越的，較真實（authentic），同時也是比較具防禦基礎的。同樣的，型 II 價值也較型 III 價值優越與真實。意即，個人的私欲僅能在原則與理性的思維中，展現其有限度的表現，故律則或道德領域較個殊與自私領域優越（Hodgkinson, 1996: 133）。也因此，C. Hodgkinson 明顯地強調人類應以型 I 的價值、「對」的價值考慮，作為型 II、型 III 等傾向「好」價值的引導。只不過在此，C. Hodgkinson 也主張並非所有依型 I 價值所進行的考慮均是適當的，有時其雖是型 I 價值的典型，但仍是不應該的。而這也正說明 C. Hodgkinson 價值序階的分析傾向為一個描述性的說明，而並非是一個規範性的主張，特別是表中所列的相關哲學思維僅是舉例而已。

上述這個關係也可以從教育行政工作類型的關係來分析,在管理過程中主要與價值論(axiology)有關,關心什麼是好與壞的(what is good and bad)的問題,因此有較多事實的描述。而在行政層面則以倫理學(ethics)之道德與倫理考量為主,關心特殊人類價值中之對錯(what is right and wrong)問題,同時也對應然之規範及倫理問題有較多的關注,因而造成行政優於管理的特性(Hodgkinson, 1996: 107)。

其實,C. Hodgkinson 認為這三階層的價值序階,不但會表現在行政領導與行政組織中,同時還會在個體中呈現出來,造成在個體或行政組織間價值的衝突現象。首先,就行政組織而言,眾多不同的價值考慮彼此干擾,造成行政組織中價值的衝突。C. Hodgkinson 認為任何一項行動之起因,均有可能是由上述幾個不同範疇基礎所引導而生,如對組織忠誠的行為,可能是源自型 III 價值中對組織情感的吸引,或是型 II 價值中來自群體的勸說與經濟利益,也有可能是源自型 I 價值之形上學或超理性基礎,這均加深了行政組織中價值衝突的可能性。其次,就個體層面而言,C. Hodgkinson 認為除了超人、聖人與精神病患外,任何個體的行為,均不免會受到三種不同基礎心理能力間彼此運作的衝突,到底應依個人喜好、理性或是意志來決定個體行為,這也將造成價值的衝突,特別是這衝突不僅是單一適欲與欲望的爭議,而是眾多適欲與欲望間的不一致(Hodgkinson, 1983: 39-40)。從這種價值衝突的必然發生,C. Hodgkinson 認為行政哲學或是行政領導主要的目的,即是在提供這些價值與興趣問題解決之技巧(Hodgkinson, 1991: 36-37, 97; 1996: 121)。

四、組織如道德秩序(moral orders)及道德原式

前已述及,個人價值與組織價值均可從價值三個序階的模式加以思考,在此基礎上,C. Hodgkinson 進一步討論組織的價值問題。

基本上，他試圖從個體到組織及社會文化群體，來分析組織的價值問題及其中個體的責任，從中並發展出所謂組織如道德秩序及道德原式的主張。

　　C. Hodgkinson 認為組織乃是個體所組成，並具以形成社會文化或時代潮流的基礎。因此，如圖 4-3 所示，組織價值（V3）將與個體（V1）、同儕團體（V2）、地方及次文化說明（V4）與文化思潮及時代精神（V5）等因素並存，構成一個價值的行動領域。在這個領域中，他認為組織價值為整體價值表達的第三層，其一方面受到文化與時代精神之影響，另一方面也必須顧及個體與同儕團體因素。另外，組織本身有時還會存有後設價值與意識型態概念，如現今組織中主要的後設價值是生存與持續（maintenance）、成長（growth）、效率（efficency）與效能（effectiveness）等，這些意識型態將侵入潛意識而影響人類行為（Hodgkinson, 1996: 125-129）。然不論何種因素，C. Hodgkinson 強調這些影響都不是單向的，組織層級會受到 V4、V5、V1、V2 等因素影響的同時，同樣地組織也會反向影響其他層級價值的表現（Hodgkinson, 1991: 68-69, 90; 1996: 147）。

圖 4-3　價值行動的領域

資料來源：Hodgkinson, C. (1996). *Administrative Philosophy: Values and Motivations in Administrtive Life* (p.151). Oxford:Pergamon.

　　基於上述現象，C. Hodgkinson 再次確認組織中難免會產生價值爭議的問題。就組織內部而言，包括個體本身、個體與個體間、領導與部屬間、律則與個殊間之興趣、權力與價值間會產生衝突。另就組織外在環境的考慮，受到文化思潮與時代精神、地方與次文化因素，甚至是組織中成員有關的價值因素不斷地再演變，組織價值領域內涵的衝突更是永遠不會停止。因而，組織的現象是多變的，不快樂、挫折、敵意、生氣、憤恨、猜忌、失敗、邪惡、惡毒等負面現象，也是非常常見（Hodgkinson, 1996: 134）。

　　面對這種衝突，C. Hodgkinson 從整個行政理論發展歷史中，發現有三不同的處理策略，首先是個體的破壞主義者（saboteur），這種策略強調以個人觀點為組織意識的主軸，若有不符則進行破壞。其次是組織狂熱者，這種策略認為組織才應該是優先處理的焦點，個殊價值必須附屬在常被形容為一般性與理性的律則的目的下。至於第三種主張，則強調組織與個體兩者必須維持平衡，而這也正是C. Hodgkinson的基本立場。關於這種平衡立場的建立，C. Hodgkinson有幾點重要的說明。首先，C. Hodgkinson 採用 T. B. Greenfield 主觀主義的立場，認為組織不是有機體，組織僅是發明的社會實在，是透過人類之權力加以發現與製造的。因此，組織不具有意志、意識與價值思維，組織乃為個體所組成，組織的價值全然是由個體自由選擇、思考、感覺與經驗下的產物。因此，組織之任何道德與價值的建立，皆來自個體的考慮，只有個體能思考、感覺與經驗到價值。另一方面，因為組織以服務集體為目的，組織中涉及眾多的個體，任何單一個體的價值思維，均不應脫離組織架構，而獨自形成組織價值。因此組織的價值，也必須在組織這個思考架構下來進行（Hodgkinosn, 1996: 136, 149-150, 165, 169-170）。

　　由此推之，C. Hodgkinson 認為有關組織最終價值的建立，絕不應犯生物學之謬誤（biological fallacy），認為是由組織自主而產生；也不應犯目的論之謬誤（teleological fallacy），以為是環境之命令；

或犯人性之謬誤（humanistic fallacy），宣稱是由成員所推論而來；更不是僅以有限個體獨自影響力的發揮，或僅來自於法律形式的責任，上述諸多作為均是很難促使個體與集體間有效的融合。C. Hodgkinson 認為有關組織價值的建立，以及價值整合的問題，必須是行政或領導者在組織架構下持續不斷扮演一種調和的角色來促成。而這個任務不可避免地是一種道德責任，透過領導者所建立的道德秩序，賦與組織一種有別於個體或個體總和的價值。特別是這種價值結構或基礎，將具有命令的力量，不但可使領導者不顧個體之價值欲望，而優先考慮組織的需求，同時還能消極地化解成員間、組織與成員間各類價值的衝突，積極地決定組織中各類遊戲的規則（Hodgkinson, 1991: 90）。也因此，C. Hodgkinson 將組織稱作是「道德的原式」，彷彿組織的價值有了法律與命令的力量，要求領導暫時不顧慮個體價值導向，而僅以組織的發展與成長為主（Hodgkinson, 1996: 179）。

第四節　C. Hodgkinson 之領導理論

C. Hodgkinson 的領導理論，在其整個教育行政理論有非常重要的地位。一方面領導是行政展現一種行動哲學及實踐特性的憑藉，另一方面組織之道德原式，也有賴領導者來導引。因此 C. Hodgkinson 曾在一九八三年、一九九一年曾分別出版《領導哲學》、《教育領導：道德藝術》兩本以領導為名的專書，而在其行政語彙中，有時更會將領導等同於行政（Hodgkinson, 1991: 53）。惟 C. Hodgkinson 這種領導與行政，也脫離不了價值問題，以下即分別從領導的本質，領導中價值調和的具體作法、領導者的培育與發展等主題加以說明。

一、領導之價值調和的本質

C. Hodgkinson 在一九九一年與一九九六年曾舉出四個錯誤的領導意象（Hodgkinson, 1991: 91-94; 1996: 107-110），包括：

1.柏拉圖善之理念領導者：依柏拉圖對哲學王的見解，此類領導者應該為善（good）與絕對理念（ideal）的代表，他不但是成熟的、單身的，而且會克服成功、權力、財富、感官快樂之欲望，同時運用價值與智慧來處理行政，故他必然優於部屬。引申在現代，這種領導強調一種超越理性之倫理與道德的許諾，強調一種價值為主體的行政領導活動。

2.以權力為主體的領導者：與前者相較，這種領導處在另一個極端，主要強調一種權力的追求與秘密的保持，而且為達目的不擇手段，是明顯地忽略倫理與道德的。另外，他們還可能包括大膽、叛逆、欺騙、狡猾與墮落等特性，此正如馬基維利（N. Machivelli）的《君王論》（Prince），或是梵文（Sanskrit）中之《實利論》（arthasastra），以及近代所討論之現實政治（realpolitik or Fürstenspiegel）。C. Hodgkinson認為此即今日許多行政生活所顯示的現象。此種本質雖也是超越理性，但與柏拉圖善之理念型領導的方向相反。

3.非道德的墮落也非道德的高昇，而僅是依習俗或傳統而來的領導。

4.避免哲學與價值問題之領導者，僅是一種技術專家（technician）或打雜的（factotum）的管理者。

不論上述何種錯誤的領導意象，C. Hodgkinson 認為最主要的問題即是未能突顯領導過程中價值問題的思考。如前所述，他認為領導本質的困境，即在組織中價值衝突的情境，一方面是組織中律則與個殊的差異，另一方面是組織活動與外在環境價值的衝突。再加

上領導者既是自身價值的代表，又必須超越自身私欲，以組織的公共興趣與後設價值主要考量。這些現象均將使價值的衝突糾纏在每個行政與領導的過程中，特別是隨著組織的規模愈大，愈複雜，其蘊藏的價值衝突就會愈激烈。因而領導是處理價值衝突的藝術，領導是一種道德領導，任何一位行政者或領導者均無法免除價值的選擇，任何時間均必須進行價值判斷，做價值選擇與調和，從中設立一種特定的生活方式（modus vivendi），以解決成員間價值的衝突。從中，不但使組織成員之私利融入組織之集合體中，同時更能保持組織目的的達成；不但能約束部屬的過分欲望，而且也能藉此激勵部屬，創造新的合作成就領域與新的疆界（Hodgkinson, 1983: 32; 1991: 50, 63-68; 1996: 106-107, 121）。

二、調和價值的正確作法

　　既然領導以價值的調和為主要工作重點，那麼該如何進行這種調和的工作呢？C. Hodgkinson 認為有許多作法值得討論。其一是領導者在調和個殊與律則間的關係時，僅僅扮演集體代理人的角色，以集體的意見為組織的價值依據（Hodgkinson, 1996: 149）。其次，是採用理性的強制作法，包括使用科層體制、科學管理或系統理論等理性的方式，使領導過程中事實與價值分離，著重以科學的觀察與計算，來進行預測與控制。再者，如轉型領導（transformational leader）與魅力領導（charismatic leadership）的主張，其強調人際關係與人力資源的情感因素，使得領導著重在一種價值意識、情感與責任上。另外，還有　種強制的制裁（sanction）手段，領導者披著整體大於部分，律則大於個殊的理念，取用社會傳統的規範與道德、政治價值的格言，或是某種意識型態、宗教與哲學反省等，投入組織的集體價值中，要求成員順從。

　　C. Hodgkinson 認為上述的作法，基本上均未能真正有效觸及組

織中價值的問題，同時也未能有效進行價值的調和工作，而僅僅可能是從某型Ⅰ價值的灌輸，或是透過型Ⅱ價值類型的說明來進行領導。因此，不但未能有效處理價值衝突，使調和的效果只是暫時與不穩定的，同時也常會使領導者或行政者墮落成為管理主義者（managerialism）、雜役者、道德之無舉足輕重者，或僅是馬基維利的操縱者（Machiavellian manipulators）與名利追求者（careerist）而已（Hodgkinson, 1991: 71-73; 1996: 144, 156-157, 161, 170-171）。

　　C. Hodgkinson 認為組織價值的調和，最主要是依靠領導者扮演道德監護人（tutor）的責任。雖然他並不認為會如柏拉圖般，有所謂哲學王出現，同時他也發現任何領導者的價值主張，也均受到文化思潮及時代精神（V5）、地方文化（V4）、同儕（V2）與個體本身（V1）的影響，有可能僅以個人之型Ⅲ、或型Ⅱ價值的模式，來影響組織發展。但他終究還是寄望領導者，強調人的意識最終將是善的，不論個人發展或進化均將是朝向應然的情境，同時能以型Ⅰ價值模式，來引導整個組織的發展。在此，一位真正的領導者應該具有：⑴反省自我價值的知識，包括詳查個人後設價值假設與限制的能力；⑵詳查組織後設價值之能力；⑶分析組織價值延伸至社會國家之衝突，並考慮與自我價值相關性的能力。另外，當價值衝突產生時，他認為領導者也應以價值模式中之層級，然後再配合其真實性（authenticity）與道德責任來尋求調和。如此，才能體察組織之道德原式，扮演道德藝術的領導者及道德監護人的角色（Hodgkinson, 1991: 125-126, 133-135; 1996: 147, 161-163）。

　　為達上述目的，C. Hodgkinson提出許多具體的思考策略。首先，他強調教育組織應從科層體轉向家庭或宗親式的組織發展，因為在家庭式組織中不但容許多樣性的存在，同時任何領導者也較能熟知部屬與部屬親近，同時並採取一種公平、公正與信賴的作法，以有效調和價值的衝突（Hodgkinson, 1991: 61-62）。其次，他強調領導者必須時常反省組織的真正目的為何，以及它們是如何被證成

（Hodgkinson, 1996: 179）？其中，又以價值的檢查或價值的盤點更為重要。他為此詳列十八項具體步驟，強調從中領導的責任將被明顯保證，而不會因個人情感因素或時間壓力而疏忽（Hodgkinson, 1991: 136）。其十八個具體的步驟如下：

(1)衝突的價值為何？可為它們命名嗎？

(2)型Ⅰ到型Ⅲ價值領域，哪個最具影響力？

(3)誰是這些價值的主導者？

(4)價值衝突分布在人際間或個人之內？

(5)以價值模式來分析，價值衝突是處在階層中或階層間？

(6)是目的尋求對方法的指導，或是方法企圖傾覆目的？

(7)價值衝突能透過價值的行動或群體明顯地解決嗎？

(8)什麼是後設價值？

(9)有什麼原則（型Ⅰ價值）應該請求或迴避？

(10)價值衝突能以典範中較低層次的類型加以解決嗎？

(11)價值衝突必須現在加以解決嗎？

(12)可行解決途境之理性與實用結果為何？

(13)在組織內或在組織外，價值之一致性與政治的相關性為何？

(14)一個能控制形式與非形式媒體的程度為何？

(15)一個人如何分析對立意見之情感的狀態、情感的控制？

(16)如何使用典範來分析許諾？

(17)集體的興趣為何？如何使更高層的興趣涉入？

(18)在這個目的之前，我個人真正的意志為何？

除此之外，C. Hodgkinson 在此再次強調哲學的重要性，他認為領導或行政本質即是一種人性（humanities）作為，故行政應該與哲學、文學、歷史與藝術等相結合，而不僅是工程學的一支。其中又以哲學為行政的致命武器，包括邏輯及批判分析的技巧，概念綜合，價值分析與許諾，語言與溝通的表達力量，修辭與人類本質的深層理解最為迫切需要（Hodgkinson, 1983: 9-10, 53-54; 1991: 76-77）。

C. Hodgkinson 認為惟有當哲學與行動間維持一種密切關係時,道德
領導將被完成。真正有效的領導者會使用哲學,來抑制組織成員對
自我的過分強調,轉而透過大於自我之態度、理想的反省,完成超
越自我之上的目的;同時也會以哲學層次的察覺,減少組織價值原
式對潛意識的影響(Hodgkinson, 1991: 85; 1996: 179-180)。

三、領導者分類與培育

有關領導的分類與培育,C. Hodgkinson 在一九七一年〈行政者
職前實際課程〉("A practical program for preparing administration")一
文即有提及,而後較為深入的分析,主要還是應用前述價值的序階
理論來加以說明。就領導的分類而言,前提及行政本身即是領導,
而廣義的行政包括六個工作階段,分屬於三個不同的價值的領域,
因而 C. Hodgkinson 認為領導的功能遍及組織,包括最高層的、最具
象徵意義的行政者,以及最低層屬於部屬的角色等,均有領導的作
用。以學校組織為例,從組織之最低層級學生開始,當其決定是否
將自身投入組織的目的時,即是一種行政活動,因此也就算是一種
領導的行為。只不過學生會比較偏重在個體對事物的情感表現,故
是以型Ⅲ價值為主要來源。學生之上為教師及技術人員組成的非正
式組織,他們領導的功能在於透過學校精神,或是團隊精神,維持
組織的凝聚力與價值的一致性。這種由多數人之間所形成的社會與
心理的氣候,是型ⅡB 之價值情境的思考層級,一般較之組織的正
式修辭對學校教學工作更有影響力。學校之正式組織乃屬於型ⅡA
價值的出處,它是組織成員對組織相關價值與後設價值之邏輯思
考,從政策的觀點而言,它結合型ⅡB 層級組成行政循環中之計畫
/政治/動員/管理等階段。型Ⅰ層級是行政循環境最高的動力機
制,也是正式組織領導的源頭,它以理念為主,關心組織的存在理
由(organization's raison dêtre),有時組織中這個層級不一定存在,

可以僅以理性或科層體制來取代。惟若組織中有大計畫或偉大構想時，此層級的領導將會產生一種神秘或遠見的導引，同時並促成正式與非正式組織、型ⅡA 與型ⅡB 結構的革新，以呼應相關理念的想法（Hodgkinson, 1991: 157-159）。由於這種理念的導引與實際行政管理的技巧較沒有直接關聯，C. Hodgkinson 認為這一層級有時並不一定得是特定人選來擔任，反倒是處在管理層級的人，因為需專門技術，包括說明與預測，運用電腦科技，解決人、事、物的問題，重視效率與效能，故必須強調具有某種訓練的特定人士（Hodgkinson, 1991: 52-53）。

　　配合上述領導本質的探討，以及組織領導種類的分析，C. Hodgkinson 認為各類領導人才除均需要提倡以哲學作為領導者最主要的工具外，在職前與在職訓練中，不同層級的領導人才所需之培育課程重點，如表 4-2 所示。

　　首先，是處在型 I 層級的領導者，C. Hodgkinson 認為他主要關心的是決策與問題的解決，因此必須強調一種通才（generalist）的能力，同時最好必須透過人類情境一般知識，而非狹窄技術性訓練來達成。具體的課程內容包括：(1)哲學、政治學與經濟學等基礎課程：如英國「文職部門」（British Civil Service）所依賴之 PPE（註2）之牛津大學課程（Oxonian curriculum）；(2)精神分析－傳記學（psycho-biography）課程：如弗洛姆（E. Fromm, 1900-1980）等人學說，其中有許多指導領導之處；(3)藝術課程：如電影之劇本與劇場的上演等，主要可提供危機處理及領導的真正運作；(4)美學：主要在提供人類情感的敏感度，以作為成功領導的基本需求，如東方的茶道（tea ceremony）即被認為是提供領導者心力恢復及人心鼓舞的設計；(5)倫理學：著眼於行政或領導本身是一種哲學與道德的企業，故必然得重視倫理學的知識；(6)冒險：即將學習者置在危機中予以練

註2　PPE 指哲學、政治學與經濟學。

表 4-2 組織領導之分類及培育課程分析

型態	價值焦點	層級	哲學功能	課程內容
I	最高興趣和情感	行政	以培養遠見、領導、政策、魅力領導、神秘、大計畫、偉大理念等能力	哲學、精神分析—傳記、藝術、美學、倫理學、冒險、門生制
II A	理性興趣和情感	執行管理（正式組織）	以培養理性、邏輯、效率、效能、技術、科技與革新等能力	組織理論、行政理論、財政與法律、邏輯、批判、實習、計畫
II B	社會興趣和情感	人員與技術（非正式組織）	以培養組織道德和士氣、群體過程、團隊工作、參與、發明等能力	群體心理學與動力學、價值教育
III	最低（基本）興趣和情感	普通人（全體學生）、個人層次	以增強生產、品質循環、情感投入等能力	組織文化、儀式、神話、宣傳、廣告、體育遊戲、展示、典禮

資料來源：Hodgkinson, C. (1991). *Educational Leadership: The Moral Art* (p.157). N.Y.: State University of New York Press.

習；(7)門生制（protégéship）：這主要是與學徒制（apprenticeship）相對的，學徒制著眼於型 III 價值層次陶冶，而門生制則強調型 I 價值的涵養，C. Hodgkinson 認為這是一種無價的教學的設計，雖然不一定總是有效，但它不應被忽視（Hodgkinson, 1991: 160）。

　　型 II A 層級領導的訓練，主要以典型的 M. B. A.、M. P. A.、M. ED（註 3）等課程為主，如組織理論、行政理論、財政與法律與計畫等內容。若是認為這些課程有所不足，則可再加強邏輯、書寫與批判等哲學技巧，以及實際情境之實習等課程。型 II B 層級的領導，C.

註 3　M. B. A. 指「工商管理學碩士」（Master of Business Administration）；M. P. A. 指「公共行政學碩士」（Master of Public Administration）；M. ED 指「教育碩士」（Master of Education）。

Hodgkinson 稱為革新（innovation），或是去神秘化（demystification），其主要在促使此層級人員，能革除舊有思想，解除神秘化的舊有情境，且加強對於現存組織現況的理解。相關課程應該包括組織與行政理論之正式訓練，一般邏輯與不同權力關係的理解，以及人際關係及群體過程之技術性知識的掌握。同時，也應從價值教育中或從教育組織之意識型態的分析中，提供組織義務、責任與權力的相關知識。另外，C. Hodgkinson 也提出休假（sabbaticals）的問題，他認為這將有助於領導者在正式與非正式組織中訊息的掌握，尤其在組織中面臨許多人際關係及心理壓力時特別有用。至於型Ⅲ領導之課程，C. Hodgkinson 認為以理解組織文化實在為主，強調透過組織成員情感的投入，來理解組織的儀式與慣例等內容（Hodgkinson, 1991: 160-162）。

另外，C. Hodgkinson 也曾從價值行動領域中，列舉許多領導者應具備的知識內容，這包括「大格言」與「小格言」的知識與經驗。其中，「大格言」知識包括：(1)組織工作的知識，即組織目的與政策等 V3 的知識；(2)外在文化環境的知識，即 V4、V5 的知識；(3) V2 部屬的知識；(4)領導本身主觀與內在的知識。至於「小格言」，則包括人事、技術、溝通、時間、工作來分析之一些經驗與主張，這部分的知識，C. Hodgkinson 並不排斥從經驗傳承中來累積知識（Hodgkinson, 1991: 152-156）。

第五節　C. Hodgkinson 之決策理論

從行政與管理過程的分析中，C. Hodgkinson 得到兩個重點，一是決策是行政過程的主要核心；其次，領導者所進行的價值調和工作，即是決策的重要內涵。故 C. Hodgkinson 在其行政學說中，也論

及決策這個主題。討論的方向主要有三。其一是相關語詞的分析，其二是決策與哲學關係的討論，最後是決策模式的建立。

一、決策相關語詞的分析

首先，C. Hodgkinson區別了決策（policy making）、決定（decision making）、行政決定（administration decision making）三個語詞。他認為決定是指個人最普遍的實際之作為，而且通常是個人可觀察之外在行為表現。而在決定之上為行政決定，具有三個特色：⑴此種決定常為某人所為，但其結果常會影響他人自由的表現；⑵這種決定通常是具道德性的，必須顧及大眾的利益；⑶這種決定通常在進行權力的分配，如設立委員會來進行有關的決定，因而可以稱是第二層次的決定。至於決策一詞，C. Hodgkinson 認為是屬於最廣義的語詞，其下包括決定與行政決定（Hodgkinson, 1996: 49）。

二、決定與哲學的關係

如前述對價值模式的討論，C. Hodgkinson 認為不論決策、決定與行政決定過程，均具有道德與哲學的意義。因為三者處理的過程中，均會涉及各類價值因素，均需要行政者進行一種倫理與哲學的批判。然 C. Hodgkinson 認為當前的決策，已成為一種封閉的行為，特別在實證主義的影響下，過分強調決策過程中工具理性的運作，而忽視了目的理性的思考。其結果是在決策的歷程，強調以複雜的數學或電腦計算，以尋求一種最佳化與最大的結果，尋求一種可預測與控制的結果，最終使得決策成為一種管理的作為，僅強調例行性與技術的運行，甚至是一種無理性的表現。諸如所謂參與式決策、專家式決策等多種決定皆是不適當的：

1.參與式（participation）決策：其中最典型的是以公民投票來進

行政策的決定，C. Hodgkinson 認為事實上這只是基於政治說服或量化數，對組織權力進行一種分配，而非價值的調和。有時還盡量將價值問題輕忽，以避免陷入價值難題。

2.專家式的決策：如以特別委員會的型式，透過諮商或一個評價角色的產生來進行決策。依此整個行政運作體系常區分行政決策者與政策分析者，強調政策分析的建議作為決策的主要參考機制。C. Hodgkinson 認為這種作法長久使用後，也將明顯地忽視原先對價值爭議的考慮，使專家常以自己的標準來理解問題，並將其視為一種例行性的工作歷程。

3.集中在事實問題解決，強調以電腦對管理層面或量的問題進行分析，是另一種功能不全的作法。

4.第四種比較不自覺或非理性的決策，是強調依先例或文獻的解釋做為解決之道。

總之，C. Hodgkinson 秉持一貫立場，認為決策絕不是價值中立的，決定是無法脫離權力、價值與興趣間的討論。他將決策所需的能力描述為「結合複雜人類情境理解之邏輯與價值分析之哲學技巧」，也因此決策是一種哲學活動，是需要更多的專業準備（Hodgkinson, 1996: 49-61）。

三、決策模式的建立

至於整個決策模式的建立，C. Hodgkinson 從決策基本模式的闡釋，以及價值衝突類型及處理原則來加以說明。就決策基本模式而言，C. Hodgkinson 還是以價值行動領域的觀點來分析，他認為整個決定的過程，是以個體的價值與興趣為基礎，在這個基礎上透過個體的集合後，群體價值與興趣的考量，以及與地方系統或外在文化潮流、時代精神的考慮，會形成一種社會議程的競爭，最後再透過型 I 層級領導的過程，進行一種價值調和與價值衝突的解決，以形

成一種政策,並對不確定的未來產生影響。在整個決策基本模式的
運作中,同時還包括兩條回饋路線,一是當領導在決策的過程中,
對內之政策問題的回饋,而另一條則當政策對外運作後,對整個組
織的回饋。不論那一種回饋,基本上均會同時對個體、群體等價值
與興趣產生修正作用(參見圖4-4)。

另外,對決策過程中不可避免地價值衝突的處理方式,C.
Hodgkinson 也提出一些原則。基本上,這還是以價值理論三個序階
為概念工具,分為階層間(interhierarchical)的衝突及階層內
(intrahierarchical)的衝突的處理,如表4-3。階層間價值衝突意旨在

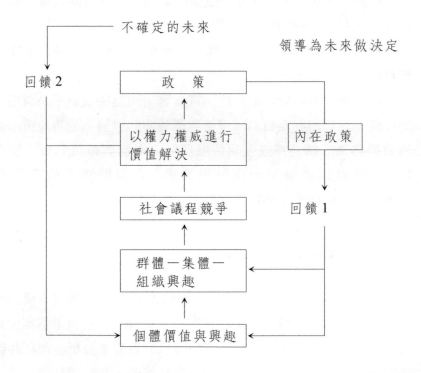

圖 4-4　C. Hodgkinson 決策的基本模式圖

資料來源:Hodgkinson, C. (1996). *Administrative Philosophy: Values and
Motivations in Administrtive Life* (p.61). Oxford: Pergamon.

價值序階中型Ⅰ、型Ⅱ、型Ⅲ三個領域間的衝突。C. Hodgkinson 認為其處理原則較為單純，一般以愈高層級價值愈重要為原則，如型Ⅰ價值層次的原則，高於型Ⅱ價值層次的目的與共識；而型Ⅱ價值層次的目的與共識，高於型Ⅲ價值層次的情感。亦即律則或道德領域較個殊與自私領域較為優越，或稱價值先於理性，理性取決於價值；而個人僅能在價值的限制中展現其情感與理性。惟在此有兩個例外的情形，分別是「少數原則」（principle of least principle）與「大數原則」（principle of most principle）。「少數原則」指的是當領導能有效解決部屬間之價值衝突時，常會以個人的價值為組織價值，而不需遵從上述的處理原則。至於大數原則指的是有時組織會因大多數人之意見的共識，會導致會採取一些較不符合組織價值之價值處理原則（Hodgkinson, 1991: 147-148; 1996: 133）。

表 4-3　C. Hodgkinson 價值衝突類型及處理原則的分析表

		階層間價值衝突之處理原則	階層內價值衝突之處理原則
典範中衝突層級	Ⅰ	將所有低層次價值置次要地位	歷史的過程（神的仲裁）
	ⅡA	將所有低層次價值置次要地位	邏輯的力量（分析）
	ⅡB	將所有低層次價值置次要地位	說服的力量（辯證的）
	Ⅲ	附屬於所有較高層次價值	喜好的力量（情感）

註：1.階層間價值衝突處理方式有兩個例外：少數原則與大數原則。
　　2.型Ⅰ內不同價值之衝突可被解釋為神的仲裁（divine intervention）。

資料來源：Hodgkinson, C. (1991). *Educational Leadership: The Moral Art* (p.151). N.Y. : State University of New York.

事實上，C. Hodgkinson 認為價值衝突很少是對與錯間的選擇，而階層間之衝突（即原則、結果、共識或情感間的選擇），又少於階層內的衝突（如數個原則間的選擇）。而且這種衝突最後常形成兩選一的型態，且不斷地重複出現。C. Hodgkinson 認為在面對型 Ⅲ 價值內的衝突，只要基於喜好力量的適當反省即可辨別；型 ⅡB 之價值衝突，如公共意見，投票行為等，則需以辯證為主，在其中允許個人喜好的因素存在，同時也強調彼此均需有時間來呈現與討論相異的觀點，只不過最後是站在群體的立場來加以解決。型 ⅡA 之價值衝突處理原則，主要以理性或邏輯力量的分析為主，如成本─效益分析（cost-benefit analysis）等，惟此種解決方式常受制於人之理性的有限性，無法充分展現服務個人心靈的原則。最後是型 Ⅰ 的價值衝突，一般而言，它是最激烈的，歷史上各類宗教派別的爭端即是最明顯的例子。在整個藝術的創作或歷史發展的過程中，曾出示許多類似爭端的解決策略，惟 C. Hodgkinson 認為藝術的創作並非真實的，而歷史的發展中常只造成一個答案，不但未能真正化解衝突，同時也未能真正告訴人們最好的價值在何處。因此往往必須要有足夠的歷史過程，特別是透過神的仲裁才足以顯現真正的價值為何（Hodgkinson, 1991: 148-151）。

第六節　C. Hodgkinson 對當前教育行政現象之批判

前已提及，C. Hodgkinson 教育行政理論的發展與 T. B. Greenfield 相似，均曾對傳統實證觀點的教育行政理論多所批判，同時還強調從哲學的觀點加以探討，以期能解決當前許多教育行政的病理現象。然到底 C. Hodgkinson 眼中當前教育行政的病理現象為何？從前

述有關實在、價值、領導與決策等觀點的討論中，共可從梳理出兩大方面的問題，其分別是教育行政研究的謬誤，以及教育行政實踐的問題。

一、教育行政研究的謬誤

C. Hodgkinson 認為行政藝術的真正本質是價值，而其也認真的討論事實與價值的區分，價值概念、價值的序階，以及價值的衝突與處理原則等主題。然他認為這樣的討論並未受到重視，在當前教育行政價值的研究，共有四大謬誤值得關心，分別是自然的謬誤（naturalistic fallacy）、刪除的謬誤（excisionistic fallacy）、軍國式的謬誤（militaristic fallacy）與同質的謬誤（homogenetic fallacy）（Hodgkinson, 1983: 34; 1991: 90; 1996: 123-125），分述如下：

1.自然的謬誤：C. Hodgkinson 贊同 G. E. Moore 的說法，認為所謂自然的謬誤即是希望從自然的特質，來界定如善之非自然的性質。在此，C. Hodgkinson 也贊同 D. Hume 實然與應然區分之論點，強調價值與事實乃是不同類的實在，雖然行政者與事實現象密切相關，但沒有事實能證明價值，任何事實的世界是無法產生應然的價值的。

2.刪除的謬誤：C. Hodgkinson 認為有許多實證學者或行政人員，當他們無法有效處理價值問題時，便試圖以去除價值問題的來源，作為解決價值問題的依據，如此做將產生刪除的謬誤。

3.軍國式的謬誤：這是前項謬誤的延續，而且是最明顯的一種謬誤。C. Hodgkinson 認為這主要是將目的與價值從方法與工具性中分離，而且只討論研究方法性的問題，強調效能與效率的追求，而不論及價值與目的的分析，如當前行為主義、實證主義對教育行政的研究方式則犯了軍國式的謬誤。

4.同質的謬誤：若要對價值進行研究，C. Hodgkinson 強調價值本身具有三種四階的類型，價值的問題是必須透過階層分析來討論其

本體上的差異（ontologically distinct），一個價值敘述在某一個層次
為真，不見得在其他層次也為真。惟若僅將價值視為同一種類來分
析與討論，則將犯了同質的謬誤。

二、教育行政實踐的問題

從教育行政實踐的角度分析，C. Hodgkinson 認為主要的問題在
於價值本質被漠視，所造成價值問題處理不當的情形。C. Hodgkinson
對這些問題的討論甚多，主要的焦點均集中在兩大類問題上：一則
是在處理價值衝突或進行價值調和時，對價值行動領域中個人因素
的輕忽；其次，在組織價值建立時，對價值判斷基礎的誤置等現象。

(一)進行價值調和時對個人因素的輕忽

C. Hodgkinson 認為造成行政價值調和失序的問題，有一個因素
是來自對組織概念的誤解，如 W. G. Scott 和 D. K. Hart 發現，隨著組
織愈趨複雜，組織逐漸增加其對生活的支配，同時使人對兩個命題
及三個倫理價值深信不疑。第一命題：強調只有來自現代組織之
善，才是對個人之善，意即個人之幸福完全依集體的努力，而完全
忽視組織中個體的需求。第二命題：認為個體所有行為必須增加這
種組織的健康，即組織成員必須對組織領導的忠誠。至於三個倫理
價值規則，則由上述命題而來，包括，理性規則：行政者必須追求
最大的效能與效率；管家（stewardship）規則：行政者首先必忠誠於
組織及其結構；實用主義規則：行政者必須權宜行事，且必須以短
期利益為焦點，而非長期的理想主義（idealism）（Hodgkinson, 1983:
65; 1991: 80; 1996: 138）。

C. Hodgkinson 主張此種對組織過分的忠心與許諾的現象，將會
造成個體價值因素的輕忽，而形成一種「新封建主義」（Neo-
Feudalism）。特別是這種「新封建主義」，搭配著傳統實證主義對

行政領域的訴求時，會展現出一種重理性、效率與效能，只求方法而忽視價值與目的澄清的弊病。因而使行政領導的工作將退化為管理主義（managerialism），對組織領導而言，會形成一種支配。而對部屬而言，也因組織明顯地壓抑個體價值，組織中個體自主性的喪失（loss of autonomy），使受支配者之個體在外顯之「無差異區」（new zone of indifference）和「接受區」（zone of acceptance）擴大。其間個體也停止成為一位自由道德的代表，反而是表現出過多的順從權威，及遵守無異議現象（Hodgkinson, 1996: 136-137, 198）。在這種體制下，如社會學家 M. D. Cohen 和 F. W. Taylor 所說，人之生活如同在監獄中，人們受到限制、壓抑，同時與一般事物喪失關係。生活中僅存在一種例行性，人是無聊（ennui）的，甚至是一種心靈與精神的窒息或耗盡；生活中失去人類生存的意義與集體價值，導致一種疏離（alienation）的現象；生活中更可能失去規則而導致厭倦、暴動、不安、不一致與生氣，甚至是自殺，而造成一種脫序（anomie）現象（Hodgkinson, 1996: 138, 196, 199-201）。

　　C. Hodgkinson（1996: 137）認為此種非人性（impersonality）作為，以及科層體制的疏離現象，終將如 V. A.Thompson 所說，將引起如破壞行動（sabotage）、汪達爾人作風（vandalism）、侵犯（aggression）等個人的反抗行為，反對依循組織規則而行，而僅要求個體受到注意。

(二)建立組織價值時價值判斷基礎的誤置

　　相對於前者對個人價值因素的輕忽，C. Hodgkinson 也認為當前教育行政在建立組織價值判斷基礎時，也常有誤置現象，而導致一種所謂行政作為膚淺化（superficiality）的問題。C. Hodgkinson 認為產生行政行為膚淺化問題有很多原因，上述組織對個體的輕忽現象是其中之一，而有時在行政過程中行政時間的限制，以及行政機密（condidentiality）的作法，也常是促使行政作為膚淺化的主要來源。

如在行政組織機密因素的要求下，常要求溝通必須小心，因而任何地點、時間均可能產生溝通。如此作為，表面上的價值是可能是權力分享、忠誠、互惠，而暗地中卻是欺騙、背叛、猜疑、陰謀等貶低的價值特質。同樣地，當行政或管理被廣泛認為是忙碌且工作負擔沉重時，不但對於各項問題無法進行任何的哲學反省，同時平時也無法閱讀相關文獻與重要書籍。因而促使組織價值的建立無法掌握原則，並進而衍生許多偏失的行政作為（Hodgkinson, 1996: 141-142, 193）。

從行政行為的膚淺化，C. Hodgkinson 進一步分析幾項行政行為的問題，包括：迴避價值主張的影響，專業控制與領導的編劇手法（dramatrgy），現實政治（realpolitik）、實利論（arthasastra）與名利追求主義（careerism），分述如下：

1.迴避價值主張的影響

行政作為膚淺化造成的影響很多，首先，C. Hodgkinson 提出價值的迴避主張（postulate of avoidance）。此種主張認為在時間限制及行政機密因素的影響下，價值衝突的解決將趨向以最低層級來分析，以尋求最低的反抗，同時避免較高層次道德問題（Hodgkinson, 1996: 121-122）。C. Hodgkinson 曾以倫理學與行政兩個領域來說明上述現象。其中在倫理學部分，早期對婦女不貞的道德問題，在近年轉變為自利（self-interest）或集體幸福（collectve well-being）等認知層次，而後再轉變為僅是社會期望或個人喜好的問題。此種作法即是將價值衝突低序階化處理，以對高層價值加以迴避的作法。若從行政問題來看，有所謂「最低原則之原則」（the principle of least principle）的現象，如原先屬於型Ⅰ道德與倫理爭議的種族優劣論（racism）問題，可以僅突顯較不重要的運輸阻礙的型Ⅱ價值問題處理，而迴避原先應討論的型Ⅰ道德原則。同時一位說謊的學生，也可能會因有沒有繳學費等較低價值層級的問題而被開除，以避免任何道德問題的討論。另外，一種強調開放行政的型Ⅰ價值問題，也

會突然因型ⅡA 私密性問題，或是型ⅡB 群體共識的操縱，最後為
行政者或管理者加以放棄。C. Hodgkinson 甚至說，科層體制試圖建
立例行性與理性化程序之理由，乃是為了以最低的成本解決價值衝
突的難題，因為低層次的價值衝突較容易妥協、折衷與說服
（Hodgkinson, 1991: 103-104; 1996: 122-123）。

　　事實上，若將行政領導的真正作為予以簡化，特別是價值問題
的迴避，一種強調理性的實證主義，強調理性計畫與技術的程序，
如「目標管理」（MBO）、「計算、程式與預算系統」（PPBS）、「計
畫評價及評論技術」（PERT）及「管理資訊系統」（MIS）（註 4）等
將依此產生。這些方式通常僅重事實而不處理價值，使目的與方法
分離。這不但使行政者犯了自然的謬誤，只重效率的追求，更使得
行政者如純然的技術家，或是一位打雜者。同時，這也將犯了同質
性謬誤，僅以個人情感作為價值判斷的依據，以型Ⅲ價值思考取代
了型Ⅱ與型Ⅰ價值的考慮（Hodgkinson, 1983: 30; 1991: 115）。

　　2.專業控制與領導的編劇手法

　　專業控制與領導的編劇手法，是行政膚淺化的另一項可能影響
（Hodgkinson, 1991: 58; 1996: 194）。「編劇手法」是戈夫曼（E.
Goffman）對社會分析的方法，其將日常生活與戲劇作為相比擬，從
中發現行政行動可如舞台上的一種表演，透過行為扮演戲劇角色的
印象經營（impression management），力圖給人一種預想的印象。從
中把社會關心的後台隱藏起來，將自身置於一種特定角色，或是社
會允許之有利角度（周業謙、周光淦，1998: 198-199）。C. Hodgkinson
強調「編劇手法」一定涉及某種價值的活動，特別是它極易形成一
種謊言，以詐欺（deceit）方式將組織作為達成個人目標之用，用個

註 4　MBO 為 Management by Objectives 之縮寫；PPBS 為 Planning, Programming and Budgeting
　　　Systems 之縮寫；PERT 為 Program Evaluation and Review Technique 之縮寫；MIS 為
　　　Management Information Systems 之縮寫。

人的需求來取代真實的行政工作（Hodgkinson, 1991: 59; 1996: 197, 206-207）。有時它還會透過精巧的組織設計，對價值之貶低加以隱瞞；更嚴重時，行政者還會不自知地認為已掌握複雜的問題情境而沾沾自喜，然其實只是一個沒有文化、不會運用智慧之意志堅強的行政無能者（Hodgkinson, 1996: 141-142）。

3.現實政治、實利論與名利追求主義

囿於行政作為膚淺化中，欠缺對型Ⅰ價值原則的反省，C. Hodgkinson 認為在當前也會導致許多偏失之型Ⅰ領導價值取向。在這其中，他提出「現實政治」、「實利論」與「名利追求主義」來加以討論。這三種現象主要均以追求成功為唯一方向，在「現實政治」中，行政者認為沒有絕對的道德，也沒有康德之「絕對令式」（categorical imperative），更不受任何道德主張所禁止，一切以追求成功為唯一的要件。《實利論》原為印度考他利雅（Kautaliya）所著，其原意指古代印度有關處世、財利等學問之論典，在現今則常代表一種成功的哲學，它建議處理政治或行政的主要模式，均與權力有關，包括：⑴當行政處下方時，強調以巴結、恭維、華麗言辭或懷柔的外交手法來交涉；⑵當一個人權力屬於上位時之強迫作法；⑶以行賄或受賄（bribery and graft）作為一種普遍的社會交換原則；⑷以分化原則（principle of division），分化對手以追求成功。總言之，這四種策略與欺騙、誘惑人或假裝相類似（Hodgkinson, 1991: 59; 1996: 201-204）。「名利追求主義」也以追求成功有關，其認為成功者均必須強調在一種競爭的環境中生存，而生存的條件則以參加黨派，或參加既有成功的專有路線為主。亦即，這種方式也是強調成功為唯一考量，因而不是無道德，就是反道德的（Hodgkinson, 1996: 206）。

綜合上述，C. Hodgkinson 認為上述現象的產生，其實都與行政價值問題的思慮不周全所導致，而這又可以藉由行政哲學的作為，提供具體的協助。包括「從人的本質的回答」，「價值行動領域爭

議的分析與調和」,「價值序階的分析及組織價值的建立」等。因此,C. Hodgkinson 強調應該將價值哲學的思維置在行動之前,透過哲學尋求價值與權力的理解,以提供行政工作之綜合考慮(Hodgkinson, 1983: 16-17)。

第七節　C. Hodgkinson 人文主義教育行政理論之評析

關於 C. Hodgkinson 教育行政的學說,在前述已經做了詳盡的分析,包括教育工作類型的討論,價值理論與組織的道德原式,領導理論與決策理論,以及當前教育行政現象的批判。整體而言,C. Hodgkinson 的教育行政思想不但企圖心極為龐大,同時論及的內涵也極為廣泛。在如此龐大的教育行政理論中,對於整個教育行政理論的發展產生了什麼影響,特別在事實與價值、理論與實踐、律則與個殊,及教育行政獨特性之思維上,有什麼重要的啟迪,本節將一一加以討論。

一、在價值與事實二分的基礎上,以價值做為教育行政研究的基礎

C. Hodgkinson 對於事實與價值的處理,與主觀主義學者 T. B. Greenfield 的主張相似,即在價值與事實二分的立場上,主張教育行政必須以價值的處理為主。從中,他反對教育行政科學化,而強調教育行政應是一種人文主義,行政應為一種道德藝術(administration is a moral art)。尤其難能可貴之處,C. Hodgkinson 對價值理論有了深入的開展,不但討論價值的相關概念,價值序階、價值衝突、組

織如道德原式等問題，同時還具此討論了行政領域與決策的相關理論。因而 T. B. Greenfield 極端讚揚 C. Hodgkinson 之價值理論，認為他的觀點使人們看到行政的新方向（Greenfield & Ribbins, 1993: 167）。C. Hodgkinson 在價值理論的具體貢獻，在現今整個教育行政學術界中，至今還未有人可與其並陳。然這樣的探究，仍不免有一些值得議論之處。本段除將先行討論 C. Hodgkinson 與 T. B. Greenfield 兩者在價值討論的差異，以突顯 C. Hodgkinson 價值學說之特性及價值外，也將提出幾個問題加以批判討論。

（一）C. Hodgkinson 與 T. B. Greenfield 價值討論的差異

　　C. Hodgkinson 對於事實與價值的主張，與 T. B. Greenfield 有幾項差異點，值得在此進一步說明。首先，是兩人學術風格上的不同。T. B. Greenfield 傾向以藝術來討論價值，著重價值的理解；至於 C. Hodgkinson 處理價值較傾向古典文學與哲學，同時在有效融合古代與現代思想中，表現出優秀哲學和洞察者的觀點。另外，T. B. Greenfield 認為他在精神傳統中，特別是對猶太教─基督教（Judaeo-Christianity）有較深的依附，而 C. Hodgkinson 是以東方精神元素為主，較無西方傳統宗教與精神因素在其中。或者也可以說，C. Hodgkinson 之解釋較為現世，有如偉大的道德建築。而 T. B. Greenfield 之作品較具有宗教與精神的色彩，常會佈滿許多聖經的想像（Greenfield & Ribbins, 1993: 264-265）。

　　其次，是 C. Hodgkinson 事實上並沒有如 T. B. Greenfield 那麼嚴格進行事實與價值的區分。從他對行政的定義來看，行政指涉的是一種理念領域，主要是由哲學的運作來進行，這不屬於事實，而純粹是價值的領域。然若從他界定之廣義的行政來分析，行政可分為兩類工作六大階段，同時與實在之三類─理念、人、事務分法相結合。依此，行政或領導，即是領導者將其理念進一步轉化成行事的具體法則，再施行於具體事務上。換句話說，在廣義之行政意義

下，有關 C. Hodgkinson 的行政定義並沒有嚴格區分事實與價值，而是將事實融入價值的導引中，透過價值理念的主張，再由人施展在事務的處理上。因而他是站在柏拉圖與賽蒙之間，對賽蒙以經驗的知識觀點，提供倫理空間的補充，而在柏拉圖之客觀價值理論中也討論了部分經驗的事實（Evers & Lakomski, 1996: 144）。只不過面對這種中間立場，C. W. Evers 和 G. Lakomski（1994: 264-265）曾批評 C. Hodgkinson 終究還是強調以價值領域，為其教育行政學說中的重要主題。

　　第三項差異，是 C. Hodgkinson 較之 T. B. Greenfield 對於價值問題的處理有了更廣泛與建設性的討論。T. B. Greenfield 自認為他從反實證主義開始，並強調價值問題的重要，同時也主張人人均生活在不同的價值中，使價值間的衝突是有仲裁的必要。但其實他只處理個人價值部分，而未討論集體價值的問題，故常陷入價值相對主義（relativism）的困境（Greenfield & Ribbins, 1993: 263-264）。而 C. Hodgkinson 在此之不同處是，他分別討論價值的描述性及規範性的問題。他不但為價值建立一個序階，也為價值衝突的現象及解決之道進行原則性的說明。同時，更進一步他也說明在此價值衝突情境中，行政領導者應該如何培育？應該如何促成組織道德原式的建立。這樣的闡釋不但解救 T. B. Greenfield 被認為價值相對主義的處境，也對當代教育行政的許多問題進行剖析（Park, 1999: 375）。因而 M. Marland（1993）認為 C. Hodgkinson 之著作不但對於實際行政之難題的闡釋，以及如何計畫行動有啟示作用。同時其強調領導的本質在於價值，教育制度中價值因素的特殊性，關心道德角色在領導中的特殊性，皆有效提昇價值在教育行政領域中的地位。其實，C. Hodgkinson 在一九九一年曾自我表述，其教育行政學說中最大優點，在於對行政價值理念提供一個詳細的分析，從中提供了幾項具體的作用：⑴可應用至所有行政價值難題；⑵可防止落入一種「同質性謬誤」；⑶可提供一個相當中立的概念工具，以表達最理想性的倫

理思想（Hodgkinson, 1991: 152）。

(二)C. Hodgkinson 價值討論的缺失

當然，在 C. Hodgkinson 價值理論中也出現不少缺失值得討論，這約略可從以下四個角度加以探討。

1.當 C. Hodgkinson 企圖涵蓋眾多理論與觀念於其價值理論時，出現彼此概念間的不一致現象。如一方面他將價值界定為一種心理狀態，宣稱是一種具有動機力量的欲望概念，而與人的自我、動機、態度等心理基礎有關。然他又同時希望這種價值概念，能具有類似宗教之天啟、道德的洞察、直覺等超理性等形上學層級的能力，特別是這種能力又與柏拉圖善之理型的察覺不同，如此說法著實令人難以理解。

2.C. Hodgkinson 將近代諸多相異的思潮與派別一一安置在其價值理論之中，以符應其價值序階的說明，明顯是過分理想的作法。C. W. Evers 和 G. Lakomski（1996: 150-152）認為如此作法，並不能保證各理論間之融合，反而僅是造成這種價值序階假設的之不可知論。即到底是依什麼方法，使各種理論接受如此的安排，也突顯其過分勉強的作為。另外，將實在、行政或價值等皆區分為三等分的主張，似乎也有類似的問題。

3.在價值衝突及組織的道德原式主張，也充滿著 C. Hodgkinson 過分理想的想法，一方面他極力主張價值衝突之不可避免，另一方面也反對柏拉圖善之理念的引導。最後只有寄望領導者的努力，才能創造組織的道德原式。然在領導的具體作為中，他一方面認為除了超人、聖人或精神病患外，人均不免會受到三種不同價值運作的衝突，但又提及終究要相信人是為善的，或是歷史過程中神的仲裁。如此的主張，雖然較之 T. B. Greenfield 有了更多的闡釋，但個人的私欲是否那麼容易掌握，從其對當代教育行政問題的諸多批判，很顯然地可以發現這可能仍是過分理想化。同時當 C. Hodgkinson 試

圖以道德藝術，以避免此種傾向主觀主義倫理學，所帶來之相對價值的問題，並達到所謂道德客觀的境地時，明顯地也存在著方法之不可知立場？即到底領導者之優越的道德判斷是如何達成道德客觀的？為何價值型Ⅰ優於價值型Ⅲ？也需要加以討論（Ever, 1993: 261）。在此，C. W. Evers 和 G. Lakomski（1991: 100-101, 108）與 M. Pitte（1993）均認為這明顯是一種意志的精英主義（meritocracy），認為意志乃是高於理性和情感之價值判斷的基準。

　　C. W. Evers 和 G. Lakomski（1991: 107）認為型Ⅰ價值與型Ⅲ價值之衝突本來即是一種問題，另外在同一層次的價值選擇更是嚴重，這些問題似乎均無法如 C. Hodgkinson 所說之方式來加以化解。以教育的實際情形來論，即無能化解教師與行政間的緊張。一方面是如C. Hodgkinson 所說，領導最重要的功能在於做決定，其中又以價值判斷和衝突的裁決為主。然教師在學術專業背景下，通常不希望依賴他人的價值判斷，甚至是反對此種階層結構。特別是在大學中，強調自主、學術自由，每個教師有追求真理的責任與價值判斷，是很少會認為它是領導者的附屬者（Pitte, 1993）。

　　4.另外，M. Pitte（1993）也認為 C. Hodgkinson 此種價值討論，不但忽視權力概念的討論，還具有保守（conservativism）理論的特性。M. Pitte 認為 C. Hodgkinson 雖然曾在一九九一年的書中主張權力應是行政辭書首要的概念，同時也是整個價值理論中之一種後設價值，但卻未受到詳細檢查，僅論及一種指導和控制的能力，為行政者欲獲得的東西。M. Pitte 認為這主要是因為 C. Hodgkinson 受到柏拉圖對領導討論模式的影響，比較強調理性與責任，而忽視權力概念的討論（註5），同時也因為 C. Hodgkinson 採取一種行政結構保守主義（conservativism）模式的影響所致，以為有權力的領導者將位於金

註5　C. Hodgkinson 在一九九六年《行政哲學：行政中的價值和動機》一書已有專章討論權力的問題。

字塔頂端，負責價值的選擇與最終問題的解決。事實上現今的領導，M. Pitte 認為已變成一個較少權威的模式，然 C. Hodgkinson 並未察覺這種改變。

二、較欠缺研究方法的討論

C. Hodgkinson 以價值理論為主，對於方法論本身並沒有很深入的分析。可以確知的是，他與 T. B. Greenfield 同樣是反實證傳統的，因而對於僅是量化、強調客觀檢證的方法論有所質疑。至於到底該採用何種方法，對教育行政進行研究？從他對價值衝突調解的建議中，他明顯採用一些哲學思維的作法，也使用如辯證、分析的探討。另外，從其對教育行政工作類型的分析中，這一方面又有理念的層面，另一方面又包括人與事務的處理，因而其研究的途徑應該是較為廣泛，兼重質與量的研究。

三、在實踐學科中進行理論與實踐間的調和

C. Hodgkinson 面對理論與實踐問題的討論，主要從教育行政為一門實踐學科著手。從他對教育行政工作「管理」與「行政」的區分，他認為這即類似亞里斯多德對實踐認知的說明，這其中不但有著人類目的、意向與價值等意識與反省，以進行有目的行為的引導；同時也從一種行為的許諾中，蘊含著人類具體的行為踐履。因而，在整個教育行政過程的實際行動中，總是表現出理論和踐履的結合，行政與管理的結合，管理與價值的結合，而這種結合正意味著行政為一種實踐的學科。如此主張若是成立，那麼傳統行政學中理論與實踐的問題就不存在，不過彷彿僅是宣稱教育行政本身是為一種實踐學科，而又基於實踐學科代表一種理論與實際的結合，似乎仍有所不足。到底實踐學科中，理論的特性為何？而具體實踐又

有何特質，這些 C. Hodgkinson 並沒有說明清楚。

四、強調律則與個殊間調和的主張

C. Hodgkinson 教育行政之人文主義，並不忽視行政中律則與個殊的問題，其在有關價值行動領域的討論中即明白表示，有關價值的衝突與調和，一方面不可忽視個體的價值與興趣，同儕間的價值，同時另一方面也不可忘記還有文化潮流或時代精神必須加以考慮。在此之外，以行政組織而言，最重要的還存在一種組織價值，做為一種道德的令式。因此，在 C. Hodgkinson 教育行政理論中，並沒有明顯偏重哪一方面的主張，而是認為在行政過程中必須進行有效的調和。至於調和的主要工作如何達成，C. Hodgkinson 主要依賴行政領導者來進行，透過行政領導者之道德領導，或是價值衝突的化解，使律則與個殊間能有效調和。C. Hodgkinson 特別強調這不是一種哲學王的任務，因為任何一個領導者均是普通人。但是 C. Hodgkinson 給與人類最終善的可能，認為不論如何若是人能加強哲學的思維，終究人將能有效對上述的價值衝突進行有效的處理，而這也就是為何在 C. Hodgkinson 行政理論中領導之所以備受重視的主因。不過這種主張與前述 C. Hodgkinson 之價值理論一般，同樣具有過分理想性，且不可知的特性。

五、教育行政中教育主體性的思考

雖然 C. Hodgkinson 並沒有非常明確地以專章的方式來討論這個主題，然在一九九一年《教育領導：道德藝術》一書中，有了部分的說明。C. Hodgkinson 認為所有人類組織均建立在某一種價值之基礎上，如軍隊與警察是基於安全價值，醫藥是基於健康價值，政府是基於公共興趣的價值，商業是基於財富價值，宗教是基於救贖價

值等。而教育呢？C. Hodgkinson 認為從整個教育的歷史上來看，曾展現出三種重要的目的，分別是審美的（aesthetic）、經濟的、意識型態的目的。審美教育以自我實現及生活的愉悅為主，基本學科如七藝、人文學科、成人教育與運動等。經濟教育以職業教育與訓練為主。至於意識型態教育即是傳遞文化，包括政治、宗教、國家之特定理念的教導（Hodgkinson, 1991: 23-26）。然具體而言，教育的價值還不止於此，因為教育是關乎人類條件的所有層面，故教育的基礎應根於人類所有的價值，只要是與人類自我實現有關的價值，皆是教育必須考慮的項目。因而，在 C. Hodgkinson 眼中，教育是特殊的，它被授與一種道德的特性。這也就是通常人們比較能說出教育不是什麼，而無法說教育應該是什麼的原因。即使能說出教育為的是什麼，但也僅是能論及如自我實現、好公民等抽象目標，而不是如市場技巧等特殊具體目的之緣由。再加上，教育組織中之學生，一方面是組織真正執行生產的對象，另一方面同時也是這個組織中最終的消費者，因此也常產生教育組織鎮壓他的顧客的現象，這些均顯示出教育是非常複雜的活動（Hodgkinson, 1991: 15-17, 144）。

因為教育是特殊的，教育是具有道德特性的，因而教育領導者也應該是特殊，他是一種道德的藝術。教育領導者應該覺察奠基在組織中的目的，特別是前述三種目的，並且分析其相配合之三種型態之價值。傳統以效率、效能等技術層面的管理，都是忽視教育的需求，忽視教育組織為道德原式的涵義，而使領導成為機械、自由放任（laissez-faire）或簡單的型式（Williams, 1993: 256）。因此，C. Hodgkinson 認為領導總是一種價值的功能，一種許諾組織價值與目的之功能，行政的領導者具有特殊的責任，必須具有道德意識（Hodgkinson, 1991: 26-27, 144）。

六、彌補教育行政與哲學間之缺口

除上述幾項主題的討論外，C. Hodgkinson 在教育行政哲學間的努力是值得讚賞的。C. Hodgkinson（1983: 26）不但提及行政即是一種行動哲學，同時他還廣泛地閱讀哲學、心理學、社會學、管理、藝術、行政及通識文獻，並有效予以結合（Williams, 1993: 256）。而 C. W. Evers（1985: 27）也提及 C. Hodgkinson 試圖彌補行政與哲學間之缺口，從價值導向及非實證傳統的方向，提出一種行政的哲學思維，值得讚賞。T. B. Greenfield 更認為 C. Hodgkinson 處理行政行為的存在實在，是其他學者所未能涉及的，他是一位好的哲學家，同時深具洞察力，且對古今的哲學的思想有所涉略（Gronn & Ribbins, 1993: 163）。

唯一較感缺憾的事，如 T. B. Greenfield 認為 C. Hodgkinson 之書是深奧、複雜的（Greenfield & Ribbins, 1993: 163），而 R. C. William（1993: 258）也指出 C. Hodgkinson 之書極不易閱讀，包括它的內涵及寫作型態，對於忙碌的行政人而言無疑是一項艱鉅的任務。再加上他又指稱行政者可能包括外行的一般人士，故有關 C. Hodgkinson 書中的許多論點，彷彿是可以不需被實際參與行政者所理解，這種說法也影響 C. Hodgkinson 相關著作的價值。

參考書目

周業謙、周光淦（譯）（1998）。D. Jary, & J. Jary 著。社會學辭典。台北：貓頭鷹。

楊深坑（1998、1999）。教育知識的國際化或本土化？兼論台灣近年來的教育研究。教育學報，**26**(2)，**27**(1)。

Evers, C. W. (1985). Hodgkinson on ethics and the philosophy of administration. *Educational Administration Quarterly, 21* (4), 27-50.

Evers, C. W. (1993). Hodgkinson on moral leadership. *Educational Management and Administration, 2* (4), 259-262.

Evers, C. W., & Lakomski, G. (1991). *Knowing Educational Administration: Contemporary Methodological Controversies in Educational Administration Research.* Oxford: Pergamon.

Evers, C. W., & Lakomski, G. (1994). Greenfield's humane science. *Educational Management and Administration, 22* (4), 260-269.

Evers, C. W., & Lakomski, G. (1996). *Exploring Educational Administration: Coherentist Applications and Critical Debates.* Oxford: Pergamon.

Greenfield, T. B., & Ribbins, P. (1993). *Greenfield on Educational Administration.* London: Routledge.

Greenfield, T. B. (1983). Environment as subjective reality: A retrospective view of modern organization theory and its failure as administrative theory in education and elsewhere, Conference paper. *American Educational Research Association Montreal*, April, 3.

Gronn, P. C., & Ribbins, P. (1993). The salvation of educational administration: Better science or alternatives to science ? *Educational Management and Administration, 21* (3), 161-169.

Hodgkinson, C. (1971). A practical program for preparing administrators. *Education Canada,* 11 (1), 19-21.

Hodgkinson, C. (1978). *Towards a Philosophy of Administraton.* Oxford: Basil Blackwell.

Hodgkinson, C. (1983). *The Philosophy of Leadership.* N.Y. : St. Martin's.

Hodgkinson, C. (1986). *The Value Bases of Administrative Action.* (ERIC Document Reproduction Service, No. ED271820)

Hodgkinson, C. (1991). *Educational Leadership: The Moral Art.* N.Y. : State

University of New York Press.

Hodgkinson, C. (1996). *Administrative Philosophy: Values and Motivations in Administrtive Life.* Oxford: Pergamon.

Marland, M. (1993). Inspiration in administration. *Educational Management and Administration, 21* (4), 263-264.

Park, S. H. (1999). The development of Richard Bates's critical theory in educational administration. *Journal of Educational Administration, 37* (4), 367-388,

Pitte, Margaret Van de (1993). Hodgkinson on leadership and philosophy. *Educational Management and Administration, 21* (4), 249-254.

Williams, R. C. (1993). Review of educational leadership: The moral art Christopher Hodgkinson. *Educational Management and Administration, 21* (4), 255-258.

■ 第五章 ■

R. J. Bates 批判理論
教育行政理論及評析

第一節　前　言

　　澳洲是當代在美國之外，討論教育行政學說較為熱烈的地區之一。早在一九五〇年代澳洲學者即察覺到美國戰後在教育行政研究的努力，而在一九五九年 W. Walker 更引進美國相關學說，於新英格蘭大學（University of New England），設立第一個教育行政研究所的課程。當時 W. Walker 深深察覺澳洲教育行政一直缺乏科學的基礎，使得教育行政知識僅能以人們素樸的經驗為主，而行政人員的相關訓練也僅是個人經驗歷練，或嘗試錯誤的學習而已。因而 W. Walker 希望在澳洲強調一種理論導向的思維，並以其來進行整個教育行政專業課程的設計。影響所及，自一九六〇年代以後，澳洲的教育行政學說一直維持較高的理論色彩（Lakomski & Evers, 1995: 1-3）。

　　R. J. Bates 為澳洲教育行政學者之一，其延續澳洲自一九五九年代以來致力於理論建樹的特色，積極開展教育行政理論。R. J. Bates 理論發展的主軸，與 T. B. Greenfield 的主觀主義及 C. Hodgkinsom 人文主義相似，均是從實證傳統教育行政理論的批判開始。只不過 R. J. Bates 主要是受到新教育社會學（new sociology of education）及哈伯瑪斯（J. Habermas, 1929- ）的影響，對教育行政理論採取一種批判研究的立場。他從鉅觀的角度，針對社會結構中普遍存在的意識型態問題加以探查，包括知識結構與控制結構間關係的說明，象徵暴力與文化再製的闡釋，最後歸結出「行政如控制科技」的論述。從中一方面批判實證傳統對教育行政研究的不當，另一方面強調教育行政應重視教育的理念，包括文化協商、民主參與及理性溝通等，以建立平等的教育環境。也因此，R. J. Bates 與另一位澳洲教育行政學者 W. P. Foster，被視為當代批判理論教育行政理論的主要代表人物。

　　學者 J. J. Scheurich 和 M. Imber（1991: 306-307）曾對當代澳洲兩位批判觀點之教育行政學者提出評價。他們認為 W. P. Foster 主要以一九八六年《典範與承諾》（*Paradigms and Promises*）一書表達思想（註 1），其不但較無法提供如批判理論學者般深入的理論思維，且在傳達至實際應用上較為失敗。反之 R. J. Bates 不但努力探究批判理論，同時將其實際應用到教育行政現場中，故堪稱是當前在教育行領域中最具批判思想力的學者，只不過尚未受到世人有系統的評價（Park, 1999: 367-368, 384）。姑且不論上述之評價是否得當，然不可否認 R. J. Bates 批判理論教育行政學說，值得關切是不爭的事實。基此，本文將以 R. J. Bates 之批判理論教育行政學說為主軸，除先探討影響 R. J. Bates 的思想淵源外，將分析「行政如控制科技」及其領導理論等主題。最後，再對 R. J. Bates 教育行政思想提出反省，特別是有關理論與實踐、事實與價值、律則與個殊及教育行政之獨特性等問題加以闡釋。

第二節　R. J. Bates 教育行政理論思想淵源之分析

　　如前所述，R. J. Bates 批判理論教育行政學說，主要的思想淵源來自新教育社會學及哈伯瑪斯批判理論，而其所以採取如此路線，其實又與實證傳統教育行政理論的批判，及 T. B. Greenfield 主觀主義教育行政學說的討論有關。

註 1　W. P. Foster 一九八六年《典範與承諾》一書，主要以哈伯瑪斯之批判理論運用在教育行政之討論為主。其中界定教育行政為一種道德科學，在審查教育行理論的歷史發展中，對教育行政進行諸多批判，同時也為學校的重建，領導與組織改變之再概念化提出很多建議（Bates, 1988: 21）。

一、R. J. Bates 對實證傳統教育行政理論的批判

R. J. Bates 認為傳統教育行政理論主要受到實證主義的影響，充分展現在一九四七年美國教育行政「理論運動」，以及後來 W. K. Hoy 和 C. G. Miskel 一再再版之《教育行政：理論、研究與實踐》（*1978, 1982, 1987, 1991, 1996, 2001*）一書中。R. J. Bates 認為這種傳統理論的發展，強調一種統一知識體建立，特別是希望透過事實與價值分離的研究方式，以一組數學或邏輯理性的假設，建立一套能被普遍接受之真理與有效標準，以進一步掌握行政行為的預測與控制。只不過 R. J. Bates 認為不但這種理論建立的基礎，以及大家公認的公理（axioms），在整個教育行政歷史發展中尚未發現。同時在整個科學界、哲學界和社會學界，包括如量子理論（quantum theory）、W. K. Heisenberg（1901-76）測不準原理（uncertainty principle）、及學者對價值因素的重視等，使得上述研究方法的主張備受攻擊（Bates, 1980a: 2-10）。R. J. Bates 認為主張量化並排除任何價值的教育行政研究，只會被認為是一種瑣碎的說明而已；而強調一種效率與效能、預測與控制的行政模式，也只會促成社會上意識型態的不斷再製（Bates, 1981a: 4）；更甚者 R. J. Bates 認為此種研究途徑將明顯忽視當代教育問題的察覺，且在教育行政理論中，將教育問題與行政問題、事實與價值、理論與實踐、理性與共識等加以分離（Bates, 1981b: 4-7; 1982: 4-5）。總而言之，R. J. Bates 認為實證傳統的教育行政，實在是太狹窄了（Evers & Lakomski, 1991: 13; 1996: 24），不但在認識論上是不適當，在本體論及其社會責任的考慮也是貧乏，故必須尋求替代的路線（Bates, 1988: 5-9）。

二、R. J. Bates 對 T. B. Greenfield 主觀主義教育行政理論的討論

　　同樣是對實證傳統教育行政理論的批判，R. J. Bates 認為 T. B. Greenfield主觀主義學說有其可取之處，但也有其不足的地方。基本上，兩人皆反對實證傳統的研究途徑，認為實證傳統的研究，重視預測與客觀現象，無法對人類無秩序的現象加以說明，也無法處理意識型態及實踐的問題。其次，兩人也都強調教育行政應以價值為中心，而不是一門價值中立的學科。另外，R. J. Bates 也贊同 T. B. Greenfield對傳統組織理論觀點的批判，認為組織不是依自然法則產生的自然物，而是依人類主觀價值或意向加以建構而成。因而組織的研究不應是尋求一個普遍法則的建立，而是應從人類行動之意向著手，從人之意義與意向中對組織加以理解（Bates, 1980a: 1-20）。不過 R. J. Bates 認為 T. B. Greenfield 主觀主義的學說，一方面忽略決定人類意識中廣泛的結構因素，包括社會、經濟、政治與文化系統的分析，因而無法對普遍存在於組織的結構因素，或是廣泛存在的意識型態進行分析（Bates, 1985: 44-45; Park, 1999: 374）。其次，在面對 T. B. Greenfield對人類社會多元價值的提出，R. J. Bates也認為其將會在組織與學校中，形成一種不能比較、或無法溝通的價值差異，使整個組織社會缺乏一個理性價值，或是理性行動的合法性基礎（Bates, 1988: 18-19; 1995: 53）。R. J. Bates 認為 T. B. Greenfield 雖然察覺到這個矛盾的存在，但因為他太強調主觀的成分，不可避免地走向最終的主觀主義（Park, 1999: 376）。

　　有鑑於此，R. J. Bates 試圖從批判的角度來為當前教育行政的困境找尋一條解決之道。一方面他強調惟有透過批判觀點，才能結合特殊社會、政治與經濟興趣進入教育系統，對所謂之知識結構與控制結構之鉅觀因素進行有效評估（Bates, 1981a: 8-9）。同時，也只有

從批判觀點中，才能結合結構與個體因素來研究教育行政，從中尋求一套理性的決定機制，以建立一個共同之善的社會，更實際的解決教育行政中的實際問題（Bates, 1980a: 1-20; 1995: 53; Park, 1999: 375）。而這種批判觀點的來源，R. J. Bates 認為主要是來自新教育社會學及哈伯瑪斯對於社會系統知識結構建構的關心，其中又以新教育社會學提供了 R. J. Bates 建構其批判理論教育行政學說思想的主要來源（Bates, 1982: 5-6）。

三、哈伯瑪斯與新教育社會學對 R. J. Bates 教育行政理論的啓迪

R. J. Bates 乃為澳洲汀肯大學一員，而汀肯大學自一九七九年以來即以新馬克思學說為基礎，強調對實證傳統教育行政理論，教育行政實際情境的問題，教育行政與公共行政關係，以及不同群體組織特定意識型態之分析（Bates, 1988: 12-18）（註2）。整體而言，R. J. Bates 即是延續此種精神，主張教育行政不是價值中立的，而是應著重倫理、社會、政治與文化關心的批判研究。然若更進一步分析 R. J. Bates 批判思想的出處，則需要再從哈伯瑪斯的批判理論及新教育社會學的淵源加以說明。

(一)哈伯瑪斯批判理論對 R. J. Bates 思想的影響

有關哈伯瑪斯對 R. J. Bates 批判觀點的影響，主要來自知識及人類興趣（knowledge and human interests）、合法性（legitimation）、溝通行動理論（the theory of communicative action）與理想言說情境（ideal speech situation）等四個概念（Park, 1999: 369-373）。

註2　R. J. Bates、A. Clark、J. Codd、W. P. Foster、P. C. Gronn、F. Rizvi、P. E. Watkin 等人，均是汀肯大學教育行政研究的主要成員（Bates, 1988, 12-18）。

　　首先，R. J. Bates 跟隨 M. Pusey 吸收哈伯瑪斯合法性概念，運用在「行政如控制科技」，以及國家教育任務失當的批判。哈伯瑪斯認為現代社會有經濟、社會文化與政治－行政等三個次系統，若任何一次系統無法有效供應整體系統之需要，即可能會產生經濟、理性、合法性與動機四種不同的危機。從中，R. J. Bates 認為教育系統是維持國家發展之決定性方法，惟他認為當前國家的教育，採用一種精英主義（meritocracy），以求達成個人與社會的救贖是失敗的。因為由此將造成：(1)不平等財富的分配，以及教育資源及文化不平等現象不斷地增加；(2)受到勞動市場結構及政治上特權的影響，學校不能提供向上流動的機會；(3)精英教育常造成原本不利的多數人的犧牲，反而促成原本有利少數人的成功。因此，R. J. Bates 認為學校依此將成為社會控制的協助者，若為了克服教育和資本主義的危機，R. J. Bates 認為應該更關心解放（emancipation）的問題，以創造更好的世界（Park, 1999: 370-371）。

　　第二個概念是溝通理論及理想言說情境。哈伯瑪斯認為人是使用語言的動物，因而理性及批判理論的規範性基礎，應該建立在日常語言沒有系統扭曲的溝通中，以避免任何的支配與權力的控制。R. J. Bates 依 P. C. Gronn 和 P. E. Watkins 等人的研究，強調由制度的再結構化，特別是扭曲溝通結構的糾正，以促使民主參與及人類的解放。因而 R. J. Bates 強調一種批判的教育行政，應該對行政情境中之交談協商（negotiation）進行澄清與檢查（Park, 1999: 372）。

　　第三個概念是知識及人類興趣，這主要是哈伯瑪斯早期作品《知識與人類興趣》（*Knowlede and Human Interests,* 1968）書中的概念。哈伯瑪斯認為僅強調一種實證科學的方法論，乃是一種科學主義（scientism）與狹窄的理性概念。一方面因為觀察總是受到先前概念和知識的影響，不可能是純然的；另一方面知識也常是透過文化之建構，而不是純由資料而產生的。因而採用實證主義排除社會和文化因素的作法，是無法提供反省機會的。基此，哈伯瑪斯提出人類

知識興趣的三大類別，包括：經驗分析科學（empirical analytic sciences）
以控制為特質的技術興趣（technical interests）之知識；歷史詮釋
科學（historical-hermeneutic sciences）——以理解為特質的實際興趣
（practical interests）之知識；批判社會科學（critical social science）—
—以區分權力和真理的解放興趣（emancipatory interests）之知識。雖
然哈伯瑪斯並沒有明顯支持某種特定興趣而否定其他興趣，但強調
惟有透過解放興趣，才可以排除人類的錯誤意識，從而代表人類的
一種學習，維持人類的進步。R. J. Bates 認為傳統教育行政學說，自
賽蒙以至於美國教育行政「理論運動」，在力求組織改良與組織效
率之發展時，即是此種「經驗分析科學」實證方法的運用（Park,
1999: 372）。然為求社會的進化，R. J. Bates 採用上述哈伯瑪斯的思
想，認為學習應該與解放興趣相連結（Bates, 1995: 53-55）。一九九〇
年代 R. J. Bates 吸收更多哈伯瑪斯批判理論的觀點，更清楚地強調學
習是透過語言而來，而一位教育行政者更必須注意教育制度中諸多
的語言型式，以及從中顯現之各類興趣，認為惟有同時保持三者興
趣的平衡，才足以達到理性的言談境地（Park, 1999: 373）。

　　從上述分析，證實 R. J. Bates 批判理論教育行政學說與哈伯瑪斯
批判理論的相關性，但卻也明顯地發現這種思想的淵源，直接引用
哈伯瑪斯的文章較少，且在論述哈伯瑪斯相關觀點時較重視哈伯瑪
斯早期的觀點，而明顯地忽視哈伯瑪斯觀念的轉變（Park, 1999:
373）。也因此，C. W. Evers 和 G. Lakomski（1996: 6）曾質疑 R. J. Bates
思想中運用哈伯瑪斯批判觀點的正當性，而 R. J. Bates（1996: 191）
在討論其自身教育行政學說時，也曾明確的表白其主要的思想淵源
是新教育社會學，而非哈伯瑪斯關心的哲學的傳統，然不論如何兩
者間的關係是不容忽視的（Bates, 1982: 5-6）。

(二)新教育社會學對 R. J. Bates 思想的影響

　　R. J. Bates 在一九八三年《教育行政與知識管理》（*Educational*

Administration and Management of Knowledge）一書中，明白表示新教
育社會學說是其思想的重要淵源，而這又以 P. Bourdieu（1930-）、B.
Bernstein（1924-）、S. Bowles 和 H. Gintis 等人的觀點對 R. J. Bates 思
想的啟發最為直接。P. Bourdieu 主張象徵暴力（symbolic violence）及
文化再製（cultural reproduction）理論，強調文化資本如同經濟資本
可以交換與分配，而象徵系統即是透過文化資本交換與分配來運
作。如在教育系統中知識的管理，即常被允許將經濟、政治的權力
轉換成象徵權力，然後再透過教育系統知識之選擇、組織、移轉和
評價，強化支配的文化群體，且讓不利者自認為因其缺乏聰明而被
逐出。因而現代社會階級分工乃是受象徵暴力之執行而來，而市場
即是文化與經濟資本中支配者與部屬衝突所在（Bates, 1983: 17）。
B. Bernstein 集中在制度機制的探討，特別是研究社會結構與學校結
構間的關係，以及學校教育如何進行社會結構再製的問題。其中他
特別對教育的課程、教學與評鑑三個主要系統，如何藉由知識的分
類（classification）及架構（framing）的概念進行再製與解放有深刻
討論。另外，B. Bernstein 也認為社會組織與勞動分工的原則，常與
教育現況相符應，學校常透過知識的選擇、組織、傳達與評價等科
層體制的控制過程，傳達出權力分配及社會控制的原則（Bates, 1983:
15-16）。至於 S. Bowles 和 H. Gintis 則討論學校教育的符應理論
（correspondence theory），他們強調不是學校或教育對學生進行社會
結構的再製，而是學校與教育本身即是資本主義的一份子，因而學
校教育的工作僅是尋求支配與控制。這全是受到資本階級支配興趣
所影響，特別是資本社會中強調大規模生產與分配的控制，導致教
育行政專業也展現一種語言的控制，在追求進步中也使得教育理念
與行政作為分離（Bates, 1983: 17-26）。

　　整體而言，上述學者影響 R. J. Bates 關心社會結構與知識結構間
的關係。他曾自陳這樣的影響主要表現在三方面：⑴注意再製支配
文化時，教育行政的角色；⑵注意教育行政過程中，用以決定學校

訊息系統之課程、教學與評鑑設立時，可能涉及的各類教育代碼；
(3)注意大眾教育為符應資本主義國家需求，使教育行政成為社會控
制之語言偏見時，導致教育與行政問題的分離現象（Bates, 1981a: 8-9;
1981b: 3-4; Park, 1999: 369）。

　　其實來自新教育社會學對 R. J. Bates 思維的影響，早在一九八○
年代即成形。R. J. Bates 在一九八一年時即曾表示，將教育行政理論
與新教育社會學相結合的作為，雖然在當前極為少數，但此種以批
判方法進行組織探討，強調社會中知識結構和控制結構間的關係，
以及意識型態的分析，卻是非常明顯需要進行的。R. J. Bates 認為其
具體的理由包括：(1)為了分析專家統治社會（technocratic society）
中，包括社會進步、科學理解和科技控制之意識型態基礎，同時並
對其作為一種合法性設計之問題加以討論時，這是一個很好的起始
點；(2)面對一般組織理論，常明顯地忽視其中違反人性、著重支配
興趣，並尋求社會控制的負面作用時，強調以一種批判方法來進行
分析是絕對必要的；(3)當尋求教育行政實際作為的批判評估時，組
織結構影響的分析是另一個必要的部分。如從學校科層體制之結構
中，探討其對學生批判思維的影響等；(4)從學校知識結構的組織，
常是以邏輯實證論為主，強調知識分離的組成；強調技術特性的知
識溝通，如量化方法的記錄；強調以客觀的、階層的、抽象的方式
來看待知識等。R. J. Bates 認為也惟有發展教育行政批判理論，才足
以對社會與學校中知識的控制結構有所深入理解（Bates, 1981a: 9-12）。
從這四個理由的分析，其實正可以明顯地發現 R. J. Bates 之所以不斷
強調其思想淵源來自新教育社會學的原因了，以下即針 R. J. Bates 對
知識結構和控制結構在當前教育行政的表現——「行政如控制科
技」——的現象加以討論。

第三節　R. J. Bates 對「行政如控制科技」之批判

從 R. J. Bates 對實證傳統教育行政理論的批判，以及來自新教育社會學中文化再製、知識結構與控制結構思想的啟迪，R. J. Bates 深深感受到傳統教育行政，並未深入探討知識如何透過學校來保護支配階級的興趣，同時也沒有說明社會不平等如何藉由教育得以永存。因此，在開展 R. J. Bates 批判觀點的教育行政學說時，他首先對當前教育行政如何成為一種控制的科技，進行廣泛的討論。R. J. Bates 宣稱當前教育行政本質即是一種控制的科技，行政工作僅是一種控制的機制，而教育行政專家是位技術專家。特別是科層體制的設計，正是此種意識型態的表徵，而其控制本質即是透過教育系統的結構設計，以及教師意識型態的專業特質等作為，影響整個教育系統的知識結構，進而增強控制的結構，控制學生的行為和生活機會（Bates, 1980b: 4; Park, 1999: 369）。R. J. Bates 對這項主題的討論甚多，可分別從「行政如控制科技」的背景、現況兩個面向加以探討。

一、「行政如控制科技」的背景分析

之所以會造成行政如一種控制科技，從整個歷史背景來分析，實證主義的發展是重要的因素。R. J. Bates 認為實證哲學表面上強調事實與價值、目的與方法的分離，從而主張一種價值中立的理性決策過程，然其實其背後很可能隱藏某種特定興趣，特別是資本主義中某種特定的生產系統。因而當行政結構關心此種科技理性時，必將使組織產生一個階層關係，進而展開一種控制的結構，使行政如

同一種控制科技（Bates, 1981b: 4-7）。R. J. Bates 認為這樣的思維，在地方自治改革運動（municipal reform movement），教育專業化（professionalisation）的發展，以及社會上對效率的崇拜等三項行政具體作為中，更對此種控制科技的行政作為有推波助瀾的功效。

(一)地方自治改革運動

地方自治改革運動主要是為了加強企業力量與工業精英在政府公共事務的結合，因而將小的公共事業合併成大的、階層式與中央集權式的系統。R. J. Bates 認為這對教育行政的衝擊，在於阻礙少數族群與低下階層表達其政治興趣的管道，同時也增加世界主義（cosmopolitan）精英的權力。因他們認為若能將少數政治興趣排除在決定過程之中，即可展現出一種理性的管理與控制，因而使學校行政事務從大眾代表的議決，轉而尋求少數客觀專家，或中層管理者的決定。此種改革，除顯示其控制特性外，一種以男性為主的支配特質，也從中表露無遺（Bates, 1983: 9-10）。

(二)教育職業專業化的發展

R. J. Bates 認為這是控制科技的發展中心，他引用 R. E. Callahan（1962）的說法，認為教育行政專業化的形成，乃是基於概念／工作世界、男性行政／女性教學的分離所造成的。特別是從新設立之專業協會、大學課程、及其他的支持系統的建立，更強化此種分離事實。甚者在一八九〇至一九三〇年代，當企業家透過對學校的支持與形塑，直接將他們的語言、技術及意識型態，普及到教育的管理之中，更充分顯示出控制的特性。而當此種強調科學與科技運用，以求控制效率的意識型態投入社會事務中時，一方面發展出管理的效率結構，另一方面又強調對專家知識的信任，產生第三波的社會運動，即效率的崇拜（Bates, 1983: 10-11）。

(三)效率的崇拜

效率的崇拜者通常有幾項基本的認知，首先是相信基本社會結構是公正與進步的；其次，強調領導者應該以穩定社會秩序、著重社會效率為主；再者，他們強調以科學取代宗教與習俗，以專家取代政治成為權威，來促成效率的達成。影響所及，正如杜威所說，自一九○二年後教育者習慣從學校組織和行政的機制來看學校，而不關心教育的理念。然如 R. E. Callahan 所說，教育的目的是無法僅由科技的方法來加以達成的，因為企業之效率無法有效面對教育的三個主要問題：學校之輸出無法有效測量、學校教育之目標無一致的看法、在輸入過程與輸出間有連結不清的現象（Bates, 1983: 11-12）。

二、「行政如控制科技」現況的分析——以科層體制控制本質及結果來討論

R. J. Bates 認為行政作為控制科技的現象眾多，然基於當前社會結構的基本典範是科層體制（Bates, 1983: 26），因而在 R. J. Bates 整個學說的發展中，以對現代社會科層體制有較多深刻的討論。

(一)科層體制控制本質的分析

現代科層體制的思維，主要是建基在韋伯的思想上。韋伯認為透過階層化、規則化、控制系統、工作專門化、非人際關係、記錄、生涯結構、薪水階層及組織資源控制等，將可去除魔法、巫術與迷信的力量，改以科學與科技的運用，以促使一種理性組織的產生，達到社會理性化的目的。然 R. J. Bates 認為此種強調由上而下階層性的決定方式，正突顯出教育行政如控制科技的本質（Bates, 1983: 8; 1992a: 3）。特別是當這種科層體制源源不斷地擴充時，R. J. Bates 同意韋伯的憂慮，認為如此結構的發展，將在政治、語言及知識三

個層面產生負面的影響（Bates, 1983: 26-31; 1985: 39-41）。

1.在政治層面

在科層體制結構中，將使學校組織不可避免地朝向一種大系統發展，同時它將免除少數群體，特別是工人階層的參與，而改由專業管理人員之客觀專家所取代。這種取代基本上是將民主基礎的社會決策核心，改由科層體制少數管理者之控制所主導，然在強調由效率管理之科學技術主導的同時，不但增加了社會的控制與預測，同時也將減少社會中教育與民主任務的提供，以及對人之道德意識、自由與責任的強調。此時，個人意義行動的機會為組織階層所控制，個人行動的意義也常為組織理性之要求所反駁。R. J. Bates 認為極權主義（totalitarian）社會是一個最極端例子，其透過學校教師、報紙和宣傳部等社會化工具的運用，將個人興趣強制附屬在國家的興趣中，以確保個體對國家理性的服從，並喜愛其奴隸的角色。而前述之「地方自治改革運動」也是秉持這種精神。

2.在語言層面

在科層體制中，與一般強調個體間對話及持續反覆說明之語言型式不同，其語言通常是一種指導、命令、規範與控制的單向式語言，不但是不可挑戰的，同時更是無法提供任何說明的。此種語言最極端的型式即是電腦的具體化，電腦是由特殊語言與知識來執行任務，而且是單一方向不涉及任何線索的。一旦電腦開始運行，電腦只遵循一個方向，而且常是一般顧客與消費者所無法認知的。R. J. Bates 認為不論是科層體制語言的運用，或是電腦程式的運行，其實都隱含著一種控制，一種控制他人的權力興趣，而與真正教育過程，及民主參與的精神相違背。

3.在知識結構層面

如同科層體制使用特殊型式語言，以完成其控制目標，也如 B. Bernstein 主張社會組織與勞動分工的原則，常透過特定分類與架構的教育過程加以傳遞。R. J. Bates 認為學校科層組織也使用特定的知

識結構，作為其執行的基礎。這種科層學校中之知識，它不一定與歷史有直接的相關，也不一定要具備解放創造的力量，但一定得具備維持一個持久科層結構的能力，一定被要求要能依照階層與地位的原則加以組織，以求符應特定知識的價值，並在教師與行政人員間形成一個合法性的基礎。雖然其中仍有某些知識是源自複雜概念的邏輯系列，然卻有更多是為了組織的便利或是當權者之重視，而非教學上之邏輯所必須。

綜合上述，R. J. Bates 認為在科層體制下，行政如控制科技，此正如 W. K. Hoy 和 C. G. Miskel 所說行政生活的主要原則是增加對部屬的控制。因而論及校長的角色時，是權威、決定、領導及教師關係；而對教師則討論工作激勵、工作滿意與動機、對校長的忠誠及與校長關係；至於學生則討論疏離、成就與控制。而整個行政過程，則如「計算、程式與預算系統」（PPBS）、「計畫評價及評論技術」（PERT）、「管理資訊系統」（MIS）、「目標管理」（MBO）（註3）等主題。這些概念、理論與主題正明顯地顯示出教育行政如控制科技的本質（Bates, 1983: 8-9; 1992a: 3）。

（二）科層體制控制科技的結果

在科層體制如控制科技的影響下，R. J. Bates 認為將產生幾個重要的問題。首先是組織目的將凌駕個人，使個人屈服在組織的控制之中。其次是忽略組織目的之有效澄清，而朝向某種意識型態的控制。再者，它將促成一種行政與教育理念分離的現象，使教育僅為某種意識型態而運作。

1.組織目的凌駕個人

韋伯認為人類生活科層化的發展，原先被寄望用以解決個人動

註3　PPBS、PERT、MIS 與 MBO 之全名請參見第四章註4。

機與組織目的衝突的問題。然實際情形卻呈現一種反向的作用，當教育組織愈來愈朝向科層化的同時，教育中的成員卻是愈來愈無法超越組織的結構，展現個人的興趣。因而，在科層體制組織中，表面上是理性的、有秩序、無政治、價值中立的結構，而實際上是溝通的扭曲。組織結構中僅是透過先前存在之社會階層關係，來對溝通的過程進行一種檢查。特別當科層體制朝向所謂更完美的境地發展時，除破壞個體參與社會的文化根基與共同價值外，也將排除人原先具有之愛與恨、自由與意義、道德與精神，以及所有純個人的非理性感，使人彷彿僅為支配興趣而活。如同 R. P. Hummel 所說，此時學生將變成學校的產物，教師將變成管理者的工具。總體而言，這是一種秩序與控制的要求，強調規律、預測、有效控制，破壞人性，無法理解組織生活的意義，個人也無法尋求自主與責任（Bates, 1985: 41-42）。P. Berger 稱這種現象為「無家的心靈」（homeless mind），而 R. J. Bates 則稱此種科層體制為一種無人性、機械化與失去知覺的鐵籠（Bates, 1985: 39-44; 1995: 49-50）。

2.意識型態的組織目的

R. J. Bates 認為此種如控制科技的行政體制，會因為忽略控制目的之澄清，促使某種特定意識型態的發展（Bates, 1983: 12; 1992a: 3）。包括：

(1)實證主義的意識型態：R. J. Bates 認為在整個教育行政理論的研究中，以實證傳統科學模式所訴求之證成活動為一種意識型態。雖然這種方法對知識之成長與行政人員的訓練不是完全錯誤的，然卻由於此種方法單一的強調，欠缺對多面向研究方法及多樣式之研究策略的關注，而形成一種控制的現象（Bates, 1988: 5-10）。如一九八八年《教育行政研究手冊》的出版，書中明顯僅以實證主義傳統的美國學者為單一典範，且拒絕承認理論基礎的不適當。另外，美國教育行政專業訓練系統，雖令一般大眾越發不滿意，但一般大學教授卻仍認為其課程是優越的，而對現狀缺乏反省。再者，從教科

書的內容來看，一般以管理、組織、權威、動機、工作滿意、領導、作決定、實施、溝通、監督、評價、效能與效率、績效責任、權力為主題。或是從不證自明理論、一般系統理論、順從理論、權變理論、社會系統理論、激勵保健理論、期望理論等也可看出實證主義正對教育行政理論的發展，透過正式權威及人際關係之非正式權威的結合，執行一種控制（Bates, 1983: 8）。

(2)社會進步、科學理解與科技控制的意識型態：從另一個角度來看，科層體制還可能展現社會進步、科學理解與科技控制的意識型態。其中，科學理解是關乎知識生產的過程，而科技控制則是知識應用的過程，而這些都被認為是社會加速進步的基礎。為此，教育行政常從成功的企業社群中，借來效率與效能與科學管理等作為，而排除美學、歷史、社會、政治與宗教的知識；或者常將美學、歷史與宗教的知識透過科學方式再詮釋，以協助教育行政獲得職業或專業的合法性。殊不知所謂「科學理解將引導科技控制的過程，進而增加人們的幸福、快樂與自由，同時塑造經濟、社會與政治的未來」的說詞，將愈來愈難予以合法化，也愈來愈難加以保證（Bates, 1981a: 14）。同時對教育行政理論的說明，不是僅求效率與效能而已，也不是僅列舉許多合法性的教誨原則，以求制度成長的需求即可。實際上是需要更多合法性的說明，以及意識型態的批判（Bates, 1981a: 5-7）。

3.行政與教育理念的分離

整體地說，R. J. Bates 認為科層體制的發展，對教育組織最大的影響在於行政與教育理念分離。當組織力求科層體制發展時，人們忘卻了原先建立行政以求服務教育的目的。這使教育目的，一方面僅是強調效率與技術性的獲得，而忽略教育行政中意義的理解，以及人類道德意識和自由責任的有效省察。另一方面這種教育目的也僅是為特定知識結構，或特定社會階級執行其文化再製的目的，而忘卻學生之價值，以及平等與民主之教育真正意涵。彷彿教育現場

中是中立的，其中之象徵、文化理念之衝突是不存在的。R. J. Bates 認為就在此情境中，原本為人類的創造物——科層體制，超越人的控制，彷彿有了自己的生活，使人與世界的關係倒置。理應是人創造了組織，但現在卻將人變為世界的產物，人類活動成為科層體制中非人性活動過程的一種附帶現象。這種表現，不但明顯地將目的與方法、價值與行為、理念與執行分離，執行一種管理主義（managerialism），同時更直接僅以方法為教育組織的唯一訴求，嚴重侵害教育存在的真正必要性（Bates, 1981a: 12-13; 1983: 13-15, 38-39; 1992a: 1-9; 1995: 50-52）。

　　R. J. Bates 認為這種控制的機制，最主要表現在科層體制中領導的控制。整個教育組織強調由少數管理者的控制所取代，而不顧廣泛教育參與者的民主基礎。另外，教育組織也常僅是單一方向的語言指導，而隱藏支配和控制他人的權力興趣。同時這種組織更常將教育視為一種生產過程，學生被假定是被動的原料，教學是生產過程，而學習是一種產品。學校教育彷彿是一種教育之技術模式的建立，不但強調以職業知識為基礎，而且透過知識課程的標準化、階層化與普遍化，在訓練、技術與報酬間創造一個緊密的連結，執行科層體制控制的機制。而後再藉由教師教學及行為等作為，大量社會化學生進入順從的規範體系中，這都是在科層控制機制下，所伴隨的一種生產模式（Bates, 1986a: 8-12）。

　　另外，就教育組織三個基本的訊息系統——課程、教學和評鑑而言，R. J. Bates 認為這也都是學校執行控制，而脫離教育真正理念的工具。其中，評鑑常代表一種心理控制（psychological control），在二十世紀早期，從純然的科層控制系統轉而發展的。R. J. Bates 認為透過科學心理測試精細的發展，不但能給與教師與行政者一系列相關理念的標準化說明，同時更能提供教育現場上一個標準化的拒絕方式。而這種標準化的拒絕方式，即代表對社會或教育的一種管理控制的技術，用以合法化其控制的願望。R. J. Bates 認為六〇年代

與七〇年代促使文化和階級偏見愈加明顯，甚至造成道德崩潰的主要原因即是此種心理控制。至於課程代表一種意識型態的外在表現，從特定知識結構的選擇與編排著手，強調學生的學習僅是去符應先前設定的行為，去符應科層體制及既存的社會，以進行階級與文化的再製。這不但違反自由與民主概念，且使自由、民主無法從中產生。至於教學系統，R. J. Bates 認為乃是當前試圖發展之一種控制技術，這樣的主張常表現在具體要求某種特定的教學模式之中，行政體制一方面將其視為「好的教學」，另一方面又透過賞罰進一步增強此種教學法的使用。透過特定教學的使用，表面上教學責任自主權被保證，但其實仍是與特定的科技和政治規則相連結，從而減少教師之教學技能，支持行政技術的控制，而形成另一種意識型態的控制。R. B. Webb 稱此為「教師間地位的狼狽」（status panic among teachers）（Bates, 1986a: 8-14）。

第四節　R. J. Bates 之領導理論

　　除對教育行政負面現象的批判外，R. J. Bates 也正面地闡釋教育行政應有的作為。具體言之，他認為學校是透過課程、教學、評鑑和訓練（discipline）四個訊息系統加以建構和維持的，而在此如同哈伯瑪斯對人類三種知識興趣的說明般，他認為從批判理論出發的教育行政，主要是確保三個知識興趣在四個訊息系統中均被重視。因而他主張教育行政應透過相互學習的方法，同時結合技術、實際和解放興趣，表現在任何理性的溝通上，用以促使生活世界更加理性化（Bates, 1995: 57-59）。只不過在這三種知識興趣中，基於當前社會與知識結構控制的分析，他還是特別強調人類解放興趣的重要，同時也認為惟解放興趣加上批判能力，才足以化解現存組織的

意識型態的問題。因此，有關教育行政具體的領導作為，他主要從教育行政如文化協商（negotiation）、批判與解放功能、民主與參與等過程來加以討論。

一、教育行政如文化協商

R. J. Bates 強調教育行政不是控制科技，而應是一種文化協商，從中教育行政應該強調與文化連結，且對組織中之語言、隱喻、儀式進行說明。

R. J. Bates 提出行政與文化連結的思想，主要是受到 E. K. Weick 「鬆散連結理論」，以及 J. Meyer 和 B. Rowan 於一九七七年提出之組織「新制度理論」（new institutionalism）的影響。J. Meyer 和 B. Rowan 將組織區分為兩種不同的型態，分別是「技術組織」（technical organization）與「制度組織」（institutional organization）。前者強調一種技術控制下的理性連結，因而組織目的著重效率與效能，且常在鬆散的外在關係中，展現出緊密的內在連結。而後者關心對外在環境合法性的回應，組織主要是強調運用神話、隱喻、儀式等活動，來表達規則、價值與意識型態等文化內涵，這種組織在一種緊密的外在連結中，常會有一種鬆散的內在結構。源自前述行政如科技控制的批判，R. J. Bates 反對「技術組織」的結構，而傾向採用所謂「制度組織」做為真正行政的應然作為，故一再主張行政應朝向文化連結理解，行政應如一種文化的協商（Bates, 1981b: 3-25）。

在組織之文化連結中，R. J. Bates 特別強調這不是當前常被提及的組織文化（corporate culture）或管理文化（managerial culture）的概念。因為當前組織文化常依附在組織管理與學校效能要求上，只重視如何促進成功管理與控制組織？如何追求卓越？這將使得文化局限在特定的高級文化，或是特定職業的管理文化，而成為一種瑣碎和操縱的概念，不但未能考慮文化政治學的相關概念，同時也未考

慮物質生產和文化生產與再生產的差別。R. J. Bates 在此主張不能假
定社會僅有一套信念、價值與道德規範，也不能認為社會僅有一套
制度與人工產品之文化模式。基本上，社會中會同時有許多不同種
類的文化彼此交織，形成所謂支配與被支配的文化體系。除非對這
些文化的組織與特質，以及構成文化改變之動態關係等有所體悟，
否則無法對文化進行有效地理解（Bates, 1986b: 3-48）。

　　有鑑於此，R. J. Bates 強調行政組織之文化連結必須強調理論的
完整性，與不偏失的研究。因而除文化之管理觀點外，還應包括人
類學與社會學等對文化的關心。不可僅以管理者為代表，還應重被
管理者的問題，因為兩者存在者政治、社會和經濟的差異。不可僅
論及社會中的高級文化，還應包括更廣泛文化的研究，從不同文化
間差異性的探討，來說明整體社會結構之關係。從中強調文化建構
中意識型態的特質，描述不同群體間爭議，並提供一個架構作為社
會改變動力的描述。因此，教育行政是不可避免涉及文化政治學。
以此應用在學校情境中，R. J. Bates 強調學校文化是複雜的，各類群
體帶著不同的文化進入學校，使學校中有關意識型態與科技之衝突
趨於嚴重。學校中難免需要處理各文化間如何協商的問題，因而好
的行政應該具備政治的特質，教育行政應該遠離當前科學、無政治
之行政理論，而對文化政治學有所認識。

　　為達成此類目標，R. J. Bates 認為首先必先分析學校內在的文化
的特質。在此分析中，B. Bernstein 認為對知識、評鑑、教學系統的
分析也是重要的。第二個分析重點是學生來源之文化分析，學生是
帶著其家庭或社區文化進入學校，這些文化是透過班級、種族與性
別關係被生產和再生產，因而也是學校文化分析的重點。第三是前
兩者交互作用的分析，即學生的家庭與社區文化與學校內在文化之
交互作用的分析。最後，行政者必須發展一種合作基礎（collaborative
based），用以提供或協助不同的群體，發展它們個別的文化理念，
依此將使師生間不至於有間隙產生，否則則會發生壓抑或反抗的情

事（Bates, 1986b: 3-48）。

　　若具體地討論文化的表徵，R. J. Bates 認為文化給與生活意義，表現在信念、語言、儀式、知識、習慣、人工品等任何群體之文化建構上。這其中有一部分是事實，可以經驗與客觀地描述；另有一大部分是神秘的，其關心意義，強調解釋和規範以作為行動和理解的基礎。因此 R. J. Bates 認為文化的協商與合法性的基礎，除必須基於個人與群體之興趣與抱負，學生家庭文化與學校內在文化融合的理念上，最主要還必須從他們的儀式、神話、典禮與隱喻進行分析。雖然，並非所有的傳說或神話均提供學校活動之意義與目的，然不能否認地，傳說常是學校活動中文化意義與目的之主要源頭，同時也是個人與社會認同之信仰、道德與儀式規則的基礎。因此任何有效的教育行政理論必須關心神話與傳統的內涵，其中又以隱喻、儀式和語言磋商三者最為重要（Bates, 1982: 13-14）。事實上，也惟有從中對各群體間不同文化的差異進行文化判斷，同時對於學校課程、教學與評鑑基本訊息系統進行意義的探索，才足以促進教育的進步。

　　如此作法，R. J. Bates 認為可使教育行政與認識論、美學、戲劇、社會和政治哲學產生相關，也可使教育行政理論能與教育者每日生活經驗，包括文化磋商與權力合法基礎的探討，能有密切的結合，促使行政理論與教育行政實際分歧的現象早日和解。特別是從新教育社會學之啟迪中，超越狹窄的實證科學，而發展出一個廣包之教育行政批判理論（Bates, 1981a: 18-19; 1981b: 3-25）。

二、教育行政中之批判與解放

　　面對科層體制教育組織的弊端，以及教育行政如文化協商的說法，R. J. Bates 認為如 B. Fay 所說，應將科層體制關係，改為教育關係。而其具體的步驟必先在教育行政中加強批判與解放的能力，因

為他認為惟有透過批判的自我察覺和社會察覺，以及解放個體之教育工作，才能將組織社會進行重建，藉以增加自主行動的可能（Bates, 1985: 38-42）。

以教育組織為對象，R. J. Bates 認為批判與解放能力的培養，首要工作在於解除組織之謎。從認識組織是想像的工作，它們是被創造的，當然可以再被創造的理念著手。其次，反省組織理論所說的理性模式，是否能對人類行動做正確的說明與詮釋。第三，若當前的組織理論未能達到上述目的，人們必須詢問這個虛構想像是為何目的？是誰的目的在其中扮演主導的角色。意即反省什麼是知識、知識如何被組織、知識是如何被傳達、儀式或教科書型式為何、誰決定知識等問題（Bates, 1980a: 63-69）。

以前述經濟理性的技術式而言，即是在過分重視效率、標準化所成的一種控制。而美國教育行政「理論運動」強調從實然的實證描述中，企圖找尋到應然的標準作為，在 R. J. Bates 眼中也是企圖進行一種控制。就教育模式而言，R. J. Bates 認為行政本身是一種實踐和反省的活動，它是透過實踐過程中來加以建構的。因此，行政是不可避免在特定社會和文化環境中進行，因為它是相當特殊的，而且在各類不同文化參與下也是具有高度差異的，其結果將會使教育的目的與特質，產生許多爭議。因而若僅從經濟理性中強調一種技術模式者，或是僅從事實之實證資料，不但無法處理複雜、動態與高度分化之行政問題，同時也將會試圖阻止行政與文化層面的連結（Bates, 1992a: 8-10）。

三、教育行政之民主與參與

經由批判與解放反省的過程，教育行政應朝向一個民主與參與的方向前進，而這正是技術（或工具）模式與教育模式之教育行政的差別所在。B. Fay 曾對真正的教育民主提出分析，他認為教育的

民主，其目的在供應人們對自己生活、需要、社會情境的理解，而其實踐的結果不是為了掌控更大權力實現之方法，而是允許自我行動、理性思考，朝向更大的自主與民主性的方法。其若具體分析，這種民主化的教育，包括四個面向的問題（Bates, 1983: 39-46）：

1.社會關係的民主化（the democratization of social relations）：此即強調學校系統社會關係的重建，以確保工作參與的民主與機會平等，其中至少有五個經濟民主化的領域，必須在教育系統中改變：⑴參與群體決定的能力；⑵增加個人決定的能力；⑶最小基本技巧能力；⑷接受與給與同事訓練的能力；⑸合作能力。這些能力是明顯與傳統工作組織所需要之行為和技術技巧有所不同，同時也與支配傳統學校監督與控制之技巧不同。它與強調公平、正義及平等之社會關係較為相符，因此應推薦為教育行政者加以參考。

2.知識的民主化：強調授與學生資訊收集的能力與技巧，使學生能自己去建構自己的知識，而也因此能改變傳統行政中，因資訊接觸管道的不同，而造成教師學生之權力階層關係之差異。

3.溝通的民主化：在學校中使用的語言，不但是溝通的方法，同時還可是一種控制的機制。因此教育行政的主要工作是糾正這些不必要的扭曲，反省行政者和當權的興趣。而這些問題其實應該包括行政者及教師從語言扭曲的展示，以及從中所希望維持行政與教師對學生控制的反省。因此溝通的民主化所指之溝通的批判，包括改變統治我們生活之社會與意識型態結構，且嘗試脫離我們慣常使用語言的迷惑。

4.文化關心的民主化：此即 R. J. Bates 前述之文化協商的問題。

第五節　R. J. Bates 批判理論教育行政理論之評析

　　從上述的討論，R. J. Bates批判觀點教育行政學說之主要的優點，乃在於實證傳統教育行政理論學說外，提供另一種出路，特別是引用批判理論或新教育社會學觀點，對當前科層體制或教育行政的諸多問題，提供深刻的反省。這種反省是著重鉅觀的社會分析，而且是從價值面向對社會不合宜的意識型態、文化或象徵暴力的再製，以及知識或社會結構的控制等加以討論。特別是「行政如控制科技」批判中，導引出行政應該對文化協商、批判與解放及民主參與的重視，以求建立社會的合法性基礎。從中還特別強調教育行政應該以教育理念為主體，不應使教育與行政脫離等主張。以此，一方面可突破實證傳統教育行政理論的缺失，同時更可化解T. B. Greenfield相對主義教育行政理論的困境。惟整體而言，R. J. Bates之學說仍有幾項爭議的地方，以下關於 R. J. Bates 批判理論教育行政學說的評析，將分兩個部分進行，其一是就當前教育行政理論發展過程中，幾個重要的議題分析 R. J. Bates 的相關見解。其次，就 R. J. Bates 整個教育行政學說的優缺點提出看法。

一、著重價值的批判與解放的教育行政學說

　　實證主義傳統因價值無法被科學地處理，因而選擇分析事實，而暫時放棄價值。而R. J. Bates主張任何行政均不可能脫離價值，也因此沒有所謂價值中立的行政作為，甚至還會因價值的偏失而產生所謂意識型態的行政控制。因此，在R. J. Bates教育行政學說中，主

要即是以價值面向意識型態的批判為主，不但探討科層體制等「行政如控制科技」的問題，同時還希望以文化協商、批判與解放、民主參與等來建立合宜的價值。此等討論，較之 T. B. Greenfield 之價值觀，同樣是承認價值的主體在於個人，人與人之間價值常會有所衝突。但 R. J. Bates 其實對於建立合法性的價值基礎有較多的期待，期待透過前述幾項作法，來促進社會的改革。就此而言，R. J. Bates 自然不會落入價值相對主義的困境。然若與 C. Hodgkinson 之人文主義相對，R. J. Bates 僅在社會意識型態的分析有較多的著墨，而未如 C. Hodgkinson 對價值序階及價值衝突有較深入的剖析。

　　至於價值是否與事實分離，隨著 R. J. Bates 對哈伯瑪斯人類三種知識興趣的支持，可以確認他也是支持解放興趣應於技術、實際興趣三分鼎立。一九九五年 R. J. Bates 在論及教育行政的實施時，還提到教育行政應確保三個興趣在四個訊息系統中均被重視。只不過不論如何 R. J. Bates 強調價值批判與解放為教育行政學說主旨，應該仍未改變。

二、偏向律則分析的教育行政學說

　　如前所述，R. J. Bates（1996: 192-193）批判理論教育行政學說，主要是從鉅觀的層面做為探究的起始點，他一方面分析社會結構與知識結構控制的問題，同時對於文化再製、象徵暴力、儀式與制度等有較多的討論。特別是科層體制之行政科技現象有深刻的剖析，從中還希望整個教育行政的運作，應該從文化層面的協商、批判與解放、民主參與來達成一種理想社會的建立。因而這是一種對社會律則有深度關心的教育行政理論，也因此 R. J. Bates 曾對於 C. W. Evers 和 G. Lakomski 僅是從哲學認識論的觀點，或是 T. B. Greenfield 僅從個人主觀意向的觀點，來建立教育行政理論，均認為是對社會結構的忽視。

　　其實這樣的分析，並不完全忽視個體的存在。R. J. Bates 曾多次提及個體在組織地位中的重要性，以及個體行動意義理解的必要性。只不過他認為在面臨大規模科層體制的發展，進而導致一種行政如控制科技的產生時，為使喪失的個人動機或是個體的人性與意義恢復，而不在為組織所控制時（Bates, 1985: 39-40），則惟有透過社會結構面的討論，才足以化解此一困境，也才能達到原先建立科層組織，用以化解個殊與律則問題的理想。C. W. Evers 和 G. Lakomski（1995: 13）曾分析教育行政中文化觀點與批判觀點的差異，他們認為文化觀點只重視到人的問題，而批判理論則較重視權利結構，特別是希望能促進社會行政問題批判意識的覺醒，同時從中建議一些解決方案，以促進人類的解放。亦即，批判理論不認為僅是理解行動意義及動機即可，更重要的是必須去說明社會中社經地位不平等，以及其中產生權利鬥爭的社會背景（Lakomski & Evers, 1995: 13）。如此說來，R. J. Bates 批判理論的教育行政學說，是偏向律則討論的教育行政學說。

三、強調實踐優先性的教育行政理論

　　R. J. Bates 教育行政理論的建立，主要是建立一種以實踐為優先的學說。一方面他不像實證主義般，把實踐視為理性技術的運用，以為只要有系統或完美的理論，即可達到理想中的結果，因而尋求系統理論的建立為學者努力的方針。同時他也不像精神科學般，把教育所處的文化傳統視為理所當然。具體而言，他強調整個理論即在於對所處的社會結構，所可能產生的錯誤加以反省，從中試圖加以矯正。因此，意識型態、科技控制、文化再製等皆是其探討的主題，而依此建立的理論，其主要目的即希望透過隱含在廣大社會結構背後規範的批判，進而有效改善實踐。因而，整體來說，R. J. Bates 之教育行政學說是強調實踐優先性的理論。

四、R. J. Bates 對行政理論方法論的討論

　　R. J. Bates 在方法論的討論，秉持對實證主義批判的精神，主張要建立一個適當的教育行政理論，除強調應以社會建構的行為系統為起點外，面對眾多階級、性別、種族等不平等社會群體權力競爭的現象，R. J. Bates 強調應該著重下列幾個方向的研究：⑴強調結合哲學的關心，特別是認識論和倫理學（Bates, 1981a: 4）；⑵從拒絕社會結構價值中立的說明，轉而採用理論行動中，對權力、平等、倫理等問題之反省；⑶從認識論的發展中，系統地對社會、文化、認識論與教育領域關係進行說明，從而對人類解放之實踐進行批判反省，改良支配控制的情形（Bates, 1982: 5-6）；⑷強調理解而非僅是合法性延續；教育行政理論不應只是實踐的理解，而是還應該包括實用和說服的正當性的說明（Bates, 1981a: 5）；⑸應著重從所處社會歷史背景來理解理念和實際，亦即應重情境脈絡（contextualisation）的分析，而非僅奉獻在管理之技術概念來理解。從中應將文化分析結合到教育系統之分析，以提供教育行政更廣泛的說明（Bates, 1981a: 19-20; 1986a: 3）。

　　為達此目的，R. J. Bates 強調量與質的方法應是並重的。惟他在此更強調新教育社會學和學校教育的人種誌（ethnography）的研究，因為這種理論重知識與控制結構的關係，可對學校教育中知識結構及文化協商等因素進行批判分析（Bates, 1981a: 4）。

五、重視教育主體性分析之教育行政理論

　　澳洲汀肯大學在論及教育行政領域時，最主要的特點在於著重教育主體性的考慮，如一九八五年在《教育行政之科學管理與批判理論》（*Scientific Management and Critical Theory in Education Administration*）

文集中，P. E. Watkin 與 J. Codd 即曾分別討論了教育行政者應該是如
管理者，還是教育家的問題。P. E. Watkin 在〈行政如管理者〉一文
中，採取類似本文的說法，強調當前教育行政受管理思想及社會效
率運動的影響，使教育行政本質成為一種控制技術，忽略組織建構
中的權力關係、階級結構與合法性之意識型態的問題。因而主張教
育行政應直接朝向解放的興趣，透過批判解除支配之社會結構與意
識型態的困惑。而 J. Codd 則反之，以〈行政者如教育家〉一文進行
討論，其認為教育行政因受到「科學管理學派」之支配，促使教育
行政對教育之主體性失察，導致教育理論與行政理論分離，造成教
育行政的扭曲。從中，J. Codd 強調教育行政學說應建立一種真正以
教育為主體的行政學說，這必須強調對教育方法與學校教育目的的
反省。另外，J. Codd 也認為教育與社會化不同，真正教育的目的在
於提供自主、解放與人類幸福，而社會化僅接受現存社會實際課程
計畫。也因此，在學校教育之技術治國論之影像（technocratic image）、
學校教育存在的想像（existential image）、學校教育再生產想像與學
校教育再建構想像（the reconstructive image of schooling）中，J. Codd
認為再建構想像是行政與教育家概念最為相符的。

　　R. J. Bates 批判觀點之教育行政學說，其實正符合上述的觀點。
在行政如科技控制的討論中，R. J. Bates 也曾明白表示其促使教育與
行政分離，忘記了原先建立行政的主要目的（Bates, 1983: 8-9）。使
得在眾多教育行政理論中，不但缺乏社會道德基礎，更嚴重的是教
學領導中缺乏對教育目的的理解，放棄了教育目的之道德交談，而
僅追求管理主義之技術。R. J. Bates 認為這導致目前教育行政理論
中，管理、組織、權威、動機、工作滿意、作決定、實施、溝通、
調整、管理、評鑑和績效，常沒有一個理論與實際使用的概念，是
與教育概念密切相關的（Bates, 1986a: 5-8）。此等強調教育主體性之
教育行政思維，其實已在美國一九八五年「教育行政知識基礎」運
動具體顯現，教育現場中最主要的特點「教與學的過程」已被明列

為七項主要主題之一。

六、R. J. Bates 批判理論教育行政理論的缺失

　　有關 R. J. Bates 批判理論教育行政學說的缺失，主要有四點。首先，R. J. Bates 雖然強調從批判的角度來看待教育行政難題，但從上述的討論中，可以發現他並沒有系統地討論教育行政的相關問題，而僅是較分散地批判幾個重點，如科層體制等。在前言處曾提到 J. J. Scheurich 和 M. Imber 認為 R. J. Bates 是較有系統教育行政的批判著作，然 C. W. Evers 和 G. Lakomski（1996: 6）卻有不一樣的看法。其次，R. J. Bates 批判的時間多，對相關問題的批判也較為深入，但在相關理論的建立，及解決策略的提出則略顯簡單。如對於當前領導何以淪為管理的情境有深入討論，但如何改善此等困境則僅有幾句宣示性的主張。又對於行政如科技控制的批判甚多，但改進之道也略顯不足。第三的問題是 R. J. Bates 自陳其思想淵源來自新教育社會學，而非哈伯瑪斯的批判理論，但其實在整個 R. J. Bates 批判理論的行政觀點中，斷斷續續出現哈伯瑪斯的觀點，特別是在 R. J. Bates 晚期更直接引用哈伯瑪斯早期人類三類知識的說法，因此實在很難說兩者無直接關係。第四的問題在於 R. J. Bates 使用的概念較為紛雜，以 R. J. Bates 曾主張以新教育社會學之知識結構和控制結構為討論重點，而後期著作轉向文化政治學的用語，兩者是否完全相同值得討論，又在為當前教育行政運作之建議時，R. J. Bates 曾提及民主參與，也指出語言、儀式等之重要，但均欠缺較具體細緻的討論，這或許也就是 R. J. Bates 之教育行政理論無法成一個系統理論的原因。

參考書目

Bates, R. J. (1980a). Educational administration, the sociology of science, and the managememt of knowledge. *Educational Administration Quarterly*, *16* (2), 1-20.

Bates, R. J. (1980b). *The Function of Educational Administration in the Processes of Cultural Transmission.* (ERIC Document Reproduction Service, No. ED199911)

Bates, R. J. (1981a). *Educational Administration, the Technologization of Reason and the Management of Knowledge: Towards a Critical Theory.* (ERIC Document Reproduction Service, No.ED206076)

Bates, R. J. (1981b). *Power and the Educational Administrator: Brueaucracy, Loose Coupling or Cultural Negotiation ?* (ERIC Document Reproduction Service, No.ED206077)

Bates, R. J. (1982). *Towards a Critical Practice of Educational Administration.* (ERIC Document Reproduction Service, No.ED219839)

Bates, R. J. (1983). *Educational Administration and the Management of Knowledge.* Geelong: Deakin University.

Bates, R. J. (1985). *Bureaucracy, Education and Democracy: Towards a Policy of Partiipation.* (ERIC Document Reproduction Service, No.ED283252)

Bates, R. J. (1986a). *Instructional Leadership and Educational Control: A Cultural Perspective.* (ERIC Document Reproduction Service, No. ED271894)

Bates, R. J. (1986b). *The Culture of Administration, the Process of Schooling and the Politics of Culture.* (ERIC Document Reproduction Service, No. ED271895)

Bates, R. J. (1988). *Is There a New Paradigm in Educational Administration ?* (ERIC Document Reproduction Service, No.ED303847)

Bates, R. J. (1992a) *Knowledge in Educational Administration: An Australian Perspective* . (ERIC Document Reproduction Service, No.ED347688)

Bates, R. J. (1995). Critical theory of educational administration. In C. W. Evers & J. Chapman (Eds.), *Educational Administration: An Australian Perspeative* (pp.49-59). Australia: Allen and Unwin.

Bates, R. J. (1996). On knowing: Cultural and critical approaches to educational administration. In C. W. Ever & G. Lakomski, (Eds.), *Exploring Educational Administration: Coherentist Applications and Critical Dabates* (pp. 189-198). Orford: Pergamon.

Codd, J. (1985). *The Administrator as Educator* . (ERIC Document Reproduction Service, No.ED 283 251)

Evers, C. W., & Lakomski, G. (1991). *Knowing Educational Administration: Contemporary Methodological Controversies in Educational Administration Research* . Oxford: Pergamon.

Evers, C. W., & Lakomski, G. (1996). *Exploring Educational Administration: Coherentist Applications and Critical Debates* . Oxford: Pergamon.

Forter, W. (1986). *Paradigm and Promises*. Buffalo: N. Y: Prometheus Books.

Lakomski, G., & Evers, C. W. (1995). Theory in educational administration. In C. W. Evers & J. D. Chapman, (Eds.), *Educational Administration: An Australian Perspective* (pp. 1-17). Australia: Allen and Unwin.

Park, S. H. (1999). The development of Richard Bates's critical theory in educational administration. *Journal of Educational Administration, 37* (4), 367-388.

Scheurich, J. J., & Imber, M. (1991). Educational reforms can reproduce societal inequities: A case study. *Educational Administration Quarterly, 27* (3), 297-320.

■ 第六章 ■

C. W. Evers 和 G. Lakomski
自然融貫論教育行政
理論及評析

第一節　前　言

　　澳洲教育行政學者 C. W. Evers 和 G. Lakomski，乃是當今教育行政領域中最具企圖心的學者之一。他們在經歷了一九五○年代美國教育行政「理論運動」，一九七四年 T. B. Greenfield 主觀主義，以及後續 C. Hodgkinson 人文主義、R. J. Bates 批判理論等教育行政學說的論述後，雖然感受到教育行政理論之蓬勃發展，然仍深深覺得有許多長久以來的爭議並沒有徹底解決。特別是教育育行政科學的問題、理論與實際的鴻溝、事實與價值的界限、個體與結構間的衝突等均未能有效說明。有鑑於此，C. W. Evers 和 G. Lakomski 提出一種「自然融貫論」的教育行政學說，希望為當今紛亂的教育行政理論重新定位，並為上述諸多問題提供另一條解決的途徑。

　　C. W. Evers 和 G. Lakomski 對教育行政學說的論述，主要有一系列書籍的出版。從一九九一年《認知教育行政：當代教育行政研究方法論的爭議》（*Knowing Educational Administration：Contemporary Methodological Controversies in Educational Administration Research*）、到一九九六年《探索教育行政：融貫應用和批判爭論》（*Exploring Educational Administration: Coherentist Applications and Critical Dabates*），以至於二○○○年《踐履教育行政：一種行政實踐的理論》（*Doing Educational Administration: A Theory of Administrative Practice*），共有三本書。第一本著作討論兩個主題，一方面從知識論、倫理學、價值理論等哲學範疇，批判傳統實證主義行政理論的缺失；另一方面則是對反「理論運動」發展之 T. B. Greenfield、C. Hodgkinson、R. J. Bates 及所謂文化觀點（cultural perspective）等教育行政理論加以評析，從中明確建立其自然主義知識論（naturalistic epistemology）與「融貫論」認識論的立場。第二本著作建基在前者之上，除針對他人對其學說之批判加以討論外，特別加入神經科學（neurosciences）及神經網路模式（neural network models）之知識，以作為其「自然融貫論」（naturalistic coherentism）的基礎。至於第三本書則是其為教育行政實踐嘗試建立一種理論的表現，主要內容除綜合前兩本書的主要觀點外，更著重新認知科學發展的說明，同時也對其他學者之批判提出部分的修正（Evers & Lakomski, 2000: 1）。整體而言，他們是以教育行政哲學中知識論的問題為討論核心，但因其主張哲學問題可以用自然科學的角度加以解決，故又被稱為是一種「自然主義的知識論」。特別是這種知識論的角度，採取的立場是一種「融貫論」，而非「基礎論」（foundationalism）之立場，故又被稱為「融貫論」的教育行政學說。又因此種「自然融貫論」，即希望以科學的方式來處理教育行政的問題，只不過這種科學是在傳統實證主義科學之後，且與實證主義傳統迥然不同，因此有時他們的學說也被稱作是一種「新科學」（new science）或「後實證主義」（postpositivism）。

　　長久以來，教育行政學說常是受到教育學，或其他社會科學的發展而開展。或者可以說，教育行政理論的建立，常是教育學或是其他社會學科理論的應用。然 C. W. Evers 和 G. Lakomski 教育行政學說的論述，著實擺脫此種色彩。他們的學說不但對教育行政領域來說是一種新的嘗試與努力，同時這些主張也反向影響當代教育學之討論。本文以 C. W. Evers 和 G. Lakomski 教育行政理論及評析為題，將先討論兩人對其他教育行政理論觀點之批判，而後再說明其「自然融貫論」的知識論立場，最後再從此立場對組織學習、領導、理論與實踐、事實與價值等教育行政相關主題進行討論與批判。

第二節 C. W. Evers 和 G. Lakomski 對其他 教育行政理論的批判

如前所述,在 C. W. Evers 和 G. Lakomski 一系列的書中,曾分別討論實證傳統、T. B. Greenfield 主觀主義、C. Hodgkinson 人文主義、R. J. Bates 批判理論、後現代主義等教育行政學說,這些討論與其「融貫論」的教育行政學說有密切相關,以下即依序加以分析。

一、對實證傳統教育行政理論的批判

實證傳統的教育行政理論,源自一九四七年美國教育行政「理論運動」,從 A. W. Halpin 與 D. E. Griffiths 等人的研究著作,一直到 W. K. Hoy 和 C. G. Miskel《教育行政:理論、研究與實際》(1978)等一系列書籍的研究取向(Evers & Lakomski, 1996b: 383),皆是以實證傳統為代表。其中又以邏輯經驗主義哲學家 H. Feigl 的主張,被認為是此傳統研究主要的依據。此種取向,依 C. W. Evers 和 G. Lakomski 之分析,主要有四個特點:⑴主張一種假設—演繹(hypothetico-deductive)的理論結構,認為理論是從成功陳述的檢證中加以支持。特別在理論的配置中具有階層關係,從特殊單一觀察的宣稱,往上到最一般性的主張。一般性的主張位於理論的高層,從中可以推論出非一般性的主張。如學校屬一種特殊的組織,學校組織現象的說明可仰賴較高層次,更具一般性的組織理論的說明來解釋;⑵強調透過經驗驗證(confirmation)之「基礎論」的認識論:亦即教育行政理論知識的證成,要求來自觀察經驗嚴格的驗證結果,特別是經由多位觀察者交互主體性(intersubjectively)之觀察,才能確保理論

之客觀性；⑶由此，傳統行政科學要求任何的理論名詞均需給與操作型定義（operational definitions），即必須承認某些可下定義的測量程序；⑷從上之教育行政科學的特性，教育行政理論排除價值因素的研究（Evers & Lakomski, 1991: 3; 1996a: 17, 30-31; 1996b: 383-384; 2000: 4; 2001: 499-500）。

受此特點之影響，C. W. Evers 和 G. Lakomski 認為，在教育行政理論發揮最大影響力的學說之一是系統理論，特別是 J. W. Getzels 和 E. G. Guba 之社會系統理論（social system theory）。其中對律則與個殊的討論，主張人類行為乃是制度角色（institutional role），和個人需要傾向（need-dispositions），依 B=f（R×P）公式的交互作用而產生等之說明，不但充分表明出一種實證主義的色彩，同時也被認為對教育行政行為之研究，提供一個適當的架構（Evers & Lakomski, 1994: 262-263; 2001: 499-500; Hare, 1996: 91-92）。

針對實證傳統教育行政理論的發展，C. W. Evers 和 G. Lakomski 認為有幾個問題必須加以考慮。首先，他們對實證主義秉持之經驗知識的「基礎論」有所質疑。實證主義認為理論與觀察間是可以測試的，而其測試的方式強調以觀察經驗做為主要的依據。然他們發現感官經驗證據不但有限，而且理論與經驗證據間是也常存在著複雜的關係，一方面任何的觀察報告總是使用某些理論字彙，因此是不可能有所謂理論中立（theory-neutral）的情事，也很難界定客觀的操作型定義。反過來說，他們也認為觀察證據與理論間並非存在單一關係，有時同一組觀察證據，能驗證多組理論的存在，這造成在理論的競爭中無適當的判定基礎存在。依此現象，再加上受到 T. Kuhn 對科學知識成長、典範轉移說明的影響，C. W. Evers 和 G. Lakomski 認為實證科學的客觀性備受質疑，可測試性（testability）是無能在眾多理論和典範中進行理性選擇。而且理論本身均有其詮釋、評價和回應經驗的內在標準，任何理論的證成也均是典範相對的（paradigm-relative），而宣稱以假設－演譯結構，即可產生如法律般的通則，

以作為預測和控制組織生活更是一項錯誤（Evers & Lakomski, 1994: 266; 1996a: 31; 1996b: 380, 384; 2000: 2）。因此傳統科學尋求一種「基礎論」的知識論假設，不但太過嚴格，而且也是錯誤的（Evers & Lakomski, 1996a: 10, 15-18, 21, 32）。

其次，他們反對實證科學排除價值之處理方式。他們認為由於實證科學強調理論名詞的操作型定義，強調經驗的檢證以及客觀性，因而，對於無法由觀察得知的價值與倫理主張，或人的內在主體性的思考，均明顯地忽視，轉而重視事實的主張與個體外在的行為，直接造成事實與價值的二分（Evers & Lakomski, 1993; 1996a: 4-5, 30; 2001: 499-500）。由此，在研究方法上，強調實驗控制或統計分析，而忽視個案研究、文化研究與民族誌（ethnographic）方法（Evers & Lakomski, 1996a: 14, 32），造成對許多有價值知識的輕忽（Evers & Lakomski, 1996a: 32）。事實上，他們認為教育行政研究時方法的選擇，本身即是一個道德與倫理的問題（Evers & Lakomski, 1996a: 5）。

第三個問題，C. W. Evers 和 G. Lakomski 認為在強調理論階層化的過程中，有時研究常會將特定經驗習慣地忽視或刻意的加入，以使理論達到更高的普遍性。如系統理論的研究者常使用比經驗發現中更多的特質，其主要即希望將這些不重要的特質加入，以增加其普遍性（Evers & Lakomski, 1996a: 3-4）。C. W. Evers 和 G. Lakomski（2001: 499-500）認為這即是造成教育行政學者仰賴一般行政學說的機會較多，而較少與教育理論連結的原因。

二、對 T. B. Greenfield 主觀主義教育行政理論的批判

T. B. Greenfield 主觀主義教育行政理論，同樣是基於實證傳統教育行政理論的批判而來。他認為傳統教育行政科學過分重視量化與實驗研究，過分重視事實而忽略價值的問題，過分強調從假設一演

譯中理論的客觀性等問題，而明顯忽略了人類意向與動機之重要性。因而於一九七四年，他以韋伯之主觀理解作為社會科學理解的本質，從中他不但認為社會科學與自然科學二分，還強調組織是人類意向創作的社會實在。因為組織理論總是存在著無政府主義與意識型態的特性，故必須對於組織文化之研究著重以解釋，或意義理解的方式來進行（Evers & Lakomski, 1996a: 29-30, 131; Greenfield & Ribbins, 1993）。

　　針對上述的說法，C. W. Evers 和 G. Lakomski 從認識論的觀點來加以討論。首先，他們贊同 T. B. Greenfield 對於實證主義傳統教育行政理論的批判：如僅重事實而忽略價值的問題（Evers & Lakomski, 1994: 265）；僅以觀察經驗的適切性，作為知識客觀性與證成的依據（Evers & Lakomski, 1991: 84-87）。其次，C. W. Evers 和 G. Lakomski 也贊同 T. B. Greenfield 對人類主觀性的重視。此正如 W. V. O. Quine 所說「沒有不粉飾的新聞」（no unvarnished news）的看法，他們認為人們是需要理念去理解我們的經驗和認知實在。因而人們必先有意義的理念，才能看、聽和感覺（Evers & Lakomski, 1991: 78）。特別在面對理論無法從所謂客觀經驗獲得證實時，理論的選擇則必須考慮非客觀的因素，此時主觀的因素與批評就會存在（Evers & Lakomski, 1991: 78-80; 1994: 265）。

　　然由上述之贊同，C. W. Evers 和 G. Lakomski 認為並不能作為 T. B. Greenfield 發展主觀主義教育行政理論的基礎，更不能依此試圖以主觀主義取代傳統的行政科學。這其中，C. W. Evers 和 G. Lakomski 認為最主要的問題，乃在於 T. B. Greenfield 將經驗證據等同於客觀證據（Lakomski & Evers, 1995: 8），因而在否定實證科學的同時，也否定所有可能具有客觀證據的科學，進而以主觀性因素取代客觀證據，造成相對主義的結論。一方面，C. W. Evers 和 G. Lakomski 認為 T. B. Greenfield 所批判的科學，僅是科學的一種，是一種僅以經驗作為證據基礎的「基礎論」。故在贊同 T. B. Greenfield 對實證傳統科學

的批評時，其實並不意味著對所有科學的反對。同樣地，在反對以
經驗為主的客觀性時，也並不意味著完全反對客觀性的存在。兩者
都應只是針對以經驗為基礎的「基礎論」證成基模的攻擊。事實
上，他們認為是有另一種具有客觀性的科學理論值得追求（Evers &
Lakomski, 1996b: 381）。而另一方面，C. W. Evers 和 G. Lakomski 雖然
是贊同 T. B. Greenfield 對人類主觀因素的重視，但這僅是強調社會實
在之複雜性，以及人類主觀性不能如自然科學般以經驗證據，即能
正確的描述與預測。然這也不意味著人類的主觀性，將扮演知識證
成的基礎。C. W. Evers 和 G. Lakomski 認為若採用一種毫無限制之主
觀的認識論，不但會導致一種任意的結論，無法在行政理論中分辨
真實與虛構。同時若處在競爭理論解釋中，彼此各存在著不同的證
據且不可接近時，那麼將使人產生一種不合理的詮釋循環（hermeneutical
circle），使人沒有理性去支持任何事物，而僅能以不斷地解釋作為
下次解釋的依據。同時，C. W. Evers 和 G. Lakomksi 也認為人們從平
凡的常民理論（folk theory）或是近年來發展的腦神經學說中，是經
常可以得到穩定之解釋的，只不過這並不為 T. B. Greenfield 理論所接
受。因而如以 T. B. Greenfield 以主觀主義來建立教育行政理論，在 C.
W. Evers 和 G. Lakomski 眼中，這將是另一種錯誤（Evers & Lakomski,
1991: 94-95）。人的生活不可能是任意的，人的生活不可能沒有規
則的導引，特別有些實在是的確在那兒的。在 C. W. Evers 和 G. Lakomski
認為，人們的確不需要如實證傳統般，強調如法律規則般的科學知
識，但人們社會中仍有許多規則，人們仍需要一種科學知識，來作
為行政的引導，而這新的基礎即是有關人類腦神經系統的科學知
識。從中強調一種包括經驗特質的融合標準，不但能使自然科學成
功地與常民理論結合來說明人類的行為，同時還能放棄一種人類主
觀之任意性的說明（Evers & Lakomski, 1991: 91）。

　　C. W. Evers 和 G. Lakomski 對主觀主義的第二個批判，強調 T. B.
Greenfield 如此作為，並沒有真正接觸到他自己所說教育行政之核心

問題，即事實該如何與價值緊密結合的討論。他們認為當 T. B. Greenfield 從實證傳統「事實與價值二分」的批判中，進而強調科學是價值承載時，理論上也接受事實與價值二分的主張（Evers & Lakomski, 1994: 260）。因而其企圖發展的一種主觀主義教育行政理論，是無法充分結合新社會科學所需之三個重要元素的說明。這個重要元素包括：(1)處理價值間的選擇；(2)人類主觀性的說明；(3)情境依賴（context-dependent）通則的說明（Evers & Lakomski, 1994: 268）。如 T. B. Greenfield 主張領導者的培育，應強調在修道院或心靈醫院，藉由思考人生大事等老方法來進行訓練，然如此主張最大的遺憾即是僅強調經驗與價值的察覺，而無法處理價值衝突的窘境（Evers & Lakomski, 1994: 265）。C. W. Evers 和 G. Lakomski 認為除非 T. B. Greenfield 能對人類內在主觀動機和理性之關連性加以說明，否則將無多大助益的（Evers & Lakomski, 1996a: 136-137）。事實上，C. W. Evers 和 G. Lakomski 認為 T. B. Greenfield 僅是從傳統實證主義重事實之片面研究，轉而傾向從主觀價值來討論教育行政，不但仍是偏於一隅，而其試圖建立一種以價值為重的行政科學也很難達成（Evers & Lakomski, 1994: 260）。

至於理論與實踐的問題，C. W. Evers 和 G. Lakomski 則認為這是主觀主義和傳統教育行政科學的共同問題，因為它們兩者皆以象徵（symbolic）或如語言般的研究為主體，對行政過程之內在思考、反省與決定過程，進行理論公式或規則─基礎的掌握，然其實這並不適用於實踐知識中之非象徵模式的描述。因而，C. W. Evers 和 G. Lakomski 建議將理論視為壓縮的演算法則（compression algorithms），可在較適當和自然與學習的理論中，促使理論與實踐的結合（Evers & Lakomski, 1996a: 136-137）。

三、對 C. Hodgkinosn 人文主義教育行政理論的批判

　　C. Hodgkinson 主要延續 T. B. Greenfield 主觀主義教育行政理論，一方面對實證傳統教育行政理論有所批判，另一方面也強調以哲學來探討教育行政的相關問題。其學說的重點以價值理論的開展為主，建立在事實與價值二分的立場，他反對以自然的特質來界定價值，認為行政理論理應與自然科學不同，因而教育行政應是一種人文主義。從中他再依實在三類型的區分，建立價值三階段的理論，這不但作為其價值衝突判斷的依據，同時也為教育行政工作之區分有了具體的規則。另外，針對價值這概念，C. Hodgkinson 很顯然承續著 T. B. Greenfield 主觀的看法，認為價值是「具有動機力量之欲望概念」。然為避免落入價值的相對主義，他一方面強調以意志優於人類理性和情感之原則，作為解決價值衝突之依據；同時也如 T. B. Greenfield 的作法一般，認為將有一種道德秩序或道德原式存在於組織中，在社會眾多個殊的個體中獲得道德的客觀性，而這也就是身為領導者必須掌握的道德藝術。基此，C. Hodgkinson 還對當前教育行政現象進行多項的批判（Hodgkinson, 1996a）。

　　面對上述 C. Hodgkinson 人文主義的教育行政理論，C. W. Evers 和 G. Lakomski（1996a: 5）贊同其將行政區分為「管理」與「行政」之作法，同時也不反對行政用以設立組織的基本價值為目的的主張。但在價值問題的討論上，他們卻認為有兩大問題值得討論。首先，C. W. Evers（1985: 35）認為 G. E. Moore 所稱之自然謬誤（naturalistic fallacy）是失敗的，因為他的論述全建立在分析（analytic）／綜合（synthetic）陳述句的區分上，而且這僅是實證主義傳統中非法的一種主張。因而 C. Hodgkinson 基此所支持的倫理自主（autonomy of ethics）的看法，強調倫理斷言不可來自事實斷言，以及藉此對所有

科學的反對，自然是需要討論的。事實上，C. W. Evers（1985: 33）
認為不論是支持自然的謬誤或是強調事實與價值二分均是錯的，而
應主張一種倫理的自然主義（ethical naturalism）（Evers & Lakomski,
2001: 503-504）。

　　其次，就 C. Hodgkinson 所建立的價值理論，C. W. Evers 和 G.
Lakomski 也認為有許多值得討論之處。理論上，C. Hodgkinson 是企
圖建立一個廣泛性的價值理論，來說明領導者應如何具體的行動，
然也因為有如此動機，造成其理論中充滿許多分類及眾多的理論夾
陳。C. W. Evers 和 G. Lakomski（1996a: 150-152）認為如此作法，並不
能保證各理論間之融合，反而僅是造成這種價值序階假設的之不可
知論。即到底是依什麼方法，使各種理論接受如此的安排？非常值
得探討。至於在討論價值序階時，C. W. Evers 和 G. Lakomski 對於 C.
Hodgkinson 使用「欲求」（desired）和「適欲」（desirable）兩個概
念，來區別「好」與「對」之價值也有意見。他們認為指對某些事
有「欲求」，代表一個事實；而對某些事有「適欲」，才是表達一
種判斷（Evers & Lakomski, 1993: 261）。如此一來，前述 C. Hodgkinson
對價值／事實二分的立場，明顯在此被否定。另外，C. Hodgkinson
以情感、思考與理性、意志作為價值之三階段，其中情感主要追求
「好」的價值表徵，而意志則追求「對」的價值。因而當面對價值
衝突，明顯地將以「對」的價值將優於「好」的價值，而為價值領
導的道德藝術時，C. W. Evers 和 G. Lakomski（1991: 100-101, 108）認
為這明顯是一種意志的精英主義（meritocracy），其間有關意志何以
高於理性與情感？而領導者之優越道德判斷又如何能避免價值相對
的問題？C. W. Evers 和 G. Lakomski（1991: 107）認為意志價值與情感
價值之衝突本是一種不可忽視的問題，另外在同一層次的價值選擇
衝突更是嚴重。

　　綜合上述，C. W. Evers 和 G. Lakomski（1991: 110）認為 C.
Hodgkinson 希望從主觀的價值結構，是不容易找到一條出路的，他

們希望採取另一種客觀途徑,即是一種融合的價值說明,來解決上述的問題。

四、對 R. J. Bates 批判理論教育行政理論之批判

R. J. Bates 主要是源自哈伯瑪斯及新教育社會學的觀點,從批判的角度來探討知識結構與控制結構間關係,以及各種再製及意識型態的問題。其中,又以對行政如控制科技的批判,教育行政如何避免意識型態的再製,以及教育行政如何展現教育之主體性等有較多的說明(Bates, 1983)。C. W. Evers 和 G. Lakomski 對批判教育行政理論的討論,雖然是以 R. J. Bates 為主,但其實他們還涉及哈伯瑪斯批判理論的批評。他們認為從三類知識的區分來看,哈伯瑪斯企圖將實證科學、詮釋科學與批判科學放置在一個知識理論中,以避免誰優誰劣的問題,仍是一種知識分離的主張,故仍是極為不妥的(Evers & Lakomski, 1991: 13; 1996a: 10)。另外,從哈伯瑪斯之理想溝通情境中,他們也懷疑其中的理想性,因為在一個溝通情境中,每個人均將具有不同的語言能力、語言使用背景,因而是否能達到一個理想的溝通情境,是令人懷疑的。也因此,針對哈伯瑪斯希望藉此解決理論和實踐的問題,他們認為這也是不可能的。面對上述的問題,C. W. Evers 和 G. Lakomski 認為惟有採用一個更融合的理論架構,才足以解決上述問題(Evers & Lakomaki, 1991: 155-159)。

五、對 R. Rorty 與 S. Maxcy 後現代教育行政理論的批判

C. W. Evers 和 G. Lakomski 對後現代教育行政理論的批判,討論了 R. Rorty 與 S. Maxcy 等學者,而其批判的焦點,主要也是從認識論的觀點而來。如圖 6-1 所示,他們認為在一九五○年代到一九七○

年代早期，主要以實證主義之量化為主，採用單一知識的證成標準。一九七○年代以後受到 T. Kuhn 典範主張的影響，使知識相對化，產生質與量等多元典範與多元實在的觀點。此種發展雖然明顯與前者稍有不同，但在 C. W. Evers 和 G. Lakomski 認為兩者皆遵從一種再現論（representationalism），認為人類雖然只能夠接觸到呈現在世界的眾多意念（ideas），而非世界本身，但透過哲學所提供的判斷，將能判定「再現」的部分是否與真理世界相稱（林正弘召集審訂，2002: 1070）。到了一九八○年代中期，後現代主義盛行，從反對實證主義科學觀中，不但攻擊「基礎論」經驗證成的方法，同時還一併拒絕了所有的科學，排除了證成這個概念，也拋棄以理論作為真理世界再現（representation）的可能。這使得過去多元真理的現象，轉而成為不再有真理，而僅是一種敘述（narrative）（Evers & Lakomski, 1996a: 10-12; 1996b: 383, 388-392）。

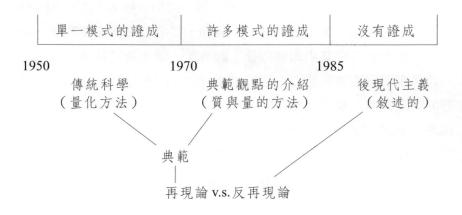

圖 6-1　教育研究方法論三階段的發展

資料來源：修改自 Evers, C. W., & Lakomski, G. (1996b). Science in educational administration: A postpositivist conception. *Educational Administration Quarterly, 32*(3), 379-402.

　　C. W. Evers 和 G. Lakomski（2000: 6）同意後現代主義對經驗「基礎論」的反對，但認為其中其實隱含著幾個問題。一則他們錯把再現的證據等同於「基礎論」再現論之證據，因而在拒絕了「基礎論」的再現論時，同時也不當地把「融貫論」的再現論也一併去除。這造成一種反再現論（anti-representationalism），強調沒有真實世界能被承認，而進入一個極端形式的相對主義。C. W. Evers 和 G. Lakomski 認為從科學界持續地成功來看，這是明顯錯誤的。其次，C. W. Evers 和 G. Lakomski（2000: 3）認為當後現代學者一方面在反對證成概念，反對再現或表徵主張，而主張認識論為不可能的同時，卻又暗中依賴它們，從其他知識、敘述或相關的結構與事實來支持他們的主張。這不但造成理論的緊張，同時也破壞其原先反再現論的立場（Evers & Lakomski, 1996b: 385, 388- 391）。

　　C. W. Evers 和 G. Lakomski 認為雖然實證主義「基礎論」證成方式值得批判，但並不能依此反對理論的再現解釋（representational interpretation of theory），特別在「基礎論」之外，還有「融貫論」的觀點值得重視。同樣地，在拒絕實證主義之科學觀點中，也不能全盤否定科學的價值，C. W. Evers 和 G. Lakomski 一再提及科學是持續不斷地成功，因而他們認為採用一種比較豐富的方法，去建立行政理論是需要的，而這即是其所提的新認知科學。

六、小　結

　　綜合上述分析，C. W. Evers 和 G. Lakomski「自然融貫論」之教育行政理論的建立，雖然是大致贊同自一九七四年以來，包括 T. B. Greenfield 主觀主義、C. Hodgkinson 人文主義、R. J. Bates 批判理論或 S. J. Maxcy 後現代主義等對實證傳統教育行政理論的批判，只不過他們並不同意眾多學者許多另類教育行政理論的看法。因為宣稱一九四七年實證傳統教育行政，大量採用量化研究，且排除價值因素

是一種局限；而如 T. B. Greenfield 等人採取一種非科學的立場，僅強調主觀的價值思考，同樣也是有限的（Evers & Lakomski, 1996a: xiii-xiv）。C. W. Evers 和 G. Lakomski 主要受到 W. V. O. Quine 哲學的影響，希望藉由另一種教育行政科學，即所謂「後實證主義」或「新科學」觀點的建立，以避免上述實證觀點的困難（Evers & Lakomski, 1996a: viii; 2001: 499-500）。

此種新科學的主張，主要有兩個想法：一是他們認為在眾多認識論中，最佳之教育行政理論，應該奠基在一種「融貫論」的知識論立場；其次，他們強調此種教育行政理論的內容與結構，包括理論的本質、理論與實踐關係、組織特質、領導、組織設計與行政者訓練，又與人類認知或腦神經科學有密切相關（Evers & Lakomski, 1991: 2; 1996a: 30; 2000: 2）。此種「融貫論」的知識論立場，主要是站在反「基礎論」的知識論主張，而其認知科學的主張雖然有別於實證科學，但其實仍是自然科學的一支，因而此種新科學又稱為是一種「自然融貫論」。如此「自然融貫論」的主張，其主要用意不但希望能化解實證傳統教育行政理論中，包括忽略人類主觀性、忽略倫理與價值的思考。同時也希望能避免因高度結構化及對通則的關心，造成對教育行政實踐限制（Evers & Lakomski, 1996a: viii-xiv）。再者他們還希望從一種知識的整體觀，一併處理長久以來有關理論與實踐、價值與事實等二分等問題。為此，C. W. Evers 和 G. Lakomski 分別討論「自然融貫論」的基本主張，「自然融貫論」對理論看法，以及其在組織設計、領導與領導者的訓練與決定等概念的相關作法，以下即一一加以分析。

第三節　C. W. Evers 和 G. Lakomski「自然融貫論」之主張

　　有關 C. W. Evers 和 G. Lakomski 之「自然融貫論」，可分別從知識的「融貫論」、知識的自然化討論兩個主要方向加以論述。

一、知識的「融貫論」

　　知識的「融貫論」，以探討知識結構和知識證成的問題為主，其主要是來自 W. V. O. Quine 和 J. S. Ullian 等人在對邏輯經驗論進行批判時，所代表的另一種知識論的看法。其在知識結構和證成上，與與「基礎論」有明顯的差異。本段將分別從知識「融貫論」與知識「基礎論」之差異、知識「融貫論」的特質兩方面加以討論。

(一)知識的「融貫論」與知識的「基礎論」

　　知識的「基礎論」者主張，有「某些基本的或基礎的信念，可以獨立於其他信念被證成，而且其餘的信念則可以在基礎信念之上，衍生出自己的證成」（林正弘召集審訂，2002: 211）。亦即，「基礎論」者認為人的知識或認識是有基礎的，他們把人的信念分為兩種，一種是需要其他信念證實的「衍生知識」（derived knowledge），另一組是可以作為其他信念之基礎，而其本身卻不需要任何證明的「基本知識」（underived knowledge）或基礎知識。作為基礎的信念通常被認為是直接明確、確實可靠、無需辯證的；而前者信念的可靠性則是要通過證明來確立。而整個知識結構即如同一種建築的結構，其中某些信念為基礎，支撐其他所有的信念。近

代的唯理論、經驗論都是持「基礎論」的主場，實證主義大體而言
即是主張以觀察經驗作為認識的基礎（Evers & Lakomski, 1996a: 94;
陳波，1998: 28-29）。而反實證主義者，雖然反對僅訴之經驗證據的
基礎，但大多還是主張以「基礎論」作為證成的唯一方法。

　　C. W. Evers 和 G. Lakomski 認為邏輯經驗論在論及觀察經驗之基
礎時，遭遇到許多挑戰，除如前述包括：無法觀察問題，無限觀察
的限制，以及同樣觀察常證實不同理論的困境。同時還包括無法說
明「基本知識」，即自我指涉（self-reference）知識如何能被知的問
題，一旦人們朝基本知識不斷詢問其證成的來源時，很容易會陷入
一種「理性無限回歸」（infinite refress of reason），或「證據鏈環」
（evidential chain）的循環（Evers & Lakomski, 1991: 8; 1996a: 21, 94）。
事實上，在他們心目中並沒有所謂能作為裁決整體知識的基礎，因
而轉向「融貫論」的知識論主張。「融貫論」的基本主張強調任何
信念的證成雖都是依賴其他信念而來，而且這些信念之證成不是來
自於某個基礎，而是來自各種信念中證據的融貫關係，或稱信念之
網（web of belief）的解釋。Otto Neurath 曾以木筏來比喻知識「融貫
論」的證成，他認為「融貫論」的證成，正如同製成木筏的木板，
它們是相互支持的。通常只要一個信念對你而言，為最具解釋力的
信念系統，那麼對你而言該信念即被證成。亦即，C. W. Evers 和 G.
Lakomski（1996a: 10, 15）認為知識適當之證成，是被建構在融合的
考慮。

　　由於信念間彼此之融貫關係乃是「融貫論」證成的主要的依據，
而一個人的信念又是如此的緊密相連，以至於在這些信念中任何的
改變，都會造成信念之網中其他項目的改變，也因此「融貫論」的
主張被認為是一種極為重視系統與整體的觀點（林正弘召集審訂，
2002: 380, 531），故又被稱為「系統融貫」（systematic coherence）、或
「整體證成」（justified holistically）的認識論（Evers & Lakomski, 1996a:
10-12），有時也僅以「整體論」的知識論（holistic epistemology）稱之。

（二）知識「融貫論」的特質

　　相較於前述 H. Feigl 邏輯經驗論的四個特點，C. W. Evers 和 G. Lakomski 認為知識「融貫論」也有幾項特點，值得討論。這包括：

　　1.從知識的「融貫論」中，C. W. Evers 和 G. Lakomski 認為在理論與理論間有一種「總體理論」（global theory）的主張，如圖 6-2。「總體理論」意味著理論的整體如一個完整的信念網（web of belief），是由各類知識統合而成。在中間或網絡核心的部分，如同句子的結構，以提供重要結構的安排為主，因而常扮演理論組織的重要角色，如邏輯、數學或自然科學的特定分支即位在此。這些理論往往是網絡中最具組織特性一群，除非總體理論在簡單性（simplicity）或融貫性（coherence）標準的有所突破，否則不易修正。而周圍的

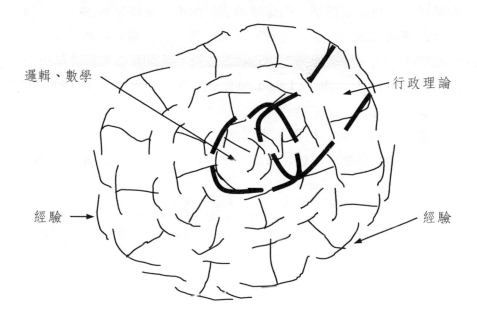

邏輯、數學

行政理論

經驗

經驗

圖 6-2　總體理論如一個信念網圖

資料來源：Evers, C. W., & Lakomski, G. (2001). Theory in educational administration: Naturalistic directions. *Journal of Educational Administration, 39* (6), 502.

部分,即這個網絡邊緣的陳述,或許是個人一手感官的觀察報告,也可以是單一個案的片斷說明,它常是由一些最易被修正之句子所組成。C. W. Evers 和 G. Lakomski 認為教育行政科學,即是位在這個「總體理論」信念連續網絡中特殊主題的部分,其同樣具有總體理論中的核心結構,如對邏輯、數學和自然科學之關心,而其外圍同樣有最易修正之經驗觀察報告(Evers & Lakomski, 1996b: 387-388; 2000: 7; 2001: 502)。在「融貫論」的「總體理論」中,為避免了知識的分割,強調證成理念上統一,認為所有的知識均應服從同種廣泛的證成模式。因而沒有所謂社會科學與自然科學之分,也沒有人類知識三分而彼此分離的問題,同時任何依此建立的科學,都將是一種廣泛而整體性的知識網絡(Evers & Lakomski, 1996a: xv)。

  2.從上述「總體理論」進一步分析,因為觀察的證據通常只會在結構的周圍產生衝擊,因而理論面對的不只是經驗的法庭,理論選擇之證成基礎不再僅是經驗的證據而已,而是需要強調系統與整體融貫的證成。任何能獲得融合標準支持的,即是整體信念網中的一部分。C. W. Evers 和 G. Lakomski 在此同樣是受到 W. V. O. Quine 哲學的影響,在其「證成的融合理論」(a coherence theory of justification)中,認為知識證成的標準,除訴諸某些公共、可知覺的實證經驗外,還包括六個超乎經驗之證成標準(註1)(Evers & Lakomski, 1991:

註1　有關「融貫論」的證成標準,在 C. W. Evers 和 G. Lakomski 歷年來各書的陳述稍有差異,除一般經驗標準外,一般包括「一致性」(consistency)、「簡單性」(simplicity)與「理解性」(comprehensiveness)與「生產性」(fecundity)四項標準。在一九九一年(p. 4-5, 9)外加「保守性」(conservativeness)(指一個新假說能否與人們已有的信念保持一致的問題)和「可學習性」(learnability);一九九六年a(p. 10)加上「可學習性」;一九九六年a(p. 18)外加「保守性」;一九九六年a(p. 21、32)中少「生產性」,外加「說明統一性」(explanatory unity)和「可學習性」;一九九六年b(p. 381)及二○○○年外加「說明統一性」;一九九六年b(p. 386)和二○○一年外加「說明統一性」和「可學習性」,不過約略統稱在「證成的融合理論」,或「整體的認識論」。

4-5, 9; 1996a: 10-12, 18, 21, 32; 1996b: 381; 2001: 502-503）：⑴一致性
（consistency）：強調理論中信念彼此之一致情形；⑵簡單性
（simplicity）：能否以一些較簡單的原則來說明大規模的事件；⑶
理解性（comprehensiveness）：強調理論的解釋力，能否說明比較多
的現象且較少異例產生；⑷生產性（fecundity）：理論能否持續增長
的能力；⑸說明的統一性（explanatory unity）：指理論的說明能否包
括自己使用的名詞和證據，而沒有超出自己的說明來源；⑹可學習
性（learnability）：這點強調它必須融合人類學習最佳的自然說明，
其次它不能與整體和總體世界觀點下較可靠之知識體不一致。依
此，C. W. Evers 和 G. Lakomski 雖然認為任何觀察必定是理論承載的，
同時單一的觀察有可能同時驗證兩種不同的理論，但理論客觀性卻
仍是有可能的，只不過這種客觀性有別於邏輯經驗論的觀點，是建
立在上述證成的標準（Evers & Lakomski, 2001: 502）。

　　3.從邏輯經驗主義中，理論名詞強調符合某些觀察、測量與程
式的操作型定義，而在「融貫論」理論中，理論名詞的意義，則是
在理論中與其他名詞關係的概念角色。一般而言，實證傳統之操作
型定義常會限制了理論的豐富性，但「融貫論」的名詞定義，則有
著較廣泛的觀點（Evers & Lakomski, 1996b: 387-388; 2001: 502）。

　　4.依上述分析，C. W. Evers 和 G. Lakomski 認為最佳的行政理論應
該包含在最融合的總體理論中，只不過他們認為這種理論的達成其
實是高度困難且具爭議性的，因此他們提出兩個漸進策略（piecemeal
strategy），作為建立行政理論的主要依據。其一，是以自然科學作
為教育行政融合性整體理論的基礎，因為他們認為自然科學是理解
人類智力結構的主要部分。特別是新認知科學的發展，對人類主觀
性的理解提供一個堅實的基礎。這使得對人類心靈的研究，不再僅
從外在可觀察的行為著手，而是可以任意地建構複雜的認知因果模
式的說明。依此，C. W. Evers 和 G. Lakomski 反對自然謬誤之說，而
主張倫理的自然主義（ethical naturalism），強調價值為自然學習的對

象，是能以生理的認知過程而加以學習（Evers & Lakomski, 2001:
503-504）。而這也就是 C. W. Evers 和 G. Lakomski 自稱為「自然融貫
論」的原由。其次，在贊同「總體理論」中存在著某個程度的確定
性時，C. W. Evers 和 G. Lakomski 也承認在這「總體理論」中仍有弱
的結構存在，它是具有易錯的網絡特質，從理論負載經驗的相配與
否，將導致網絡不斷地修正。T. H. Maddock（1996）將「自然融貫
論」稱為「物質實用主義」（materialist pragmatism）的用意也在此。
從中，C. W. Evers 和 G. Lakomski 認為這不是要人放棄知識，否定知
識的價值，而是要強調一種不斷學習的可能，以彌補過去的不足。
也因此證成被解釋為認識論之持續地學習，而教育行政科學的發
展，變成一種教育行政理論的成長，只要能產生更大的融貫網絡的
修正即可被證成（Evers & Lakomski, 1996b: 387-388; 2000: 7; 2001:
503）。這兩種策略在 C. W. Evers 和 G. Lakomski 在知識的自然化討論
中有更直接的說明。

二、知識的自然化討論

在 C. W Evers 和 G. Lakomski（1991: 8）「融貫論」主張中，之所
以會常以「自然融貫論」相稱，其實是因為他們在反對知識的經驗
基礎時，強力主張人類所有經驗的詮釋，皆是透過人類大腦之認知
能力與學習技能而來，因而若能訴之最佳人類大腦學習的科學說
明，不但無需受困於「基礎論」中基礎的問題，同時更能對教育行
政科學的開展有所助益。因此，C. W. Evers 和 G. Lakomski 如同 W. V.
O. Quine 一般，將認識論自然化（naturalized），成為認知心理學或
大腦神經學的一部分，這使其「融貫論」成為「自然融貫論」。同
時也使其「融貫論」非常強調應去融合「人能知什麼」、「人類如
何學習」的問題（Evers & Lakomski, 1996b: 381; 2000: 6-7）。

他們將自然主義之認知科學的發展，主要分為四類來加以討論，

包括：缺心靈（absent mind）的認知、功能論心靈（functional mind）的認知、情境認知（situated cognition）與物質的心靈（material mind）的認知。

（一）缺心靈的認知

　　就缺心靈的認知而言，主要是發生在一九五〇年代至一九六〇年代，以實證傳統或行為主義的教育行政理論為代表。C. W. Evers 和 G. Lakomski 發現此時學者認為人的內在認知和情感是無法直接觀察，故僅能以外在的行政行為來加以研究。因而行政理論之意義與證成，主要依據輸入與輸出間特定範圍之感覺經驗證據為主。除非在因果關係中有所缺失，否則直接由輸入即可導出輸出。即使是曾受心靈影響之輸出，其心靈的作用也可以由輸出變項的觀察得出。面對此種主張，C. W. Evers 和 G. Lakomski 認為有五個主要的缺點：(1)即使因果連結不存有缺失，在輸入與輸出行為間也未必依規則而行；(2)創造之行為常會傷及輸入與輸出間相互關連的事實；(3)受到個人內在狀態的影響，環境事件常可任意分類；(4)當評價決定策略有基本標準時（如理性），則常不需依輸入與輸出之變項加以思考；(5)在認知之複雜層次中，常是象徵表徵（symbol representation）作為決定的主要因素，因而在某個意義上，是心靈引導行政行為的（Evers & Lakomski, 2000: 8-10）。

（二）功能論心靈認知與情境認知

　　緊接在缺心靈認知之後，C. W. Evers 和 G. Lakomski 認為是功能論心靈認知的發展。這種認知論的發展，即是「訊息處理心理學」（information processing psychology）之認知論的觀點，也是古典人工智慧學者常採用的說法。主要學者以 H. A. Simon 為代表，他強調對行政決定中人類有限理性（bounded rationality）之內在認知的研究。其中，他主張人類知識理性主要存在於人類大腦掌握象徵、符號

（含語言和準語言）的能力，因而他提出「物理－象徵系統假設」
（physcial-symbol system hypothesis），強調物理－象徵系統及符號處
理（symbol processing）是一般智力行動之方法，人類行動通常在一
系列時間之象徵結構的運作中展開（Evers & Lakomski, 2000: 41）。
若進一步分析，H. A. Simon 認為包括：計畫、計算、決策、評價、
理性、相信、思考和學習等，均可以三階段來理解：⑴設計符號象
徵的方式來對世界之對象與事件編碼，使其能為電腦程式或機器所
處理；⑵將符號象徵予以排列，以利機器依事先被貯存的規則來運
作，並藉以產生輸出；⑶產生輸出，如電腦之螢幕展示或列印。整
體而言，此種認知的觀點，不但強調以象徵表徵的符號與系統來處
理人類的認知，還著重對認知之「規則－基礎」（rule-based）之研
究。因此，若電腦能依上述規則加以設計，即能模仿人類的認知與
資訊處理（Evers & Lakomski, 2000: 10-12, 41, 46-50）。

　　面對功能論認知的解釋，C. W. Evers 和 G. Lakomski 認為其雖具
有易接近、可測試性和普遍使用之功能，但其中仍有一些困難之
處。特別是一般功能論心靈太趨於規範性和理論性的描述，對於實
際人類認知功能運作描述有所不足。如 E. Hutchin 曾舉航海為例，發
現舵手常依據許多正式的執行程序來掌舵，但這些系統並非全部都
發生在舵手的頭部；反之，人的頭部所發生的現象，與人所掌握的
象徵系統也是不一樣的。過去認知科學主要假設抽象象徵形式上的
掌握，是形塑人類認知的必要情境。但 E. Hutchin 認為若僅以抽象象
徵系統之交互作用為主，那麼參與者的人定會被刪除。C. W. Evers
和 G. Lakomski 認為其實人類的認知似乎總是比較偶然性（haphazard），
比較凌亂（messier）的。特別是有許多人類的決定常與象徵的符號
與規定無關，如決策中對小過失的容忍，教師在環境多樣性要求時
表現出一種優越的實踐（exceptional practice），或是人常能習慣地說
而不一定熟悉文化規則般等。此正如哲學家對「知道如何」（knowing
how）和「知道它」（knowing that），「技術知識」（skill knowledge）

和「陳述知識」（propositions knowledge），及理論與實踐之區分一樣。人類有許多認知決定是無法透過命題、語言名詞（linguistic term）或是知識呈現的句子模式（sentential models of knowledge representation）等象徵符號與規定加以說明的（Evers & Lakomski, 1996a: 109, 116-118; 2000: 42, 46-51）。

　　一般而言，C. W. Evers 和 G. Lakomski 認為人類的認知常是象徵與非象徵領域、知識呈現的句子與非句子模式在人類判斷中交互作用。即大部分智力行動乃是混合情境中句子、聲音、視覺感官、味覺，即各式表現資料中混合產出。僅從象徵系統假設之觀點，通常無法真確地展現真實情境之動態過程與非象徵觀點，因此語言或句子模式是不能做為反映人類知識的基本結構和特質，而藉其來建立的教育行政理論，常也會造成理論與實踐間的分歧，故這種功能論心靈的說明也是有所不足（Evers & Lakomski, 1996a: 115-116; 2000: 12-14）。

　　C. W. Evers 和 G. Lakomski 於二〇〇〇年提出情境認知（situated cognition）（註2），作為彌補功能論認知論，明顯忽略外在於人類個體之社會文化因素的補充，以及其對人類社會實踐認知問題理解之不足（Evers & Lakomski, 2000: 37, 44）。他們認為人類的認知應該在每日生活實踐中才得以發展，特別是需要將文化和情境因素整合成為認知的一部分，從中強調一種人與人及情境間的交互作用，以達到一種涵化（enculturating）的認知，才具有真實的意義。然這種交

註2　情境認知主要根源於社會人類學，重視認知之社會與文化面向因素的相關探討。一般除使用「情境認知」一詞外，還包括「情境行動」（situated action）、「情境活動」（situated activity）、「情境社會實踐」（situated social practice）、「情境學習」（situated learning）、「分散式認知」（distributed cognition）等概念。而其相關的研究領域包括心理學、人類學、民族方法學、交談分析，以至於認知科學和認知心理學。而其中的重要學者包括：J. Lave、J. G. Greeno、J. L. Moore、B. Rogoff、L. B. Resnick、J. M. Levine、E. Wenger 等人（Evers & Lakomski, 2000: 38）。

互作用並不是訊息處理理論所說之內化（internalization），因為在內化過程中，暗示著個體與外在社會情境的分離，同時時間也被切割為過去、現在與未來。強調訊息先輸入個體轉化並儲存在長期記憶中，而後再從長期記憶中提取，以執行未來的動作。情境認知學者認為較適當的語詞，或許可以 B. Rogoff 之「據為己有」（appropriation）來表現。「據為己有」強調個人是在社會情境中的一份子，當個人主動參與社會情境活動，不但會改變自己的能力，同時也將會影響情境中後續事件的發展（方吉正，2002: 345-372）。而此正是 J. Lave 所強調之「內外在腦部人類經驗（intra-and extra-cranial human experience）界限的流動」，這不但將是一種實踐知識的呈現，同時還總是嵌入在文化之中的實踐知識，使實踐知識展現出一種社會實踐的特性。而其表現出的認知知識的配置，則是一種社會組織的型式，強調每日的認知觀察總是分散（distributed）或延伸到每個個體的心靈、肢體與活動之中。或者說認知必須考慮到認知之分散（distributed）或配置的問題，社群中知識和專門技術並非都集中在某一個專家身上，而認知的對象也不是來自同一個人或因素（Evers & Lakomski, 2000: 37, 39-40）。C. W. Evers 和 G. Lakomski 認為傳統教學之失敗，即是常未能嵌入（disembedding）情境或文化因素而造成，若真正需要培養一個在知識與技巧之精熟實際者，則必須如學徒制般，強調在實際的社群中不斷地從事實踐，以提供一個更易內化知識，或更易進行知識轉移的方式（Evers & Lakomski, 2000: 39）。

　　事實上，從物理—系統假設之語言象徵成功的掌握，其實也可以說明人類的認知是如何被分配或延伸到世界中的。依 P. M. Churchland 之說，語言會超越個體認知系統，使人類認知集體化成為可能。再加上有許多計算的工作對一個人的心靈來說是太複雜，沒有一個人能攜帶所有認知功能，因而大腦或心靈會將其放置在外在結構中，此時這些外在結構會透過相互的交互作用，反作用地重塑個體的認知。如語言的結構，也如政策和規則，將協助再塑造某些認知工作

進入格式化（formats）。另外，生活在民主社會和極權社會中之相關規則、結構、法律與社會情境，同樣也會反過來塑造公民的行為。而學校之組織也是成功地分配人類認知活動的一種組織。如 J. Lave 早期所說，心靈和世界是不能分割的，外在結構是人類心靈的延伸，而且是深深的嵌入每日生活當中，只是很少被明示而已（Evers & Lakomski, 2000: 52-53）。

　　總之，C. W. Evers 和 G. Lakomski 主張情境認知可促使研究者，能針對人與他人、物質結構系統之相互作用的理解，來理解人類的認知行為。因此，相較於一種有秩序之符號處理認知中，較能處理複雜的環境和工作。惟情境認知對人如何能如此作為，以及對於參與者真正完成工作的真實機制的因果說明，仍未加以說明，C. W. Evers 和 G. Lakomski 認為這必須從尋求物質心靈發展的協助（Evers & Lakomski, 2000: 38, 46-50）。

(三)物質心靈的認知──類神經網路

　　C. W. Evers 和 G. Lakomski 所謂物理心靈的認知科學，是一種從認知的神經生物學（cognitive neurobiology）觀點上出發，其企圖融合有關大腦神經知識，展開人類認知的另類說明。因其發展在功能性認知之後，故將其稱為新的認知科學（new cognitive science）。對此新認知科學的發展，C. W. Evers 和 G. Lakomski 存有很高的期望，他們認為在新認知科學中，同時強調語言與非語言兩種表達的方式中，不但能避免前述功能認知科學的不足，有效地融合功能論認知和情境認知（Evers & Lakomski, 2000: 38）。同時也希望能為實踐和理論知識提供一種共通的表徵性（representational）架構，進而回答人如何理解實踐知識？人如何理解價值知識？以進一步促使理論與實踐、事實與價值知識進一步融合（Evers & Lakomski, 2000: 3, 8）。更甚者，C. W. Evers 和 G. Lakomski 其實還延續當代美國哲學家 W. V. O. Quine 視「哲學與科學是連續」，「認識論是自然科學之一章」的

想法，認為透過自然科學，即新知科學的研究，將能解決哲學上的許多問題（陳波，1998: 1-8, 27-28）。而這即是他們稱之為「自然融貫論」、「新科學」、「後實證主義」，或是「科學自然主義」（scientific naturalism）的主要意圖。

此種物質心靈認知科學是屬一種較微觀的理論說明，C. W. Evers 和 G. Lakomski 以神經科學（neurosciences）及人類認知之類神經網路（neural networks）——神經資訊處理模式（models of neural information processing）為例來加以說明，其中又以工程學界之「倒傳法」（backpropagation）（註3），即回饋（feedback）之學習應用，作為人類進行學習、決定與說明時，人類神經處理資訊的主要關鍵（Evers & Lakomski, 2000: 15）。

類神經網路是採取比人工智慧系統更具腦特點的程序而加以設計。它是由許多具有神經元（neurons）特性的單元，彼此相互聯繫組成的集合，用以模擬神經系統中的部分行為（劉明勳譯，1997）。其中早期最典型的例子是由 C. R. Rosenberg 和 T. J. Sejnowski 於一九八七年所提供的著名演示「網路發音器」（NETtalk）（如圖6-3）。在網路發音器中，包括了三百零九個神經元，分成三階組成，包括：二百零三個輸入層（input layer）、八十個隱藏層（hidden layer）、與二十六個輸出層（output layer）三層。前一階中每個神經元與下一階每個神經元相連接，由此構成一組權重。當每次發音後，會由輸入層與隱藏層之權重，及隱藏層與輸出層之權重，決定輸出的結果。在隱藏層的運作稱之為「激活功能」（activation function），在

註3 「倒傳法」主要是 David Rumelhart 和 James McClelland 及「平行分散處理」（parallel distributed processing, PDP）小組編輯之《平行分散處理——認知微結構的探索》一書中所提，其詳細全名為「誤差倒傳算法」（back-propagating errors），或「倒傳算法」（backpropagation algorithm）。其對整個類神經網路發展有深遠影響（劉明勳譯，1997）。

標準類神經網路套裝軟體中，包括許多不同的激活功能。而這個輸出層的結果會與正確發音間組成一個回饋作用，「倒傳」給與這個神經網路，藉以調整各層間權重的值，以減少錯誤並養成正確發音。經過一段時間的回饋作用或稱為訓練後，將使得原先的噪音，轉而能說出具體的字，最後還能達到 95% 正確的演說（Evers & Lakomski, 1996a: 35; 2001: 16）。C. W. Evers 和 G. Lakomski 認為人的學習與決定，即彷彿是透過此種類神經網路中監督學習（註4）（supervised

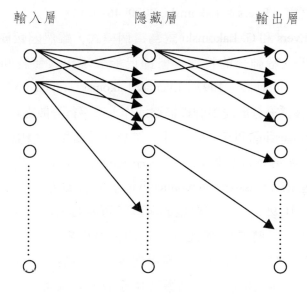

圖 6-3　三階層類神經網路設計圖

資料來源：Evers, C. W., & G. Lakomski, G. (2000). *Doing Educational Administration* (p.27). Oxford: Pergamon.

註 4　神經網路的學習有三種。一種是有教師的學習，即監督學習，從外部向網路提供關於網路執行狀況的指導訊號，這種規則有一個稱作δ律。此時需要供網路訓練用的輸入集合，稱之為訓練集，是網路訓練後可能遇到的輸入的合適樣本。當訓練集的一個訊號被輸入到網路中，網路中就會產生一個輸出，教師用訊號告訴每個輸出神經元它的誤差，此即δ。網路即是使用這個訊息計算調整權重以改進網路的性能。另一是無教師的，即非監督學習（unsupervised learning），這意味著沒有外界輸入的指導訊息，對於任何連接的改變只依網路內部的局部狀態來加以改變。第三種學習

learning）的過程，透過不斷回饋、校正來加以進行（Evers & Lakomski, 2000: 16）。

簡單地說，在類神經之連結（connectionism）中，資訊和知識是由結點（nodes）所組成之「激活型式」（pattern of activation）之權重加以主動的表現。學習代表系統中權重的改變，當資訊不再主動地使用時，即沒有激活型式的存在。因而在神經網路中不是由單一結點所構成的，而是隨著地方性結點的連結，將知識貯存在結點間權重的連結之中（Evers & Lakomski, 2000: 46-50）。

C. W. Evers 和 G. Lakomski 認為這個模式，雖然因較簡單而犧牲部分生物學上腦神經的特性，但卻已能表現出人類認知之典型特質。包括（劉明勳譯，1997；Evers & Lakomski, 1996a: 35）：

1.這個網路充分展現腦神經網路運作上「平行分散處理」（parallel distributed processing, PDP）的特性。這意味著當腦自環境接受到刺激時，並不是如傳統計算機以線性或序列的方式操作，而是以一種大規模相互連結（massive interconnectivity）並行的方式處理（Evers & Lakomski, 1991: 99）。一個典型的神經元可能有來自各處上百個乃至數萬的輸入，同時其軸突又有大量的投射而對其他神經元造成影響。此種高度非線性與複雜性的特性，使神經網路可彌補神經元行為的緩慢性，能在接收環境刺激時快速地全面處理。這使得人類心靈的研究，也不再僅從一對一外在可觀察的行為著手，而是可以任意地建構複雜的認知模式，特別是一種融合某些人類認知之因果模式說明（Evers & Lakomski, 2001: 503-504）。

2.由上述大腦「平行分散處理」的特性，類神經網路假定大腦是高度複雜資料的處理者，因而對於人在獲取知識和處理知識時，

稱之為競爭學習，在每次網路學習過程中，只調整與勝者密切相關的那些連接的權重調整（劉明勳譯，1997）。有時還有所謂混合式學習（hybrid learning）或聯想式學習（associate learning）。

不再是一字一字線性的認識，即不再以 P. M. Churchland 所說之「句子壓碎者」（a sentence-cruncher）的方法操作。而是由一個神經型式（neuronal pattern）中之處理系統（processing systems），或是由神經網（neural nets）之聯合（confederation）所進行的即時處理。從中意味著好的實踐者，不一定只靠正確地口語或象徵符號說明而來，而常是需要另一種更直覺或非象徵地感受。亦即，語言其實並不是知識獲得或處理的主要媒介，而應強調安置在一個神經網路之權重和幾何學之中（Evers & Lakomski, 1996a: 127; 2000: 17）。

　　3.由於類神經網路中，常會發生神經元失去之故障弱化（degrade gracefully）現象，以至於神經元沿軸突發送腦沖的模式，不一定攜帶完全正確的訊息。因而，C. W. Evers 和 G. Lakomski 強調人類的認知功能中是具有易錯（fallibility）的特性，在類神經系統中的認知是需要不斷修正與學習的。由此推之，任何一種知識都將只是暫時性，所希望追求的理論不應是一種巨大理論或普遍性理論（Evers & Lakomski, 1994: 261）。任何一個理論，在不斷受到異例的鼓舞中，只要能提出更融合的現象，知識即可被修正與成長，而這也是個體或組織學習的主要動力。如在社會科學中，雖有許多共通的信念—欲望（commonsense belief-desire）或常民心理學（folk-psychology），能說明大部分組織生活和複雜社會世界的發生，但卻未能包括一些異例，因而常有新的成長。只不過關於社會關係的說明，是無法完全與因果說明分離，其中又以壓縮的運演算法則最終必須說明所有非隨機的資料（Evers & Lakomski, 2001: 506-507; 1996a: 135-136）。C. W. Evers 和 G. Lakomski 一再強調教育行政理論，或是其「融貫論」的認識論，必須彌補傳統實證論對人類學習說明的忽視，而從類神經網路之認知科學中，所提自然動態的認知模式，正可以提供這方面的補充說明（Evers & Lakomski, 1996a: xv）。

第四節　C. W. Evers 和 G. Lakomski 對「理論」意義之分析

　　緊接著上述「自然融貫論」知識論的討論，C. W. Evers 和 G. Lakomski 對於「理論」有更進一步的說明。其除了認為理論如壓縮運演算法則（compression algorithm），是一種說明的典型（representing patterns）外，也再次闡釋「總體理論」觀點中，有關事實與價值、理論與實踐融合的問題，這些觀點均明顯地與實證主義、主觀主義之理論主張有明顯地差異。

一、理論如一個壓縮運演算法則，是一種說明的典型

　　同樣是基於反實證科學的立場，C. W. Evers 和 G. Lakomski（1996a: 134, 136）反對理論是在追求真理或是法則，也反對理論乃在尋求階層的建立，更反對僅以象徵符號作為理論探索的唯一媒介。他認為傳統自然科學對普遍法則的掌握雖然值得讚賞，而象徵理論結合密集經驗象徵的表達，超越個人經驗，也能對行政者的訓練提供適當的導引（Evers & Lakomski, 1996a: 140）。但在社會科學中，因為對外在環境有較多情境依賴，同時也常有許多附加的信念、期望等主觀心理結構，再加上前述人類知識易錯的特性，也致使人們必須常常處理不斷顯現之異例。故實在無法採用象徵和線性的處理過程，以獲得如物理學般之通則及階層理論，而是應強調一種整體、網路和事件的方式來加以表現（Evers & Lakomski, 1996a: 99-100）。然而，這也不是意味著社會生活即是完全隨機的，理論上，還是包括足夠

的規則得以對人的行為有所期待，人的生活不可能沒有規則的導引，而社會關係也無法完全與因果說明分離。C. W. Evers 和 G. Lakomski（1996a: 135-136; 2001: 506-507）認為傳統中之常民理論或共通性之信念與欲望即常可協助人們得到穩定與規定的解釋，只不過在常民理論中還是未能充分考慮可能存在之異例，以及從異例中可能帶來理論之成長，因而必須尋求另一種理論的說明。

　　C. W. Evers 和 G. Lakomski 認為從 G. J. Chaitin 之「演算法則資訊理論」（algorithmic information theory）中，可以用來深入說明理論的特性。依 G. J. Chaitin 之說，認為所謂隨機或任意行為（radomness）的定義為：假如某連續數列之二進位數字（bits or binary digits）的最小算術模式，等同於其原先數字之二進位數列；即某連續數列若無法被壓縮成為一個包含較少二進位數字的表達，即是隨機的或任意行為。反之，任何一個連續數列若能被壓縮成為一個包含較少二進位數字的表達，不但不是隨意行為，同時還代表其能找出一種典型（pattern）。如 010101010101010101010101010101010101，可被壓縮成為十七個 01 的重複；學生在教室任何不規則的行為，也能被壓縮成「欲求吸引他人注意」之行為。由於此壓縮後二進位數字所描述的現象，在社會環境中具有相當的共同性，將可使人類行為說明以較經濟的方式加以處理（Evers & Lakomski, 1994: 266-267; 2001: 505）。

　　因此，C. W. Evers 和 G. Lakomski（1996a: 134; 2000: 27）主張，在恒常性通則與隨機的兩極端中間，還存在著許多不同層次壓縮運演算法則（compression algorithm），分別代表不同的典型處理（pattern processing）。而這不同的處理典型，通常表現在類神經網路中之隱藏層中（Evers & Lakomski, 1996a: 99-100），人們依賴此種壓縮的運算法則，可對諸多現象進行說明與預測。惟這種理論的典型絕非如法則般之階層理論，強調一種巨大與普遍預測的功能，C. W. Evers 和 G. Lakomski（1994: 267-268）認為此種典型理論，通常僅是一種中型（middle-level）通則與地方性（local）的理論。人們僅能對那些能

適用於本模式的資料加以解釋，而對那些例外的現象則視為特殊，
且採用不同的理論與模式來加以說明。若是希望理論能融入更多的
異例，以達到全面性或理解性的目的，那麼則需要考慮更多紛雜的
情形，形成一種更為複雜的典型。只不過這種典型絕不會形成一組
結構化的普遍通則，它不但是易錯的，同時也需要不斷的學習與成
長的。

二、總體理論的再闡釋——事實與價值的融合

從這種「典型處理」的理論定義，理論的內涵不僅不局限在外
在行為觀察與經驗，也不是僅重象徵或語言的掌控，而是同時包括
個體內外在特質、象徵與非象徵符號、語句和非語句的表徵，從而
形成一種總體的理論。傳統計算機擅長解決大規模數字處理，僅能
進行嚴格的邏輯推理是有所不足的，而 C. W. Evers 和 G. Lakomski 認
為類神經網路實則比計算機更容易觀察物體並理解意義（Evers &
Lakomski, 1996a: xvi-xvii; 2000: 17）。C. W. Evers 和 G. Lakomski 認為這
種奠基在新認知科學的研究，可以任意建構複雜的認知模式，特別
是一種融合某些人類認知的因果模式，不但如前述能融合社會科學
與自然科學，而且還可提供人類的意向、價值、情感和信念等主觀
性說明的基礎（Evers & Lakomski, 1994: 268; 1996a: 37）。這就如同他
們一再強調觀察事實通常是「理論承載」（theory-laden），那麼也
必定是「價值承載」（value-laden）一般。依此，C. W. Evers 和 G.
Lakomski 反對 C. Hodgkinsom 自然謬誤之說，也反對價值完全從自然
世界分離的主張，而是主張倫理的自然主義（ethical naturalism），強
調價值為一種自然學習能力與技巧，能由認知的過程中加以學習。
人能如同一般學習一樣，從不正當學習到正當，從錯誤中學習到對
的，從「壞」學習到「好」。因而也無所謂特殊道德之本體存在，
也沒有那些特殊的能力能加以辨識（Evers & Lakomski, 1996a: 151;

2001: 503-504）。

　　在實證傳統中，常因過分重視事實的檢證與可測式性，而忽略了其中價值因素的探討。C. W. Evers 和 G. Lakomski（2001: 503-504）認為從「融貫論」強調理念的統一，所有知識均服從同一種廣泛的證成模式中。因而教育行政中主觀與客觀、價值與事實的二分皆將由於人類類神網路認知科學的研究而獲得解決（Evers & Lakomski, 1996a: viii-ix）。任何價值之宣稱不但能出現在經壓縮資料之系統的陳述之中，同時它還是整個廣大、融合與全球化的理論中之一部分（Evers & Lakomski, 1994: 268）。人類透過知識的成長與學習，將轉而更重視教育理論中教育目的、人類本質等價值領域的知識，以產生更整體和融貫的教育行政理論。

三、理論與實踐的結合

　　一般傳統說法，認為一個好的理論常會超越實踐者經驗之所得，引導實踐者預見可能的問題，並具體從事實踐。然基於傳統理論知識常建立在心靈象徵或語句的系統闡釋，如此理論不但難以完全掌握具體實踐經驗，同時將其應用在實際情況中，也未能注意情境的不確定和獨特性，因而與實踐知識有所分離。C. W. Evers 和 G. Lakomski 認為這種現象在教育行政界尤其明顯，教育行政界與物理現象不同，不論是領導或是決定，都必須強調在真實情境運作與學習，如此一來，傳統僅由象徵或語句型式的理論公式，當然無法對實踐知識有確切的引導（Evers & Lakomski, 1996a: 109; 2000: 18）。因而常造成理論與實踐知識分割的困境，影響所及還包括心靈／大腦、心理（mental）／手工（manual）、理性（reason）／理由（cause）、知道它（knowing that）／知道如何（knowing how）、命題（propositions）／技巧（skills）常被二分的問題（Evers & Lakomski, 1996a: 34; 2001: 507）。

　　站在「自然融貫論」認知自然化的立場，C. W. Evers和G. Lakomski
同樣是主張理論的知識必會與實踐的知識相融合，而這種融合工作
的可能，同樣還是從類神經網路中人類認知細密紋理的說明來進行
（Lakomski & Evers, 2001: 443）。他們認為從人類神經認知之經驗中
吸取典型說明（pattern representation），形成一種壓縮的運算法則，
不但同時可以涵括象徵與語句的結構，同時更能充分考慮非象徵或
非語句的規則內涵，表現出許多日常行政之決定過程。同時在許多
異例的挑戰中，透過前饋（feedforward）與回饋（feedback）的學習，
將促使理論對實踐有更直接的包涵，而不是與實踐分離（Evers &
Lakomski, 1996a: 10-12, 129; 2001: 507-508）。若是宣稱理論與實踐分
離，其實僅代表需要更進一步的學習而非兩者真正的分離（Evers &
Lakomski, 1996a: 37）。而這也就是T. H. Maddock（1996a: 215-237）稱
此「自然融貫論」為「物質實用主義」（materialist pragmatism）的原
因。

　　另外，從人工神經網路（artificial neural network）非監督學習模
式來說，強調這種學習不需要任何先前存在的公式，來表達這個典
型，對於人類理論與實踐融合之說明，也有實質的助益（Evers &
Lakomski, 1996a: 137）。非監督學習對於一些資料的輸入，沒有設定
標準答案，而僅由神經網路中學習資料內部的群聚規則，產生出關
聯性，以辨識資料中的新模式。如Smolensky（1986）發展的「調和
網路」（harmony nets），即是以此嘗試去發現群體（cluster）中最佳
的資料假設和關係。行政者在每天實際生活中，經常面對證據間衝
突的詮釋，及可能行動之競爭，從而例行性地做真正的決定，C. W.
Evers 和 G. Lakomski 認為調和網路能提供如此多樣限制之判斷的心
理學說明（Evers & Lakomski, 2001: 50）。

四、「自然融貫論」與實證主義、主觀主義間「理論」差異之比較

綜合上述的討論，很顯然地發現「自然融貫論」企圖解決教育行政理論中許多紛亂的現象，其討論範圍不但廣泛而且深入，也因為如此其對「理論」諸多相關的說明，均與傳統實證科學，甚至是主觀主義有所不同。以下即依不同的主題，將實證主義、主觀主義與「自然融貫論」有關理論之相關主張加以比較分析（參見表6-1）。

就哲學的基本立場，實證主義強調一種自然系統，認為世界或組織均是客觀存在，是可以被客觀認知，而認知是建立在經驗觀察的「基礎論」上；主觀主義認為社會或組織是人類的創作，人們常用不同的方式來詮釋社會或組織，其中人類主觀性是人類認知的基礎；「自然融貫論」強調世界之存在是因為它是最融合的現象說明，特別是採用新認知科學及「融貫論」為其認識論的主張。而在社會研究中，實證主義視其基本單位為社會或組織之集體，強調社會是有秩序的，主要由一組統合的價值體系所管制；主觀主義以個人單獨行動或組織行動為社會基本單位，認為社會或組織基本上是衝突的，必須以組織的領導者來統領；「自然融貫論」強調個人的認知為社會研究的基本單位，其中必須包括個人對他人、群體和自然世界的回應，而社會終將可以一種典型的（patterned）方式加以表現。而在理論及研究方法上，實證主義強調社會科學之任務即在於發現人類與社會的普遍法則，以建立一種能預測與控制的大型理論，其研究過程中強調數學等抽象概念、名詞的操作型定義、實驗或準實驗的研究方法、語言符號的使用，同時並主張事實與價值二分的立場；主觀主義認為理論為人類使其世界和行動有意義之整組內容，社會科學的研究即在發現並解釋這些意義關係的解釋，研究方法主要強調意義的詮釋，特別是強調語言、象徵、價值的分析，其中事

表 6-1　實證主義、主觀主義及「自然融貫論」理論之差異比較

	實證主義	T. B. Greenfield 的主觀主義	C. W. Evers 和 G. La-komski 自然融貫論
社會實在基本立場	自然系統（natural system）	人類創作（human invention）	自然融貫
哲學的基礎	1. 實在主義：認為世界是存在的，而且可以被客觀認知。組織是擁有它們自己生命的實在。 2. 以實證主義自然科學為基礎。 3. 持「基礎論」的知識論立場。	1. 主觀主義：世界是存在的，但不同人常以不同的方式來詮釋它。組織是被發明的社會實在。 2. 反對自然科學，並以韋伯理解的觀點為基礎。 3. 持「基礎論」的知識論立場。	1. 自然主義：自然世界之能存在，因為它對現象的說明是最好、最融合的。組織是人類團體的真正模式。 2. 以新認知科學——類神經網路為基礎。 3. 持「融貫論」的知識論立場。
社會實在的基本單元	集體（collectivity）：社會或組織。	個人單獨或一起行動。	個人對他人或群體和自然世界的回應。
社會	是有秩序的，主要由一組統合的價值體系所管制，而且只有藉著這價值體系，才能建立。	衝突的：由擁有權力的人之價值所治理。	典型的：受到各種因果描述資料，壓縮成的運算法則。
理論	由科學家建立原理原則，以便解釋人類行為的理性建構。企圖尋求一種巨大的理論。	人類為了使其世界與行動具有意義所使用的整組意義。	指關於世界最融合的典型處理主張。為一種信念的網絡，且具有整體與系統觀，強調一種總體理論。且具有一種易錯的可能。

（下頁續）

（續上頁）

社會科學的角色	發現社會及其人類行為的普遍法則。	發現不同的人們如何解釋人類生存的世界。	以經驗發現適當的壓縮運算法則，以掌握複雜的社會生活規則。
研究	實驗或準實驗的（quasiexperimental）理論驗證。	為行動尋求有意義的關係，以及發現這些關係的結果。	發現世界非隨機的特性，以建立典型的說明及壓縮的運算法則。
理解的方法	確認允許這集體存在的關係與條件，並對於這些關係與條件加以理解。	個人賦與他們行動的主觀意義之詮釋。	探究表達的網絡，以適合個人的行為，並為自己的行為理論加以說明。
方法論	1. 實在的抽象概念，尤其是經由數學模式或量化分析的概念。強調理論名詞的操作型定義。 2. 強調理論中立，將事實與價值二分，以事實為研究對象。 3. 重象徵或語言符號的分析。	1. 為了比較目的而進行的實在呈現；強調語言與意義的分析。 2. 強調理解負載，事實與價值二分，著重價值分析。 3. 重象徵或語言符號的分析。	1. 全面的技術以設立存在的模型。強調理論名詞意義源自在理論中之概念角色，及在理論中與其他名詞間的關係。 2. 事實與價值融合之分析。 3. 重象徵與非象徵符號之分析。

資料來源：Evers, C. W., & Lakomski, G. (1996a). *Exploring Educational Administration: Coherentist Applications and Critical Debates* (p.139-140). Oxford: Pergamon.

實與價值還是傾向二分的；「自然融貫論」視理論為壓縮的運演算法則，也是一種說明的典型，其是具有整體和系統的特性，而且在理論彼此間會形成一種總體理論，與信念的網絡，其研究過程中，強調事實／價值、理論／實踐的融合，也重視理論名詞之意義源自理論中之概念角色。

第五節　C. W. Evers 和 G. Lakomski 之組織理論

從上述的探討中，不論是「融貫論」或人類類神經網路的說明，C. W. Evers 和 G. Lakomski 均強調任何知識的獲得總可能是錯的，人類認知總是有易錯的特質。由此來探討組織的組成，首先；他們認為諸如傳統中央集權式組織，或是科層體制的組織主張，皆為不當的組織設計。而所謂參與式決定（participative decision-making）的考慮，也必須以組織與個體不斷學習為前提才是理想的（Evers & Lakomski, 1996a: 58-59）。另外，從組織與環境關係來論，「自然融貫論」反對封閉系統的主張，因為一方面它未能掌握情境認知的特質，同時在僅存的單一回饋路徑，更明顯地限制了組織學習的可能。至於開放系統雖較能掌握組織發展與學習的功能，但他們從開放系統隱喻中對通則建立的強調，也認為有部分問題值得討論（Evers & Lakomski, 1996a: 42, 49, 64）。由此，C. W. Evers 和 G. Lakomski 強調組織在消極面應該強調分權設計，其中決定應該採漸進式的，而若希望採積極的作為時組織應該著重學習的。

一、消極的作法——組織分權與決策漸進的設計

C. W. Evers 和 G. Lakomski 認為社會系統行為常是複雜、吵鬧且混沌的，這導致在階層組織中，也常會發生許多錯誤。這包括最簡單性質的計算錯誤，以至於到愈趨複雜之人類知識限制造成的錯誤，和人類判斷的錯誤等。其中，人類知識限制的錯誤，主要因真實世界過分複雜，而人的認知不但有限，又容易有錯所造成的錯誤；至於判斷的錯誤是一種涉及價值與廣大目標的錯誤。C. W. Evers

和 G. Lakomski 認為上述現象，無疑將會使組織理論，對社會解釋有
原則上的限制（Evers & Lakomski, 1996b: 394）。為了防止上述錯誤
所造成的後果，C. W. Evers 和 G. Lakomski 認為第一種消極的作法，
是仿造人類大腦之「平行分散處理」原則，建立一種多餘功能
（redundancy of function）組織設計，即將組織結構功能進行水平的
延伸，使組織中即使有部分功能退化，組織也能長期維持，同時也
能對組織任何錯誤，進行簡單的組織防護。事實上，這也正如 C. W.
Evers 和 G. Lakomski 在情境認知論中，他們強調人類心靈具有分散
認知的特性，組織社群中知識和專門技術並非都集中在某一個專家
身上，而認知的對象也不是來自同一個人或因素，故需要有一種水
平功能的延伸。

　　由此推衍，這種多餘功能的組織設計，自然而然在組織設計應
著重較少階層，比較分權的設計，透過分權的組織，才能防止組織
權力過分集中時，其發生錯誤所帶來的損失（Evers & Lakomski, 1996a:
81-82; 2001: 510）。其次，是採用 C. E. Lindblom 之漸進模式
（incremental model）作為組織決策的依據。因為組織決策的重點在
於減低錯誤，因而他們主張從有限的方案中進行比較，而從中採取
較好方案的作法（Evers & Lakomski, 1996a: 59-61）。

二、積極的作法——組織學習

　　上述組織分權與決策漸進的設計，雖能減低組織錯誤所帶來的
傷害，然卻不能完全避免錯誤的發生。C. W. Evers 和 G. Lakomski 認
為其實更積極的作法，不是強調錯誤的預防，而應該是擴大學習的
可能。意即強調在組織執行決定前，以組織的學習來促進組織對目
的與方法知識的認識（Evers & Lakomski, 1996a: 10-12）。因而個人是
必須不斷的學習與認知的，而組織也應該不斷的成長。組織不但需
從先前錯誤認知中進行學習，以成為一個有效率的決定者；同時也

需對高層次之組織目標與價值進行反省，從而建立一個「實踐之組織學習模式」（an organization learning model of practice）（Evers & Lakomski, 1991: 1; 1996a: 59-61）。

有關組織學習的方式，C. W. Evers 和 G. Lakomski 主要是從控制理論（control theory）和 C. Argysis 對組織學習類別的說明進行討論。控制理論設計之原理，強調透過回饋的使用來調節系統的運作，其實這就如同前述類神經網路中有關前饋或倒傳的原理一樣。C. W. Evers 和 G. Lakomski 將其運用到組織情境中，認為使用錯誤回饋迴路（error feedback loops）的設計，能促使知識的成長和組織的決定。在這種組織回饋迴路的設計中，最簡單是如 C. Argyris 所討論之「單層的學習」（single-loop learning）與「雙層的學習」（double-loop learning）系統的設計。在單層的學習系統中，主要透過決定和決定實施結果的差距，作出一種錯誤的檢出（error detection），依此再對決定進行回饋。C. W. Evers 和 G. Lakomski 認為在單層的學習中，組織成就的規範保持不變，回饋的路線主要在修正組織策略與組織行動結果間的差異。然因為這種設計強調維持現狀，不對現在的目標進行調整，不對內外在環境的狀況進行積極的回應，因而其能進行的修正其實是很有限的。其次，在雙層學習系統中，因為它除了前述的回饋，還包括從過去成功與失敗記憶中，對原先影響決定的目標／價值／資訊的回饋。因學校其實是常處在一個不斷變遷的環境，有時組織的目標或規則也必須不斷的調整，此時這種學習會要求一個新的組織地圖，並進而要求實踐過程的改變，這即是一種雙層的學習系統。C. W. Evers 和 G. Lakomski 之「自然融貫論」極力主張價值是不可忽略的，再加上價值本身同樣是有可能錯的，因而雙層學習系統，容取對組織規範進行調整，被認為是非常適合組織學習的機制（Evers & Lakomski, 1996a: 63-65, 82-84）。

至於如何促進組織進行雙層學習系統的進行，C. W. Evers 和 G. Lakomski 再回到前述組織分權與決策漸進的策略上，他們認為若組

織能將複雜工作分化為許多部分的專門工作，同時在決策時能採取
漸進的方式進行，如此將較易進行所謂雙層學習系統的回饋與學習
（Evers & G. Lakomski, 1996a: 61-65）。

第六節　C. W. Evers 和 G. Lakomski 之領導理論

　　延續上述組織易錯及組織學習的觀點，C. W. Evers 和 G. Lakomski
也認為當前教育文獻有關領導的討論，也是不恰當的。他們除從反
對領導為單一控制來源，轉而強調一種分權或分散式的領導外，對
於領導者之訓練，以及領導者如何不斷進行學習，也提出相關的看
法。

一、領導非單一控制來源

　　C. W. Evers 和 G. Lakomski 認為一般領導被認為是一個自然現象，
只要有群體的存在，彷彿就會有領導的產生。特別是在群體中，領
導常扮演著控制或使事情發生的單一來源，強調若組織有適當的領
導，則會使組織發展得很好，反之則有可能產生徹底的拒絕或不信
任。歷年來領導的研究即根據這樣的想法，試圖找出選擇最適合的
領導者。從最早期的特質論、行為論與權變理論，而今最為顯著的
為轉型（transformational）與交易（transactional）領導相對立的提出，
其基本立場均是如此（Evers & Lakomski, 2001: 510-513）。特別是大
多數的研究還是集中在假設－演譯的知識結構中，過分依賴量化或
問卷的方法來進行，更需要加以批判（Evers & Lakomski, 1996a: 76）。
　　基本上，C. W. Evers 和 G. Lakomski 認為群體的活動，並不一定
會自然產生領導者，同時領導更非單一控制的來源。這就如鳥群群

飛般，其實並沒有一種領導的行為，而應該是鳥群間一種自我組織的行為，鳥與鳥之間會因為接近而發出訊號彼此影響，產生一種同等（coordinated）的飛行類型。另外從交通的擁擠現象來看，似乎也沒有一種領導的行為，反倒是塞入車陣中的個體，均與交通擁塞所呈現的現象相反，均希望儘早脫離車陣，因此集體結構的表現實與個體元素的行為不同（Evers & Lakomski, 2001: 510-513）。也因此當前教育文獻對領導的討論，常無助於學校面臨的挑戰（Evers & Lakomski, 1996a: 71）。

二、分權或分散式的領導

之所以會產生如此誤解的原因，C. W. Evers 和 G. Lakomski 還是將其歸咎在認知象徵處理的發展上。他們認為就是因為在認知觀點中，存在著象徵控制的觀點，因而導致上述各式偏失的理論。從前述情境認知理論的提出，以及類神經網路平行分散處理原則的精神中，C. W. Evers 和 G. Lakomski 認為領導應該較具彈性化與分散意義的。意即社群中知識和專門技術並非都集中在某一個專家身上，而個體認知與學習的對象也不是來自同一個人或因素，因而領導應該朝向一種分權領導（decentring leadership），或分散式的領導（distributed leadership）。整個領導工作應該如工作群體的分散般（dispersed），分布在整個組織，而非僅是發生在組織的頂端。這種分散或分權式的領導，在 C. W. Evers 和 G. Lakomski 眼中與轉型領導中之授權（empower）有所不同，因為授權仍重視由單一影響來源的授與，整個組織是傾向由領導者之個人魅力為主，藉由象徵引發部屬的情感，進而刺激部屬的智力以進行更深入的思慮，並增加個體及集體問題解決能力（Evers & Lakomski, 1996a: 73-74）。而分權其實正如 C. C. Manz 和 H. P. Sims（1991），H. P. Sims 和 Lorenzi（1992），H. P. Sims 和 Larenzi 等人強調領導者應促使部屬均成為自我領導者

（self-leaders），而無視其在組織中的階層地位（Evers & Lakomski, 2001: 510-513）。如此才不會使組織傾向某種特定解釋或理論，反對相反的意見而抗拒改變，同時也才會增加組織學習能力（Evers & Lakomski, 2001: 508）。從這樣的說明中，他們再一次反駁傳統組織階層化的需求，而承認組織是複雜的，是許多具體化心靈、人工製品及過程相互連接的集合體，以此才能適應當前快速變遷的社會與自然環境（Evers & Lakomski, 2001: 504-505）。

　　針對 C. W. Evers 和 G. Lakomski 所提之分權式的領導，反對者認為這幾乎已經放棄領導的存在。對此，C. W. Evers 和 G. Lakomski 認為即使是分權式的領導，領導不再扮演單一影響或控制的來源，但領導還是有存在的必要，因為它是在文化和情境因素中拒絕不當的問題，導向正確問題結構的主要人物。只不過不能因此就抹滅其他組織成員在組織活動中領導的扮演，因而維持領導和部屬間知識分配的階層觀念，強調應依領導者之願景而行是不當的（Evers & Lakomski, 2001: 510-513）。

三、領導者後天不斷學習的必要性

　　同樣是基於前述認知的易錯性，C. W. Evers 和 G. Lakomski 在此還必須強調任何可能存在的領導者，並不是天生的而是後天學習的，人必須學習才能變成領導者（Evers & Lakomaki, 1994: 268）。近年來轉型領導者強調領導者之魅力（charisma）與洞見（vision），企圖從中促發教師的潛力。C. W. Evers 和 G. Lakomski（1996a: 71）認為這明顯即是一種偉人論（great man theory）的說法，強調依人格的領導，特別是位處在組織階層中最高位置者人格的地位。C. W. Evers 和 G. Lakomski 認為這不但模糊了領導研究的焦點，同時還忽視組織從錯誤中回饋學習的可能。他們認為領導如大眾一般也是會有錯的，其願景沒有特權也是會有錯誤的。因而真正領導者應該放棄表

面似為合理的知識，而強調領導者應該涉及不斷學習的成長與批判探究（Evers & Lakomski, 2001: 510-513）。此即 C. W. Evers 和 G. Lakomski（1996b: 395）所謂之領導的教育模式（educative model of leadership）。同時這種知識的成長，也不應建立在認知的象徵處理上，或是被壓縮成象徵型式的表現方式，而是應從大腦有關人類學習之神經─科學模式（neuro-scientific model）著手，從中去發現能融合實踐經驗之最佳典型（good pattern）認知的因果說明（Evers & Lakom ski, 1996a: xv-xvi, 81-82）。

四、領導者的訓練

為達成上述領導者的表現，相關的訓練該如何進行？又該如何去避免傳統培育領導者時，有關理論學習與實際踐履間之落差？基本上，C. W. Evers 和 G. Lakomski 從其「自然融貫論」之理論定義來說明這問題。他們認為理論不是階層性法則的建立，而是一種說明的典型（representing patterns），這種意識者由神經元間之權重或連結力量（connection strength）所組成，提供一種獨特的典型，將會啟動人類真正的認識與知識。特別是從人類此種典型之認識者概念著手，他們認為不但能整合象徵與非象徵知識，同時如前述也能整合理論與實踐、事實與價值的問題。

依此定義，C. W. Evers 和 G. Lakomksi 強調領導者的訓練是必須建立在一種理論與實踐、象徵與非象徵知識結合的理論之中。這種理論絕不是如當前，以大學為基礎所進行之一種抽象與命題式知識的講授，因為其明顯地與實踐、情境或無言的知識分離。真正領導者的訓練是需要著重在情境中踐履，或強調主觀領域的學習的（Evers & Lakomski, 2001: 514-517）。但另一方面，領導者的訓練也絕不僅是一種過分強調情境依賴的學習，因為有時理論象徵系統成功的掌握，更是人類認知集體化，使其更進一步被共用與分散發展的原

因。在面臨外在環境極端複雜又多變，而人類所擁有的資訊和時間又不足的情形下，雖然象徵系統的知識大大地與現在情境分離，但因為它包含其他壓縮在象徵型式的經驗，從而能改變個體腦神經之學習典型及相關權重，因而更能使人超越當前的視野（Evers & Lakomski, 1996a: 37; 2001: 514-517）。依此，C. W. Evers 和 G. Lakomski 認為領導者的訓練在此種較具有包含性（inclusive）和整體之人類知識觀點，不必再堅持理論與實踐知識的區分。

　　上述的建議對領導者訓練課程之結構和發展有一些建議。從易錯的主張中，C. W. Evers 和 G. Lakomski 鼓勵實驗研究，同時強調在適當情境中進行行政的學習。其次，訓練領導者為一個研究者也是一種選擇，從中去掌握象徵與非象徵的知識。另外，從分配到不同於自身的環境中，尋求對問題的解決，從中尋求將自身的技巧及文字的知識，運用到問題解決上，也是具體可行（Evers & Lakomski, 2001: 517）。

第七節　C. W. Evers 和 G. Lakomski 自然融貫論教育行政理論之評析

　　整體而言，C. W. Evers 和 Lakomski「自然融貫論」之教育行政理論，以新認知科學為基礎，「融貫論」的知識論為立場，不但試圖為教育行政建立紮實的理論系統，同時希望能綜合教育行政中眾多不同的觀點，解決在教育行政理論發展過程中，有關理論與實踐、事實與價值、個殊與律則二分等長久以來的問題（Maddock, 1996: 216）。也因此在前言處，曾提及他們是當今教育行政領域中最具企圖心的學者之一。這樣的努力，其實是受到眾多教育行政學者的肯定，如 P. Gronn 和 P. Ribbins（1996: 176）認為其著作是教育行政的重

要著作；D. J. Willower（1996: 166）強調其著作是奉獻教育行政哲學
工作中最有力與最廣泛的作品，同時是在非實證主義、非主觀主
義、非馬克思主義外，教育行政理論中的一項珍品（gems）；而 C.
Hodgkinson（1996b: 199）則稱 C. W. Evers 和 G. Lakomski 不但提供教
育行政哲學最基本的教材，對當代教育行政研究之方法論及認識論
也有很大的貢獻，同時兩者嚴格的學術品質及努力精神，也獲得許
多教育行政者的回響，如 P. A. Duignan 和 R. J. S. Macpherson 等學者，
即曾在《實際的行政者》（*Practising Administrator*）中運用上述的理
念，公布了一系列實際應用的相關文章（Maddock, 1996: 216）。

　　惟這樣的設計是否達成，在一九九三年《教育管理與行政》
（*Educational Management and Administration*）二十一卷三期中，包括
R. J. Bates、C. Hodgkinson、P. Gronn 和 P. Ribbins、M. Barlosky、T.
Maddock 等人曾分別從不同的立場，對「自然融貫論」的教育行政
理論提出批判與討論。討論的焦點，除回應 C. Evers 和 G. Lakosmki
對個別學說討論外（註 5），主要以「自然融貫論」基本主張的批判
為主，其中還涉及事實與價值、理論與實踐、個殊與律則，以及教
育行政中教育之主體性問題等。

註 5　P. Gronn 和 P. Ribbins（1993: 181-187）曾在一九九三年代替 T. B. Greenfield 回應 C. W.
　　　Evers 和 G. Lakomski 的批判。他們強調 C. W. Evers 和 G. Lakomski 並未廣泛涉略 T. B.
　　　Greenfield 近二十年的作品，而僅在認識論及證成結構上，對主觀主義及其造成之不
　　　可共量性（incommensurable）之現象進行闡釋。因而，對於 T. B. Greenfield 理論中三
　　　項主要的論點，明顯有所忽視：(1)有關價值問題的討論；(2)是組織為非自然，而是
　　　社會建構的實在，是一種道德秩序的說明；(3)組織充滿價值，故行政者角色是一個
　　　價值企業，為他人建構社會世界。至於 R. J. Bates（1996: 190-191, 196）則認為 C. W.
　　　Evers 和 G. Lakomski 在討論其批判理論之教育行政時，除稍觸及 W. P. Foster 之批判理
　　　論外，事實上並未論及他的主要論點，這包括他們對新教育社會學的理論的忽視，
　　　以及他與哈伯瑪斯之《知識與人類興趣》（*Knowledge and Human Interests*, 1972）與
　　　《合法性危機》（*Legitimation Crisis*, 1975）兩本書思想間傳承的錯誤說明。

一、「自然融貫論」基本主張之質疑

綜合前述各家對 C. W. Evers 和 G. Lakomski 之「自然融貫論」，共有三個主要的批判：

(一)以認識論建立教育行政理論的批判

面對 C. W. Evers 和 G. Lakomski 從認識論的角度來建立自然融貫的教育行政理論，一般學者認為最主要的問題在於其僅希望以認識論，為教育行政建立全面性及系統的說明是有所不足的。因而導致學者曾分別從誇大哲學認識論重要性、及忽視社會環境兩方面加以批判。

首先，D. J. Willower（1996: 170-173）認為 C. W. Evers 和 G. Lakomski 以認識論來處理教育行政之理論問題，明顯有過分誇大哲學的重要性。D. J. Willower（1988: 730-747）雖然在《教育行政研究手冊》第一版中，將「朝向哲學，特別是認識論的哲學理論」，視為當前教育行政研究的六大趨勢一，同時也曾主張惟有透過哲學中認識論的探討，才足以阻擋錯誤之認識論主張。但他認為若拿哲學與社會科學相比，隨著時代發展所顯示之哲學的不適當性，他強調還是社會科學較之於哲學重要。社會科學能在動機、領導與行政研究等，提供教育行政較堅固的基石。因而他認為 C. W. Evers 和 G. Lakomski 以認識論的觀點為主軸來討論教育行政理論，明顯有誇大哲學的重要性（Willower, 1996: 170-173）。而 C. Hodgkinson（1996b: 199-200）則認為 C. W. Evers 和 G. Lakomski 教育行政理論的討論，認識論重於價值論，關心真理重於善。然因實踐者大多關於善惡、對錯，因此對於行政實踐者的貢獻成反比例。

另外，R. J. Bates 和 D. J. Willower 兩人也認為 C. W. Evers 和 G. Lakomski 僅從認識論來討論教育行政問題，明顯地忽視社會環境及

社會科學情境變化對教育行政理論的影響。如 R. J. Bates（1996: 192-193）認為 C. W. Evers 和 G. Lakomski 錯誤地將原先社會情境下的主張，單獨以認識論的角度來處理。至於 D. J. Willower（1996: 169-170）則認為一個理論的發展，常與當時之社會政治環境及社會科學情境的變化有所關連，教育行政理論的發展亦同。如在一九六〇年代因社會對社會制度存在一股不信任，特別是大學生及教師常因此而對政府、企業、社會與經濟有所攻擊，由此才促成主觀主義和新馬克思主義的發展，甚至扮演支配者角色。惟如此重要理論發展根源的探索，D. J. Willower 認為 C. W. Evers 和 G. Lakomski 顯然並沒有加以注意，而只過分依賴少數幾位教育行政學者的觀點，即予以進行分析。事實上，C. W. Evers 和 G. Lakomski（1996a: 211）在後來的回應中，曾贊同 D. J. Willower 的說法，所以在其二〇〇〇年著作中加入「情境認知」一章節，用以突顯社會環境在理論發展之重要性。

著實，如 P. Gronn 和 P. Ribbins（1993: 187）所說，C. W. Evers 和 G. Lakomski 僅從認識論及知識理論來處理教育行政是不完全的。雖然這是有其價值，但這常僅是使用自己的語詞，僅是選擇某部分主題來討論整個教育行政學說，但卻不是一種有系統的處理，也未能達到 C. W. Evers 和 G. Lakomski 原先想全面性系統檢查教育行政理論構想。

(二)「融貫論」認識論的批判

有關「融貫論」的批判，最主要的問題在於其融貫標準界定與說明之批判上。首先，P. Gronn 和 P. Ribbins（1993: 181-187）認為「自然融貫論」，否定「基礎論」認識論，而強調在超經驗之外其他證成的標準，用以解決理論間爭論之問題。然他們認為面對 C. W. Evers 和 G. Lakomski 所提幾項融合的標準，事實上也是有問題的。包括諸項標準，如一致性、簡單性、理解性、生產性等，不但均欠缺詳細說明，同時對於它來自何處？又如何能理解？等問題也未能有效釐

清，P. Gronn 和 P. Ribbins 認為這些概念絕非不證自明的（self-evidence）。特別當有兩個理論進行比較時，上述標準如何用來判定誰優誰劣？都是值得討論之處。他們認為其實在過往許多科學理論的發展過程中，即明顯有了錯誤的判決，如伽利略事件等。至於D. J. Willower（1996: 167）則認為上述這些融合的標準，不但非常類似五十年來，邏輯和科學方法中處理適當理論和假設的標準，而且如P. M. Churchland 將這些融合標準稱之為超經驗的標準，也意味著對經驗適當性之忽視。特別是 C. W. Evers 和 G. Lakomski 表明拒斥「基礎論」的立場，然從其擁抱新認知科學的立場中，其似乎支持另一個「基礎論」的觀點，也是值得討論。

後現代主義學者 J. J. Scheurich 也曾對 C. W. Evers 和 G. Lakomski 之「融貫論」之融貫標準提出類似的三點批判：(1)這些標準之語言定義的問題，使相對主義（relativism）再現；(2)理論競爭時選擇的問題，如 A 理論在前兩項標準表現較優，而 B 理論在後兩項標準表現較優時，該選擇哪個理論；(3)在這幾項超經驗的價值中，沒有經驗的基礎，這是最嚴重的問題。從這三點中，J. J. Scheurich 認為將使「融貫論」再走向相對主義。C. W. Evers 和 G. Lakomski 曾就這幾點批評予以回應，就第三點而言，他們認為只有在假定知識的基礎一定需要經驗知識，這點批判才有意義，然因他們並不這麼認為，故無需討論。而第一個問題，他們認為這只會存在於句子理論的型式（sentential theory formulations）中，但如果在自然的認識論中，無論如何它將是自我指涉（self-referential），透過神經元的整體及其學習特質，將給與融合標準一個完整的具體說明。他們認為在當前的文獻中，其實已對自然學習系統中簡單性、說明之統一之物質特性有了界定。至於第二個問題，他們認為在實際生活中常見此種情形，因而他們支持「融貫論」更進一步的發展（Evers & Lakomski, 1996b: 389-391）。

另外，T. H. Maddock（1996: 216）認為「融貫論」之融合標準雖

然對某些層面的研究有所增強,但卻也在某些層面產生更多的問題,因而它並沒有因此而優於其他教育行政哲學的研究。C. Hodgkinson(1996b: 209-210)還認為這種朝向整體論及融合論的主張,希望藉此整合事實與價值,基礎和衍生知識的渴望,可能會減低行政哲學未來的發展。

總之,在 C. W. Evers 和 G. Lakomski「融貫論」中,尚有許多內容更值得深入討論,尤其是其所提之融合標準,不但說明不清,同時對於其具體的運用也未見深入的討論,而這融合標準用語之混淆,前後不一,同時與其哲學的淵源 W. V. O. Quine 所提之融合標準也有所不同,這些問題都是 C. W. Evers 和 G. Lakomski「融貫論」中急需加以解決的。

(三)自然化認知的批判

關於 C. W. Evers 和 G. Lakomski 自然化認知的批判,也有許多學者提出,最主要的問題全集中在類神經網路,是否真能完全表現出人類認知的全部來加以討論。如:P. Gronn 和 P. Ribbins(1993: 181)認為 C. W. Evers 和 G. Lakomski 企圖以當前認知心理學最新的發展,來說明理論與實踐的問題,然其實這並不是人類真正大腦的實際運用,而僅是一種類似神經網路的模擬。雖然說這種模擬掌握了人類大腦大部分的功用,但從生物學的角度而言,其實有許多特性是與人類大腦運用相反的特性。諸如:⑴忽視真實神經元不可避免的時間延誤,和處理過程不斷的變化;⑵使用不是真實的學習算法;⑶大多數神經網路沒有真實神經元那麼複雜;⑷這些網路太神奇只用隱藏層即處理掉眾多訊息的處理。有人認為大腦低階功能與類神經較相似,而高層功能則與符號處理較相似,因而不應只偏重類神經的討論(劉明勳譯,1997)。顯然這僅是不全的人類大腦模擬,如何能說是人類真正的認知過程,而其試圖依此解決教育行政上的許多問題,事實上是也有些值得再商議。

　　其次，在這種新認知科學是否真能掌握人類的心靈，特別是人類的自由意志，也有許多作者深表懷疑。如 P. Gronn 和 P. Ribbins（1993: 181-187）認為 C. W. Evers 和 G. Lakomski 之「自然融貫論」，強調一種新科學作為教育行政理論的基礎，同樣是否定人之自由意志，否定人之心靈，且將每件事簡化為事物。誤以為僅以類神經網路的建立，即可表明人類行為之因果模式。P. Gronn 和 P. Ribbins 認為人的行為到底有無所謂自由意志的影響存在？又一個特定的價值如何影響人的？這些問題在類神經網路學習主張之外，到底還存在哪些因素？僅依賴大腦及中央神經系統的方式來說明，彷彿仍僅是簡單化的處理。

　　再者，C. W. Evers 和 G. Lakomski（1996a: 112-113）雖然認為知識表現、決定和理性的象徵傳統無法捕捉學習的因果說明，以及在人類認知體系中非象徵知識的角色。但他們對類神經網路的收集，是否就足以吸收象徵系統所表現的內涵，本身也產生某些質疑。首先，他們認為它們無能給與有效之的認知效用進行說明，特別是一種建基在監督學習的神經網路中，若是訓練樣本之結構，僅適用於統計結構之應用，那麼經由此訓練下的神經網路，即無法適用在具有許多非例行性的情境。在此，有時以行政者經常使用之象徵符號的理論公式，反而可以超越訓練資料，而比較具有效用的。

　　上述這些問題，均充分顯示 C. W. Evers 和 G. Lakomski 所建立之新認知科學還有很多值得討論的空間。

二、事實與價值融合之爭議

　　有關 C. W. Evers 和 G. Lakomski 對事實與價值融合的討論，有許多值得肯定之處，這包括其對教育行政中價值因素的強調，如 P. Gronn 和 P. Ribbins（1993: 181-187）認為 C. W. Evers 和 G. Lakomski 主張惟有價值能協助人做好的決定，此時我們需要特定的標準來協助

我們面對價值競爭時之選擇。其次,他們藉由一種實用主義的觀點企圖融合事實與價值的用心也值得讚賞。D. J. Willower（1996: 173）曾認為其與杜威、C. W. Evers 和 G. Lakomski 均採用一種實用主義的哲學架構,將科學探究、倫理問題和實際現象充分的連結,展現出古希臘之實踐（praxis）精神,因而事實和價值因素是可以充分融合的。

　　只不過這種融合的用心,似乎並沒得到大家一致的認同。一則,P. Gronn 和 P. Ribbins（1993: 181-187）認為 C. W. Evers 和 G. Lakomski 採用一種自然主義倫理學的說法,一方面反對價值僅是主觀的表達,同時還攻擊自然主義謬誤的說法。然依此不但無法去區分事實與價值問題,同時也無法處理 T. B. Greenfield 所言之道德秩序的問題,至於「融貫論」給與行政者在價值上的具體建議也是不清楚的。

　　另外,C. Hodgkinson（1996b: 200-204）以三個角度來批判 C. W. Evers 和 G. Lakomski 在這方向的缺失。首先,對 C. W. Evers 和 G. Lakomski「自然融貫論」主張科學與倫理可以統一的說法有所批判。他認為這彷彿主張任一方的宣稱（如科學）可以提供另一方（如倫理）證據。然 C. Hodgkinson 認為科學始終僅能提供價值是什麼?價值如何改變?但卻無法說明應該是以什麼為基本價值的。而反過來說,倫理學常僅能藉由限制研究來限制科學活動,然這只是一個動機的提供,而無法真正為科學提供科學證據。因而 C. Hodgkinson 認為傳統中事實與價值、科學和倫理二分是可以純潔地保留下來,從 C. W. Evers 和 G. Lakomski 之相關討論中,似乎並沒有達到事實與價值、科學和倫理結合的目的。其次,從 C. W. Evers 和 G. Lakomski 於一九九一年著作中雖在討論 is-ought 二分的問題時,曾提及 D. Hume 之主張。然 C. Hodgkinson 認為其實兩人對 D. Hume 對此一主題的說明,在邏輯、心理和本體上,與客觀經驗實在、事實或邏輯真理間的差異,並沒有完全觸及。僅是先從形式邏輯的層面,強調若在前提中不存在非邏輯的字（即應然的字句）,則在結論中若出現應然

的字是無效的。而後，再舉 A. N. Prior 之說駁斥上述字彙標準
（vocabulary criterion），認為它是瑣碎。最後，再簡單地提及若要承
認應然可自實然而來，兩者之關係是非常複雜地做為結論（Hodgkinson,
1996b: 201-202）。C. Hodgkinson 認為這明顯是價值問題討論不足，
雖然，C. W. Evers 和 G. Lakomski 在其後來的著作一直認為以新認知
科學的發展，將有效融合事實與價值，但這方面的努力著實無法達
成功效的。再者，C. Hodgkinson（1996b: 202）還強調「好」與「對」
是兩件事，好是價值的喜好（axiological preference），好不意味著即
是應該。面對 C. W. Evers 和 G. Lakomski 僅以單身漢（bachelor）不能
以分析述句之定義，而必須以日常生活語言中經驗或檢驗的證據
（如綜合的述句）來推論，進而反對自然的謬誤，他是無法理解
的。而且，當 C. W. Evers 和 G. Lakomski 宣稱比較融合的喜好即是好
的，C. Hodgkinson（1996b: 202-203）認為這即是犯了自然的謬誤，把
型 III 的價值和型 II、型 I 價值相混。因而，C. Hodgkinson（1996b:
209-210）認為事實和價值、認知和意動（volition）終究是有鴻溝存
在，是無法由模糊邏輯（blurring or fuzzy logic）加以解決。自然的謬
誤也是一直存在的，價值的序階也是一直存在。

　　總之，針對 C. W. Evers 和 G. Lakomski 僅用宣誓性質之解決事實
與價值的融合，的確是有所不足，若要真能展現「自然融貫論」在
這方面的真正功能，還必須對歷史上各相關理論進行深入討論，同
時也必須在教育行政具體事務上有更多的闡釋，如此才能得到更多
的支持。

三、理論與實踐融通說明的不足

　　有關 C. W. Evers 和 G. Lakomski 對理論與實踐融通的說明，也是
有類似上述事實／價值融合說明的爭議。雖然 C. W. Evers 和 G. Lakomski
「自然融貫論」教育行政理論，在類似實用主義一種實踐學科的特

性中，有融合理論／實踐之強烈企圖心，然整體而言，其學說主要
內容是依 W. V. O. Quine 之說法而來，因而對認識論及科學方法論有
較多的關注，特別是對「基礎論」認識論的駁斥，以及新認知科學
花了較多的心思。雖然在這過程中，其以類神經網路之新科學的發
展，結合人類象徵與非象徵符號的作法，試圖化解事實與價值、理
論與實踐之二分，然這都僅止於理論的宣示，至於如何化解之詳細
情形，尚未見 C. W. Evers 和 G. Lakomski 有進一步詳細的討論。而其
如何運用在領導者及決策上使用，往往也沒有深刻說明。

　　另外，就理論之定義部分，C. W. Evers 和 G. Lakomski 將理論視
為一種壓縮的運算符號，希望藉此擺脫傳統實證主義的困境。其理
論的易錯性、理論的部分穩定性的說法值得讚許，然除此之外，此
種理論的主張似乎對整個教育行政理論未來的發展沒有多大的助
益。即若要以一種壓縮的運算符號來表達決定理論、領導理論等似
乎幫助不大。特別是其中還是強調以一種運算公式的存在，這其實
也是傾向一種量化的典型，如何能表現出人類意志與價值，值得探
討。因而 D. J. Willower（1996: 167）認為 C. W. Evers 和 G. Lakomski 在
具體與經驗層面知識的探究，僅提供有限的注意。

四、藉由情境認知來融合律則與個殊的問題

　　早期 C. W. Evers 和 G. Lakomski 主要是偏向個別的認知來進行討
論，包括大腦神經網路的討論，或新認知科學等。如此討論曾經受
到幾個學者，對其較忽視社會情境因素而加以批判。因而於二○○
○年之《踐履教育行政：一種行政實踐的理論》一書，在關於認知
科學的討論中，增加情境認知內容，作為彌補功能論認知論，明顯
忽略外在於人類個體之社會文化因素的補充，以及其對人類社會實
踐認知問題理解之不足。他們認為人類的認知應該在每日生活實踐
中才得以發展，特別是需要將文化和情境因素整合成為認知的一部

分，從中強調一種人與人及情境間的交互作用，以達到一種涵化（enculturating）的認知，才具有真實的意義。實則如此安排能充分考慮到個殊與律則的問題，但這卻將所有個殊與律則的融合完全依賴在個體有效的情境認知上。

五、雖有教育行政主體性的思考，惟仍欠缺豐富的內涵

　　C. W. Evers 和 G. Lakomski 是近代教育行政理論的一位重要學者，在其教育行政理論開展的過程中，曾極力維持教育行政之主體性。如前述，他們在批判教育行政「理論運動」發展時，曾主張傳統教育行政理論，傾向分離組織目標與組織生活，故常視目的是外加的，而理論的主要內容以強調最佳或滿意的方法為主。再加上常將教育組織視為一種特殊的組織，從理論通則的階層性來說，認為對不同目的之組織，可從一般化組織之說明來看。如此，使傳統教育行政科學與行政理論較為相似，企業的管理模式可被用在學校，而教育行政受惠於行政研究也較多，反而得之於教育理論較少。其結果是在教育政策的制定，以經濟學之效率與效能之說法最為熱門，而在缺乏教育理論考慮下，無法有效引導教育組織完成特定的教育結果（Evers & Lakomski, 1996a: 32-34）。

　　C. W. Evers 和 G. Lakomski 認為學校教育的主旨有三：培養學生職業技能、社會化及適應周圍文化、發展學生為獨立的個體，其中又以第三個最為重要。然為發展學生為自主的個體，必須強調在一個自主的社會環境，因而社會關係應該是公平、平等、參與與民主的組織。由此推之，他們認為要完成上述目的，不能僅考慮行政的目的，而是必須將教育的目的融合在組織的方法中一併考慮。此即意味著目的與方法不可以二分，行政理論必須與教育理論相融合。從行政理論與教育理論相融合的過程中，不但教育行政可有效引導

教育實踐，教育的效能可完全依教育理論的知識加以評價，其次還可提供一個以教育為優先而非行政優先的判決機制。事實上，C. W. Evers 和 G. Lakomski 認為其所提出之「自然融貫論」的教育行政即持有此種特質，其不但能矯正傳統教育行政理論忽視與教育理論相融合的現象。同時基於教育理論中有著許多教育目的，人類本質、有價值知識、教育價值範圍的考慮，更可促使教育行政產生比較整合或完整的理論（Evers & Lakomski, 1996a: 32-34）。從這個較完整的理論中，C. W. Evers 和 G. Lakomski 認為這種知識的成長與學習將是包括不同倫理觀點，容取開放批判，自由演說，價值探究之開放社會，同時也可以豐裕的建造理論與實踐的關係（Evers & Lakomski, 2001: 503-504）。

C.W. Evers 和 G. Lakomski 如此討論教育行政之主體性，自有其價值所在，包括突顯教育行政與其他行政之差別；不能將教育行政視為整體行政中的一環，而應重視教育理論在教育行政中的意義；教育行政必須強調目的與方法的結合，其中又以發展學生為自主個體為主，同時社會關係應該是公平、平等、參與與民主的組織。惟整體而言，著眼於 C. W. Evers 和 G. Lakomski「自然融貫論」較強調認識論的討論，使得其在教育行政主體性之思維的開展似乎僅有開端，而未見豐碩的內容。

📖 參考書目

方吉正（2002）。情境認知學習理論與教學應用。載於張新仁主編，學習與教學新趨勢。台北：心理。

林正弘召集審訂。Robert Audi 英文版主編（2002）。劍橋哲學辭典。台北：貓頭鷹。

陳波（1998）。奎因哲學研究：從邏輯和語言的觀點看。北京：三聯。

劉明勳譯。Crick Francis 著（1997）。驚異的假說。台北：天下文化。

Bates, R. J. (1983). *Educational Administration and the Management of Knowledge.* Geelong: Deakin University.

Bates, R. J. (1996). On knowing: Cultural and critical approaches to educational administration. In C. W. Ever & G. Lakomski (Eds.), *Exploring Educational Administration: Coherentist Applications and Critical Dabates* (pp.189-198). Oxford: Pergamon.

Evers, C. W. (1985). Hodgkinson on ethics and the philosophy of administration. *Educational Administration Quarterly, 21* (4), 27-50.

Evers, C. W., & Lakomski, G. (1991). *Knowing Educational Administration: Contemporary Methodological Controversies in Educational Administration Research.* Oxford: Pergamon.

Evers, C. W., & Lakomski, G. (1993). Justifying educational administration. *Educational Management and Administration, 21* (3), 10-152.

Evers, C. W., & Lakomski, G. (1994). Greenfield's humane science. *Educational Management and Administration, 22* (4), 260-269.

Evers, C. W., & Lakomski, G. (1996a) *Exploring Educational Administration: Coherentist Applications and Critical Debates.* Oxford: Pergamon.

Evers, C. W., & Lakomski, G. (1996b). Science in educational administration: A postpositivist conception. *Educational Administration Quarterly, 32* (3), 379-402.

Evers, C. W., & Lakomski, G. (2000). *Doing Educational Administration.* Oxford: Pergamon.

Evers, C. W., & Lakomski, G. (2001). Theory in educational administration: Naturalistic directions. *Journal of Educational Administration, 39* (6), 499-520.

Greenfield, T. B., & Ribbins, P. (1993). *Greenfield on Educational Administration.* London: Routledge.

Gronn, P., & Ribbins P. (1993). The salvation of educational administration: better science or alternatives to science ? *Educational Management and Administration, 21* (3), 161-169.

Gronn, P. & Ribbins, P. (1996). The salvation of educational administration: Better science or alternatives to science ? In C. W. Ever & G. Lakomski (Eds.), *Exploring educational administration: Coherentist applications and critical dabates* (pp.176-188). Oxford: Pergamon.

Hare, D. B. (1996). *Theory Development in Educational Administration from 1947 to 1995*. Unpublished doctoral dissertation, Virginia Polytechnic Institute and State University.

Hodgkinson, C. (1996a). *Administrative Philosophy: Values and Motivations in Administrtive Life*. Oxford: Pergamon.

Hodgkinson, C. (1996b). The epistemological axiology of Evers and Lakomski: Some un-Quinean quibbling. In C. W. Ever & G. Lakomski (Eds.), *Exploring Educational Administration: Coherentist Applications and Critical Dabates* (pp.199-210). Oxford: Pergamon.

Hoy, W. K., & Miskel, C. G. (1978). *Educational Administration: Theory, Research and Practice* (1st ed.). Boston: McGraw-Hill.

Lakomski, G., & Evers, C. W. (1995). Theory in educational administration. In C. W. Evers & J. D. Chapman (Eds.). *Educational Administration: An Australian Perspective* (pp.1-17). Australia: Allen and Unwin.

Maddock, T. (1996). Three dogmas of materialist pragmatism: A critique of a recent attempt to provide a science of educational administration. In C. W. Ever & G. Lakomski (Eds.), *Exploring Educational Administration: Coherentist Applications and Critical Dabates* (pp.215-237). Oxford: Pergamon.

Willower, D. J. (1988). Synthesis and projection. In N. J. Boyan (Ed.), *Handbook of Research on Educational Administration* (pp. 724-748). N. Y. :

Longman.

Willower, D. J. (1996). Explaining and improving educational administration. In C. W. Evers & G. Lakomski (Eds.), *Exploring Eductional Administration: Coherentist Applications and Critical Debates* (pp.165-172). Oxford: Pergamon.

❖ 第七章 ❖

R. J. Willower 實用主義教育
行政理論及評析

第一節　前　言

　　D. J. Willower 是當代美國教育行政的重要學者之一，其一生奉獻教育行政學術研究工作，不但早期即與美國教育行政「理論運動」有密切接觸，曾經多次參與「美國教育行政教授聯合會」（NCPEA）（註1）的活動，同時還擔任過「大學教育行政委員會」（UCEA）的委員（Willower, 1992: iv）。另外，他還曾是美國「全國教育行政卓越委員會」（NCEEA）與「教育行政凱洛格院士」（Kellogg Fellow in Educational Administration）的成員，也曾獲得曾獲美國《教育行政季刊》（EAQ）之「戴維斯獎學金」（Davis Awards）（Willower & Licata, 1997: vii-viii），及賓州州立大學（The Pennsylvania State University）「傑出教授」（Distinguished Professor）、教育行政 Roald F. Campell 之「終生成就獎」（Lifetime Achievement Award）（註2）（Boyd, 2001: 416-417; Forsyth, 2001: 421）。二〇〇一年《教育行政雜誌》（JEA）三十九卷第五期更為其出版專刊。

　　D. J. Willower 對教育行政理論的開展，與其早期參與之美國教育行政「理論運動」相似，主要是採取一種行政科學的觀點來加以論述，因而對一九七四年 T. B. Greenfield 所提之主觀主義與批判理論的觀點有較嚴厲的批判（Gronn, 1983: 8-10, 27; Hare, 1996: 116）。然如同 C. W. Evers 和 G. Lakomski 般，其實其科學觀與實證科學的傳統並不相同，R. J. Willower 認為一九四七年以來實證傳統教育行政科

註1　R. J. Willower 早期即參與 NCPEA 工作，中間曾因賓州州立大學學校行事曆安排的問題而無法延續，但隨即於一九八四年後即再度參與（Willower, 1992: iv）。

註2　此獎由 UCEA 所頒，用以表揚對教育行政專業研究，特是教育行政之培訓有卓越貢獻者（Foysyth, 2001: 422）。

學有許多缺失，而這些問題應該由另一種科學觀來取代。而這個新的科學觀，他主要是依循杜威實用主義來加以鋪陳，依此對於教育行政科學化、價值與評價、領導與教育行政專業化等問題提出深刻的討論。此外，D. J. Willower 還對於學校組織、教育行政之哲學難題（Willower & Licata, 1997: vii-viii）、學生控制意識型態（the pupil control ideology, PCI）等主題也有實質的關心（Hoy, 2001; Thomas, 2001: 409）。為探究 D. J. Willoer 主要教育行政思想，以下將先從他對當代許多重要教育行政學說的批判開始，而後再探討在科學觀點，價值和評價理論，以及具體實踐中領導等主題。

第二節　D. J. Willower 對當代教育
行政學說的討論

　　D. J. Willower 對當代教育行政學說的批判，主要集中在 T. B. Greenfield 之主觀主義、R. J. Bates 與 W.P. Foster 等人之批判理論和 C. W. Evers 及 G. Lakomski 之自然融貫論上，從中再延伸出對杜威實用主義的繼承，以作為後續討論其教育行政學說的基礎。

一、對主觀主義與批判理論教育行政學說之批判

　　D. J. Willower 認為主觀主義在實證科學重視客觀性，而忽視價值和人性考慮時，轉而對微觀、個人主體性的意向有較多的關注；而批判理論則在社會權力配置、社會階層等鉅觀層面有較多的分析，包括意識態的問題、社會再製（reproduction）與反抗（reisitance）等主題的討論等，同時還常將科學視為此種社會控制的主要來源（Willower, 1992: 6-7）。

　　面對這兩種主張，D. J. Willower（1992: 25-26; 1996: 169）雖然贊同他們對實證傳統科學的批判，同時認為兩者對價值、正義和個體三個主題的討論有深刻的影響，但他認為仍有幾個主要問題值得討論。一是他認為不論是主觀主義，或是批判理論，兩者均是受到當時社會政治環境，與社會科學情境的變化之影響而產生。特別是一九六〇年代之大學生及教師，常因對社會之不信任，而對政府、企業、社會、經濟與科學攻擊，由此促成一九七四年主觀主義，或是一九八〇年代批判理論的發展。因此，R. J. Willower 認為兩者堅持的想法，其實是具有時代性的。然隨著時代的轉變，在一九八〇年代社會已從早期較個人式或改革者之型式，轉向較為保守的方式。另外，許多當代的社會問題，如愛滋病、墮胎、藥物濫用、文化與宗教差異的衝突，實也不能運用過去意識型態的角度來加以解釋。再加上以馬克思主義為基礎之政府，在當代已有顯著的失敗。這些現象均顯示出過去主觀主義和批判理論的基礎已經喪失，極端的個人主義不再，而應是強調更專注的工作，更多的家庭責任，以及較適度與社區導向的視野（Willower, 1992: 25-26; 1996: 169-170）。

　　其次，D. J. Willower也質疑主觀主義與批判理論本身理論內容的問題，如本書第三章所述，他認為在方法論上，T. B. Greenfield其實並沒有掌握傳統現象學的作法，而僅是一種比較寬鬆式主觀意義的強調（Evers & Lakomski, 1991: 83; Willower, 1992: 13-14）；同時，他強調T. B. Greenfield的主觀主義並沒有提供可以引導研究進行的解釋架構，或者一項明確界定的概念，因而常僅是一般性建議，人們其實無法分辨，那些研究是由主觀主義觀點所具體引導（Willower, 1992: 367）。再者，D. J. Willower 和 J. Hills 也曾針對自我與他人、秩序、真理與心靈、意義與自我、語言等五大問題，質疑主觀主義的看法（Greenfield, 1980: 47-50）。R. J. Willower認為在主觀主義中沒有具體標準來分辨好壞，因而對個體間之交互主體性（intersubjectivity）無法進行說明，使倫理學的處理不是形成一種先驗主義

（transcendentalism）或哲學的觀念論（idealism），就是形成一種相對主義（relativism）（Willower & Licata, 1997: 16-17）。至於批判理論，D. J. Willower 則強調其不但對現代民主社會向上流動的機會的忽視，同時也輕忽社會存在多元興趣群體的實際現象。往往僅以某種意識型態的理念，即對研究進行主導而產生某種特定的研究成果，如將學校行政者視為支配階層的傀儡，忽視學校對公平和平等之保護等。如此激進的政治傾向，也是無法提供批判的標準的，甚者其自身也是一種意識型態。因而導致對現行民主之改革機制的輕蔑，而僅以人類解放興趣的主張，作為社會和教育改變之烏托邦想法。再加上批判理論之著作經常是譴責和論辯的，也比較傾向深奧難懂的（Willower, 1992: 22-23）。

其實，對於 T. B. Greenfield 主觀主義和 R. J. Bates 等批判理論的諸多缺失，D. J. Willower 認為主要的原因，除了其理論本身的問題外，兩者錯誤的科學批判是主要原因。他認為批判理論把實證主義和功能主義混為一談，粗略地看待兩者，因而廣泛地不信任科學，拒絕行政進行科學的研究，是有所不當的（Willower, 1992: 11-21; Willower & Uline, 2001: 464）。而 T. B. Greenfield 錯把行為主義科學，或者是 H. Feigl 之基礎論即視為真正科學，其實也是有問題的。R. J. Willower 認為長久以來，教育行政的學者常僅是設計研究，增強它們的可信度，發展較彈性的理論，此與實證主義強調的統一科學和化約論並不太一致。因而並不能把所有量化研究和操作型定義下的研究，即等同於強調邏輯數學來推論理論的實證主義（Willower, 1996: 173; Willower & Uline, 2001: 465）。因而類似主觀主義和批判理論如此切除科學的作法，不但彷彿是在對稻草人攻擊，同時更切除了促進有效價值思考，以及改良未來的機會。使得價值的討論，僅限於重要性的主張，而無法進入更實質與建設性之價值和評價的討論（Willower & Licata, 1997: 10-11）。

基本上，D. J. Willower 認為會有一種比較平衡、比較正確的科學

活動（註3），其中，不但能突顯價值和科學的重要性，同時客觀性、檢證（verification）與溝通（communication）之標準是可以被滿足的，而科學觀察和被觀察者長久以來即存在交互作用的特性也可以被確認。只不過這種滿足不是建立在實證科學上，而是必須尋求另一種科學觀（Evers & Lakomski, 1991: 84-86）。而這也就是為何 D. J. Willower 宣稱傳統教育行政依舊是有好的外形，教育行政的再生不需要浴火鳳凰，而只是需要磨光的主要原因（Greenfield, 1991）。

二、對 C. W. Evers 和 G. Lakomski 自然融貫論教育行政學說之批判

D. J. Willower 與 C. W. Evers 和 G. Lakomski 兩者間，其實有較多的相似點，如 D. J. Willower 贊同 C. W. Evers 和 G. Lakomski 對實證主義、主觀主義和批判主義觀點的批判，而且也支持後者秉持之自然主義和實用主義的觀點（Willower, 1996: 165-166），同時他也同意大腦的研究對於人類理性和認知將會有極大的幫助（Willower & Uline, 2001: 460-461）。

至於兩者的差異點主要在於上述實用觀點中，有不同面向的強調。如 D. J. Willower 主要是追隨杜威探究（inquiry）說明，對科學為一個主動的過程及在生活及實際的應用有較多著墨，如強調理論和觀察的相互作用，理念能依其經驗的結果在科學活動中被判斷等。而 C. W. Evers 和 G. Lakomski 則是依 W. V. O. Quine 的說法，對科學方法論中邏輯的難題有較明確的說法，這主要包括對基礎認識論的駁斥，以及融貫論的支持。雖然，R. J. Willower 認為 C. W. Evers 和 G.

註3　R. J. Willower 曾在批判主觀主義和批判理論時，提及價值理論需要更平衡和更有系統的理論，如 C. Hodgkinson 和 T. J. Sergiovanni 等理論，惟卻未見其對兩者的價值理論有深入的討論（Willower & Licata, 1997：12）。

Lakomski 在哲學認識論討論是壯麗的，但就從其對探究領域中，具
體與經驗層面知識的有限注意，R. J. Willower 認為這還是有一些問
題存在（Willower, 1996: 167）。

　　問題之一，D. J. Willower（1996: 169-170）認為 C. W. Evers 和 G.
Lakomski 過分重視哲學的探究，同樣是忽略社會環境及社會科學情
境變化對教育行政理論的影響，只過分依賴少數幾位教育行政學者
的觀點而加以分析。其次，他雖然認為哲學，特別是認識論的哲學
理論，為當前教育行政研究所必須（註 4）（Willower, 1984; 1988:
730-747），而且還認為惟有透過哲學中認識論的探討，才足以阻擋
錯誤之認識論主張，這就如同 C. W. Evers 和 G. Lakomski 從認識論的
角色，對主觀主義與批判理論教育行政學說的討論一般。但他認為
若拿哲學與社會科學比，隨著時代發展所顯示之哲學的不適當性，
他認為還是社會科學較之於哲學重要，社會科學能在動機、領導與
行政研究等，提供教育行政堅固的基石。因而他認為 C. W. Evers 和
G. Lakomski 以認識論的觀點來討論教育行政理論，明顯有誇大哲學
的重要性（Willower, 1996: 170-173）。再者，C. W. Evers 和 G. Lakomki
提出超乎經驗之一致性、簡單性、理解性、生產性、說明的統一
性、可學習性作為融合的標準，D. J. Willower（1996: 167, 174）認為
上述這些融合的標準，不但非常類似五十年來，邏輯和科學方法中
處理適當理論和假設的標準，而且如 P. M. Churchland 所說，將這些
融合標準稱之為超經驗的標準，也意味著對經驗適當性之忽視。特
別是 C. W. Evers 和 G. Lakomski 表明拒斥基礎論的立場，然從其擁抱
新認知科學的立場中，其似乎支持另一個基礎論的觀點。

　　因而，D. J. Willower 雖然一再認為 C. W. Evers 和 G. Lakomski 對教

註4　一九八八年時，R. J. Willower（1988: 730-747）曾提到教育行政的六大趨勢為：⑴教
　　　育行政之研究成為一個多樣式的研究領域；⑵朝向真實生活情境之研究的領域；⑶
　　　行政是工具性的價值，以達成組織與社會之目標為主旨；⑷關心價值特別是平等的
　　　問題；⑸理解行政本質的複雜性；⑹朝向哲學特別是認識論的哲學理解。

育行政中哲學工作的奉獻是最為有力的,但仍需要更多科學的研究,用以促進倫理和實際的工作更加落實。而這個努力,如同前述,主要是基於杜威的實用主義,從這種實用主義的新科學中,他強調這種新科學必須依賴三件事再度結合:⑴適當的探究(inquiry)概念,即其科學理論;⑵對價值(value)和評價(valuation)比較明確的注意;⑶關心實際的觀點。此即科學、價值與實踐三者的結合,亦即為古希臘亞里斯多德稱之實踐(praxis),或是思考實際(thoughtful practice)的具體表現(Willower, 1992: 27-28; 1996: 173-174)。事實上,這是 D. J. Willowe 自一九六四年、一九八三年以來的一致看法(Willower, 1964; 1983),也是其與 C. W. Evers 及 G. Lakomski 和杜威三者共同採用的哲學架構,同時更是 D. J. Willower 對 C. W. Evers 和 G. Lakomski 自然融貫論教育行政理論進行補充之處。更進一步地說,他認為這也是在 D. E. Griffiths (1979) 宣稱教育行政進入「智識的騷動」時,所需要發展的一種較為明確的方向(Willower, 1992: 27-28)。

三、杜威「經驗」概念的傳承

在努力達成上述目的時,R. J. Willower 主要是採用杜威實用主義中之經驗概念來進行,因而有必要在此先將杜威經驗概念加以說明。

杜威以動態的宇宙觀,經驗的自然主義為基礎,認為宇宙是開放且持續變動,宇宙內沒有固定不變的終極實在,而是人與自然持續不斷的互動發展過程。這其中人之經驗不可能脫離自然的母體,而自然的本性也只有藉由人之經驗才能呈現出來。由此杜威認為經驗不是古希臘哲學中嘗試錯誤的累積,或是無理性的洞識與普遍必然性的內涵。當然也不是一種近代英國經驗論,僅將經驗局限在認知層面,僅強調透過感官媒介直接接觸自然與觀察自然所得。

整體而言,杜威認為經驗具有下列幾個重要特質:⑴經驗是與

生活密不可分的,意即經驗必須在具體情境脈絡中產生的,一方面
經驗包括經驗主體的活動與過程,另一方面也包括經驗對象;(2)經
驗可區分為非認知的初級經驗和認知性的次級經驗兩層面。初級經
驗是對日常生活中事物的直接領受,包括主體直接的感受、經歷,
以及日常生活經歷的現象與事物,因而從經驗的完整性來看,是包
括主動性及情感面、認知與意志的內涵的。而次級經驗則是對行為
及行為結果探究思考的結果,其中蘊含著理性可使人不必盲目重複
過往的行為,也不會只因偶然因素進行經驗的改變。傳統經驗把初
級經驗歸類整理而形成抽象與概念化的次級經驗,雖彰顯了客體的
認知性質,卻也遮蔽了事物的情意層面;(3)經驗還有積極面與消極
面之分,積極面指涉行動,而消極代表行為結果的承受,亦即杜威
的經驗不僅是「經歷其境」,還要「驗其後效」,兩者是經驗的一
體兩面,任何偏於一方的作法皆會限制經驗的形成;(4)對應著宇宙
持續變動的特性,杜威認為人類經驗,也將是一種持續重組與改造
的過程(林秀珍,1999)。

　　對應著杜威對經驗特性的說明,他認為反省性思考或探究常從
經驗的具體運作中產生。在反省性思考中,即是運用經驗的方法,
一方面充分連結經驗之積極與消極面,同時要求回到初級經驗中,
了解具體情境中問題的需要,從經驗的完整性作為思考的起點,同
時利用初級經驗對反省結果加以檢證。而對於檢證的結果,杜威稱
之為知識,它是反省性思考或探究的產物,這種產物代表一種「有
依據的論斷」(warranted assertion),是知識的真正本質。在這個反
省思考的論述中,杜威突顯反省性思考或探究對理性的持有,而無
需再借助一個超越經驗之上的理性概念。意即,他強調反省性思考
意味只能在探究的過程中,尋求適當的方法,而無法依循絕對的邏
輯形式來解決問題。同時,他也強調反省思考時經驗的完整意義,
不但重視主體與客體的關係,強調自然與人的相互依存性,以避免
感官與思想、理性與經驗、手段與結果對立現象。另外,杜威還突

顯知識從科學實驗的方法來加以獲得時，同時具有自我調節與改變的潛能，強調知識可以不斷從未來探究中增補修正，以產生更進一步的力量。因此，這種思考所得並非定論，必須時常回到具體的經驗世界中，驗證結果的可靠性。再者，杜威也點出反省性思考或知識與生活經驗之密切關係，知識不是憑空而起的，都是因人的需要與目的而成為解決問題或行動的工具的，這也是其學說被稱為是實用主義、試驗主義（experimentalism）或工具主義（instrumentalism）的原因（林秀珍，1999）。

R. J. Willower 即是從上述杜威經驗概念的說法中，開展其對科學、價值與評價及實踐的想法。

第三節　D. J. Willower 之科學理論

在科學理論方面，D. J. Willower首先認為人類有許多行為均是習慣與神經反射（automatic）的結果，通常這是不需要任何反省的。然當兩者遇到阻擋時，特別是因人類興趣和無意識欲求（desire）相互影響而造成歧異時，則必將導致適欲性（desirability）之思考和反省的。這將促使人類必須從問題的系統闡釋，各類解決方法的評估，特別是從可能結果的反省，試圖產生更融合或更具統整組織的新活動型式，而加以施行。這種過程即是 D. J. Willower 所謂之科學活動或探究的過程（Willower, 1994: 6-8），也正是教育行政所需要的一種新的科學活動（Willower, 1992: 29）。

這種科學或探究的活動，D. J. Willower 通常還會以反省性方法（reflective methods）、思慮（deliberation），甚至是智力來加以描述（Willower, 1994: 6-8），其主要特性以一種態度和程序的培養為主，包括有下列五個特性。

一、強調一種開放溝通的態度

R. J. Willower 雖然認為科學規準是由各種科學社群所建造與詮釋，並用以判斷相關的理論和研究。然大部分的學者均應同意有一種共同的探究方法，其中強調開放、多元、懷疑、公開地溝通與批判（Willower, 1992: 32）。

R. J. Willower認為之所以會有如此主張的原因，主要是基於杜威對於經驗的主張。杜威曾明確表示自己為一個經驗主義者，但此種經驗既不是唯心主義傳統（the idealistic tradition），過分強調認知幅度的經驗概念；同時也與英國古典的經驗主義，傾向一種主觀主義者（subjectivist）和原子論（stomistic）的經驗論有所區別。在杜威的經驗主張中，應該包括人類的認知與非認知行動，以及人類任何的遭遇（undergoing）（林正弘召集審訂，2002: 314）。從中，杜威將認識的經驗或稱為探究視為在此寬廣的經驗中所導出的成果，因而探究的過程基本上是具有歷史偶然性的歷程，成功的探究不但是在某種當下情境問題的解決，同時還是對有問題之情境所導致之經驗重建或經驗圓滿。然人類社會的現象是極端複雜的，不論是科學、意識型態、情感、認知和語言等都是如此，因而如過去人類常以化約論（reductionism）的作法，試圖將複雜的社會現象加以簡化來尋求解決問題，是無法達成的。因而他認為還是必須將人類之複雜情境牢記在心，在面臨任何新的問題情境時，均必須不斷強調更多元和開放的理念，且透過懷疑、公開溝通與批判的觀察來不斷加以評估。

搭配著人類情境的複雜性，R. J. Willower認為是科學還是高度依賴個體創造和解釋的活動，任何觀察常是理論承載。在受限於人類先天的優缺點表現，科學的發展也常有成功與失敗發展的表現，歷史上，如宗教、政治的、或是心理學等學科的發展，均有許多具體

的實例，展現出許多扭曲的觀察結果。因此，D. J. Willower 視人類直覺很容易受偏見影響，而希求達到完全客觀亦為一種很難達成的理想。然也就是如此，在實際科學的運作中，不可因暫時性的科學創造，而感到欣喜若狂；也不可因短暫的負面作用，而視科學無用。積極的作法應是始終秉持懷疑的方法，將探究開放給所有理念，容取更多元思考的。只要是新的理念、原創的思想，皆受到熱烈的歡迎，特別是包括人類情感和非理性層面的因素，也皆應為科學活動所包括。從中進行客觀標準的評價、無偏見的懷疑、結果的公開溝通與反省說明等，以增加對教育制度和行政的理解（Willower, 1992: 27-28, 31; 1994: 6-7; Willower & Licata, 1997: 18-19; Willower & Uline, 2001: 456-457）。

　　另外，在科學的發展過程中，學者常會提出「不可共量性」（incommensurability）來限制理論的開放性，認為理論間常有自身的判斷標準，彼此間常是矛盾的，故是不容取公開的批判與溝通。R. J. Willower 認為這種說法通常是為了逃避自己理論的說明及被批判而產生（Willower & Uline, 2001: 462-464），事實上，R. J. Willower 認為不論是辯證的分析、現象學方法，或是詮釋學理解，它們沒有一個是與科學不一致，彼此都是附加在探究方法中，而提供某部分探究的進行（註5）。故最重要的作法，不是宣稱某種方法是理解方法，而揚棄其他者；也不是選擇其中之一，而與嚴格的實證主義相對立加以比較，而是始終保持開放溝通的精神，才是探究的基本態度

註5　R. J. Willower（1992: 33-36）認為辯證的方法可提醒線性與漸進（incremental）思考的限制，同時直接注意相反、衝突、戲劇改變現象，它本質上是理念發展的引導和開始，但對具體強調之力量提供較少有用的說明。現象學方法強調去除所有的先見或教條，R. J. Willower 認為在教育行政中可運用此方法對相關概念進行分析，但不能期望兩位現象學學者在檢查同樣概念時會有相同結果。而詮釋學可協助科學對人類溝通的解釋，對科學的創造面，包括結果和設計理論的意義之解釋有較大的助益。三者都應該不是排除科學研究而是附加在其上面，成功的社會科學研究是結合事實的科學研究，和意義的方法解釋。

（Willower, 1992: 33-36）。

二、科學僅要求一種自我校正的標準

　　一般科學活動之證成，通常需要有外在的標準，如 C. W. Evers 和 G. Lakomski 曾提出超經驗之融合的標準，而「基礎論」則表明證成的基礎，來自一種自我指涉的（self-referential）的「基礎知識」。然在開放溝通的過程中，R. J. Willower 指出真正的科學活動之所以被證成，不需要有外在於其本身的標準，而僅要求在具體情境中一種自我校正的過程（self-rectifying processes）。因為科學是人類的經驗活動，它的理論說明如一個假設，而探究的過程是一件公共的事，因而任何的結果均必須回到具體的經驗世界中，驗證結果的可靠性。因而整個過程僅需要強調這個過程中的確實，亦即只要能做到多元、開放、公開溝通、懷疑和自我批判，則能達成證成的效果，而無需要有一個外在自己假設外任何的證成標準。

　　而這個自我校正的規準，R. J. Willower 使用杜威之「有依據的論斷」來表示，意即，從探究中考量經驗假設，是否與資料收集有一致性，是否在邏輯及說明中具有一致性，且能支持或測試新的理念等。當這些標準愈加豐富時則其說明愈可靠，愈能滿足「有依據的論斷」（Willower & Uline, 2001: 459）。也因此觀察中理論的承載並不是主要問題（Willower, 1992: 33）。若是這個觀點涉及一種循環（circularity），那麼這個循環在這個例子中僅是邏輯的瑣事（Willower, 1994: 6-7; 1996: 167; Willower & Uline, 2001: 458-462）。

三、強調真理的成長與試驗性，反對最終實在 （ultimate reality）和普遍真理（universal truth）的追求

R. J. Willower（1992: 30; 1994: 6-7）認為一旦一個喜好被選擇且指導行動，它能依經驗主義中真正的結果，即它如何解決初始的問題情境而被評價的。只不過問題的解決，通常將引導另一種情況和新問題的產生，而需要另一種反省，因此問題的解決並沒有最終安置的作法。亦即，前述科學之開放、多元、懷疑與批判的特質是永不終止的。因為從邏輯的合理和證據的證明總是暫時性的，從科學的自我糾正過程中，科學所追求的是一種試驗性（tentativeness）與成長性的真理，雖然科學的結果可以不斷的累積，對科學的理解也可以不斷地增加，但普遍的理念終究能被較佳和新的證明所取代。若是科學研究偶爾得到負面的結果，其並不是意味著科學的死亡，而僅是證明其探究的或然率，仍未達到某種水準之上，其需要更多新的證明，或新的理念予以校正，若是因此而堅持一種絕對和固定真理的選擇，只會切掉理論之反省和實驗的可能，而無助於理論的追求（Willower & Licata, 1997: 18-20; Willower & Uline, 2001: 458-459）。

因此，R. J. Willower如同杜威反對使用真理概念，也反對科學在處理確定性的問題，更反對一切的教條主義，因為這將過分地暗示某種靜態和最終的一致性。真正的認識應該是一種建構性的概念活動（constructive comceptual activity），它是人們與環境間經驗上互動的調整，因而科學是成長與試驗的。在探究科學中，任何通則（generalization）都應該被評估，或進行或然率的粗略判斷，而且沒有一件事是最終或確定的。

四、科學之工具性主義

由於探究的過程，或是科學方法均發生在具體問題的情境中，從中進行評估以解決具體的問題，因而 R. J. Willower 的探究或反省，被作為一種工具性來運用，以引導問題解決（Willower & Licata, 1997: 20）。所有的概念其目的，均在為了滿意地組織經驗為目的，而此次的滿意經驗往往也是反省的始點，以作為下一次探究的基礎。基於此，概念描述，概念的認識論地位，和行政的理性地位均被看成一種工具性功能（林正弘召集審訂，2002: 595）。此正是前述，杜威的反省性思考之所以為一種工具主義的原因。

五、科學促進理論／實踐、事實／價值、個殊 與律則的融合

從杜威之經驗的整體觀，R. J. Willower 認為認識的經驗，亦即科學探究是人類在好奇心中，追求一種開放思考和懷疑的活動，從中容取認知與非認知的因素在具體的問題情境中，進而進行公開溝通與討論。因而它是一個生命的有機體，持續與社會和物質環境交互作用的過程，促使經驗成為一個無縫隙廣包的網，不但規範和描述是被結合的，價值和事實也是被結合，理論和實際也是被結合的，更沒有心靈和物質二元、主觀與客觀二分的問題。而在一個民主自由的情境中，個殊和律則也是被結合的在一起，從此種深思熟慮，反省重建之經驗中，能創造一個更完滿和豐富的經驗。

特別是 R. J. Willower 認為此種強調探究的科學方法，存在於每日生活中，不但與每日之知識並無不同，同時與社會科學中所許諾的科學方法、科學態度和科學氣質也是相同。即使是社會科學所使用的技術和管理與其他科學稍有差異，但都是個體處在問題情境

中，運用同一種思考的方式去加以解決的（Willower & Licata, 1997: 19）。也因此，他認為在教育行政中價值的判斷和事實的判斷是彼此相互依賴且糾纏在一起的，實踐判斷的深思熟慮過程，與最終獲取事實信念（a factual belief）的深思熟慮過程是相同的。

第四節　D. J. Willower 價值和評價理論

R. J. Willower認為行政工作是具政治性和衝突性的，常必須面臨來自許多不同群體和個體間之不同期待和特殊興趣，因此行政工作必須關心價值問題。他認為價值領域的關心可區分為兩個面向，一是從哲學面向加以探討，其稱之為「價值」（value），屬於價值領域規範性的說明；另一面向是從實際情境加以分析，其稱之為「評價」（valuation），代表一種實際價值判斷的描述。他認為傳統哲學雖然很早即關注「價值」這個主題，然大都僅在倫理學項目進行探討，且沒有對行政價值有深入的說明（Willower & Licata, 1997: 1-2, 7-8）。而在教育行政學說的發展，早在一九七五年 R. F. Campbell 和 R. T. Gregg 之《教育的行政行為》（*Administrative Behavior in Education*）等著作即討論了價值的主題（Willower, 1992: 4），而 UCEA 也曾於一九六〇年代支持一些教育行政哲學和價值討論的出版品。但整體而言，有關價值的相關討論大多僅是純個人和非系統性的勸告，不然即是欠缺經驗的研究，行政之價值說明仍未受到必要的重視（Willower & Licata, 1997: 8-9）。

之所以會造成上述現象，R. J. Willower認為主要是受到下列五個原因的影響所致：⑴受到實證主義傾向將實然與應然做區分的影響；⑵教育行政通常是以特殊的價值，如平等問題為主軸，而不是較廣泛之哲學的價值處理；⑶在教育行政中比較優秀的學者常奉獻

於經驗的研究，企圖從中將相關概念、理論和方法論將以排列組合；⑷在民主社會之中，教育行政學者常不願強將自己的價值加在他人身上；⑸對價值系統研究之發展是一個使人氣餒的工作，因為很少指導方針，同時其結果常是有爭議的。而哲學上的倫理與價值的主張，從快樂主義（hedonism）、柏拉圖善之理型、康德之絕對令式（catergorical imperative）、效益主義（utilitarianism）和各種先驗主義（transcendentalism）又似乎與行政的實際不相關（Willower, 1992: 37-38）。因而有待教育行政學者投注更多的心力在這個主題。

R. J. Willower 自認為其與 J. W. Licata 於一九九七年合著之《教育行政實際中之價值和評價》（*Values and Valuation in the Practice of Educational Administrtion*）一書，乃是教育行政中第一本同時處理哲學與實際情境中價值問題的書，也是一本有效整合價值、實際和科學的具體陳述（Willower & Licata, 1997: 4-5）。從中，他特別強調在實際情境「評價」的進行，其實與自然科學的探究相似。因而上述對探究或科學活動的說明，乃適用於價值理論的說明，而對教育行政實際問題也有所協助（Willower, 1994: 7; 1996: 173; Willower & Uline, 2001: 457）。以下即分別從「價值」和「評價」兩方面來闡釋 R. J. Willower 的相關學說。

一、「價值」理論

R. J. Willower 認為「價值」理論是屬哲學領域中，對價值進行規範層面的探討，主要探討倫理原則和相對價值的問題，包括價值排列的問題，或是否有絕對價值和倫理原則的問題。整體而言，此種討論不可避免會傾向抽象且單向的說明，因而有時還會使用「理想」（ideals）和「德性」（virtues）或倫理原則等名詞（註6）。R. J.

註6　R. J. Willower 認為「理想」常指未能達到的，「德性」指可欲的個人特徵，兩者皆是與倫理原則指稱適欲的特質、性情和狀況相似（Willower, 1997: 22-23）。

Willower 認為對於相對價值的排列，雖然會引起一些討論，但理論上仍會有相當一致的看法，如對於何者為好人、好組織的看法會趨向一致，而時常也會有相當一致的大量價值被認為是有價值的，如自由、正義、健康和愛等；同時也有大量的價值被認為是缺乏價值，如仇恨、殘暴、不正義和無知等（Willower & Licata, 1997: 7-8, 22-23）。

　　這些價值規範的形成，通常是透過經驗的過程以達到他們的地位，只不過這些「價值」絕不應如一般的格言、慣例、規則、命令和禁制般，強調一種絕對、固定或是最終的原則。因為價值終將放入具體問題情境中加以評價，同時大部分的評價過程均是複雜的，且正負面效果常存的。因而價值也是一種試驗性的結論，具有易錯和成長的可能。雖然透過絕對的價值，能使人較易在複雜的情境進行決定，然若是如此，R. J. Willower 認為將阻擋實際情境中「評價」的進行，使價值和實際情境分開，使得價值僅存為一種道德的儀式主義（ritualism），或是抽象型式的口頭許諾（Willower, 1994: 8; 1996: 173）。前述批判理論和主觀主義對於價值的討論，即有此一面向的問題。批判主義認為行政者常協助階層再製，故應該強調解放（emancipation）和應得利益（entitlement）；而主觀主義認為行政者是一種技術專家，使人與決定分離，故應該強調個體，同時還強調價值序階，以絕對原則做為最高點。這些作法，他認為這都是減除對競爭價值中具體道德選擇的思考，而僅以某些非例行性的行政作為當成價值標準的作法，使社會科學常被視為一種保守的學科（Willower, 1994: 7; 1996: 173; Willower & Licata, 1997: 14-15; Willower & Uline, 2001: 457）。故對價值的問題，R. J. Willower 認為還應將評價的問題放置在較優先的地位，因而其對評價理論有更多的闡釋。

二、「評價」理論

R. J. Willower 將「價值」界定為一種適欲的概念，且認為「適欲」與「欲求」概念不同，後者僅代表一種瞬間的反映，而前者則隱含著一種反省與思慮的過程，而此即是評價的過程，意即評價重視實踐，有思考的實際。而此正意味，評價的工作與具體的經驗情境不分，代表從眾多適欲概念或是價值理論中，不但察覺和敏感到可能對個體和群體的結果，同時還要考慮到不同價值對實施的影響，從中再進行一種價值判斷或道德選擇的過程（Willower, 1994: 8; Willower & Licata, 1997: 20; Willower & Uline, 2001: 466）。一般而言，行政人員面對的若是日常生活例行性的問題，如此評價的過程是短暫，甚至是不需要的。然若是在衝突的問題情境中，則是需要確實的探究過程來解決，而不是僅依良好的許諾或良好的信念即能保證的（Willower, 1992: 40; Willower & Licata, 1997: 32-33）。

理論上評價對教育行政而言是較為確切有用的，它是反省道德決定和在具體情境中倫理選擇的基礎，而且是提供面對倫理問題困境時的一種進行方式，但實際上卻更為教育行政者所忽視。現行行政者常藉由許多權宜之計（quick fix），萬靈藥或是包裝的治療方式（packaged remedies），有時甚至是一種預先的解答，來解決評價的問題。而這些作法通常是由許多原則和程序所組成，且造就許多精神領導者，其雖然提供了部分的洞察，但因為他們的主張常是過分簡單，忽略了行政情境的複雜和權變性，也忽視真正道德兩難中的實在和道德微妙，使價值的討論常被視為一種儀式，簡化原先必須思考的需求，如參與決定的主張即是一例（Willower & Licata, 1997: 26-27）。為避免上述缺失，R. J. Willower 從評價問題的種類，評價的具體步驟等面向，提出許多更具體的說明。

（一）評價的問題的種類

R. J. Willower（1992: 38-39）認為道德評價通常不會在一個明顯好與惡間進行選擇，而是在一個灰色地帶由許多好價值或較少惡價值間的選擇。它通常是由情境所引起，而不是行政者深思熟慮計畫使組織朝向特定價值的情境。以飲酒問題為例，即是好惡極為明顯的問題，而實施某一種課程改變，則代表一種不確定，是否這種改變能引導學生學習的改良，從不同的群體、個體，從不同的邏輯或技術研究的可行性與效力，均會有不同的反應，此時即有無數的判斷需要進行，行政者必須小心的計畫，嘗試去阻止非預期的結果。

具體而言，R. J. Willower認為真正的評價通常來自於兩個情境，一為行政者強迫接受的（administrator-thrust）問題，和行政者自行產生（administrator-originated）問題。前者常見於每日例行活動中，如教師的個人問題等，它不是例行性問題，且不能快速回應或行動，因而需要反省注意。後者指希望和現況間落差形成的問題，其常是源自有知覺的個體或群體。這種問題通常來自一種需求或缺乏，如發現學生語文能力不佳而力圖改善等（Willower & Licata, 1997: 21, 26-27）。

（二）評價的具體步驟

關於評價的過程，R. J. Willower採用上述科學方法的步驟：包括問題的形成、另類解決方案的思考，可能結果的仔細評估、行動過程的選擇以求達到所欲的價值等為主。在這過程中特別強調具體情境的思慮，而且此種思慮是開放、多元、公開溝通與批判，評價的結果是試驗、易錯的，同時一個問題的解決，往往會產生另一個新的問題。這樣的過程，除了需要對適當價值和倫理原則的敏感度，有能力「尋求可欲的未來」（searching for desirable future），有能力視價值為真實生活情境的一部分外，還需要進行一種「結果的分

析」（consequence analysis as a process）（Willower & Licata, 1997: 26-27, 32-33）。其中，R. J. Willower 視「結果分析」，即對特定行動過程中可能預見結果之分析，是評價或價值的核心（Willower & Licata, 1997: v）：

1.結果分析：指在做評價時，對各種方案之可能結果之反省，以減少非預期的結果，此即杜威在經驗概念中，主張「驗其後效」的意思。R. J. Willower認為有一些過程可以協助結果的分析，包括：(1)以社會科學作一般審視（scanning），如仔細檢查對個體之心理結果、群體和社群之社會結果、權力和利益團體之政治結果、文化和象徵之人類學結果、資源運用和分配之經濟學等結果之審視等，從中各種概念和理論能被使用，教育研究和組織生活之研究也能提供有效概念；(2)列出相關參與人員，詢問行動過程可能會對他們產生的影響；(3)針對特殊的問題給與特殊的程序，如複雜的財政問題需要有效資源的計算等；(4)收集相關資料，特別是經驗的，以及最近的資料。惟這種結果的分析，必須避免一種過分的分析，杜威稱之為「反省的惡行」（vices of reflection）。因為它既浪費時間又浪費金錢，且將掉入一種無止境的思慮（Willower & Licata, 1977: 34-36）。

2.尋求可欲的未來：R. J. Willower認為這是行政評價的一部分，但卻不一定是行政者的例行工作。它通常與如何使組織朝向更好，會如何去發現有價值的可能等有關，而且是行政者自行產生的問題為主。至於要促進尋求可欲未來的技巧有很多，R. J. Willower 認為主要可從各類價值的細察，以擴大視野著手，包括：(1)從哲學或其他文獻中價值排列的細察；(2)對教學目標的細察；(3)對組織目標的細察；(4)對理想和實際行為具體落差的細察；(5)對特殊組織難題的細察；(6)對各類群體和個體建議組織改進的細察等，這都是培養個體尋求組織朝向可欲未來視野的訓練（Willower & Licata, 1997: 28-31）。

綜合上述，R. J. Willower認為其評價理論與其他倫理學觀點之主

要差異，共有下列四點：1.強調評價必須是具體和特殊性的考慮；2.強調評價是對所有可能結果的分析；3.強調結果的分析是倫理選擇的一部分；4.強調社會科學概念和說明在於支持行政者進行評價（Willower & Licata, 1997: 27）。

第五節　R. J. Willower 之實踐理論

R. J. Willower的實踐理論，代表一種思考的實際，主要關心上述的科學方法及價值與評價理論如何具體落實在教育行政的現場中。R. J. Willower 認為過去教育行政的書籍中雖也曾提倡反省方法，但仍未受到廣泛重視，許多行政平常的作為，有時僅是在相對複雜行政過程中，基於一種型式的認識過程（a process of pattern recognition），而產生之倉促判斷（snap judgment）；有時僅是單純的反射行為，而將興趣予以任意排列；而眾多零碎與多樣的行政活動，也常僅是以面對面的口頭溝通來加以解決。甚者，有時一種反對理性決定之「組織的無政府」（organized anarchy）、「垃圾筒理論」反而受到更多的歡迎。基本上，上述這些方法皆忽視價值和道德的考慮，而間接造成在哲學上的許多爭辯（Willower, 1992: 44-45; 1994: 13）。R. J. Willower認為科學探究或反省是好的，因為它是創造成長的過程，是成長的一個面向。但它必須具體在教育行政生活中實踐，不但是要直接改變個人的習慣，同時還必須同時改變社會與環境才能達成。基於此，他主要從個體反省的內化（internalization）、組織反省的制度化（institutionalization）及行政領導的培育三個方面加以分析。

一、個體反省的內化

R. J. Willower（1994: 8, 16-17）認為假使反省是每日事務道德選擇的一部分，對個體而言它必須內化為一種習慣，才能有效完成它。這就如同前述，R. J. Willower 強調人類大部分的行為均受到衝動與習慣的影響，因而若希望科學探究能真正發揮其功效，最主要地還是要將此種探究精神內化成為個體思維的習慣才能達成。這種反省方法若能內化，R. J. Willower 認為正代表一個具有好性格（character）的人，他在任何問題情境中均能自動尋求改良事務，若工作無法進行則能尋求改進，同時他不怕批判理念（Willower & Licata, 1997: 44）。他認為此種自我察覺、自我批判即是 G. H. Mead 之「反身性」（reflexiveness），也如蘇格拉底（Socrates, 469-399B. C.）所說之「知汝自己」（know thyself），它是行政職前課程之標準建議，當行政者具有此種方法時，即可稱為有智慧（Willower, 1992: 48-49）。

如何才能促成個體反省的內化，R. J. Willower（1994: 14）認為採用具體的倫理問題，特別是個案的研究，是非常適合結果分析的教學，以及個體反省內化的。在此不僅是事實的明顯圖像，而且是強調學生必須使用理念為相關之資訊，對競爭之價值及其相對應的結果進行判斷。此時，教師通常扮演導師（mentoring）、諮詢顧問（consulting）或教練（coaching），三者意義雖有不同，但共通之處在於三者均提供學生思考的機會（Willower & Licata, 1997: 49）。

二、組織反省的制度化

個體反省的內化是受到社會的支持和促進的，若沒有組織支持，個體將無法開放溝通與批判，個體也無法進行反省。因此，個體反省內化和組織反省制度化是共生的，為求個體反省的內化，在組織

層級也必須重視反省的制度化（Willower & Licata, 1997: 45）。

　　關於組織反省制度化，R. J. Willower（1992: 49-50; 1994: 16-17）認為主要有兩個層面，一是文化層面，關心價值、規則、共享意義和象徵的反省；另一個層面是公務（official）層面，關心比較正式科層體制之實際、事件和程序。而其具體的作法，在於教育組織中應處理理念如一種假設，它是能被懷疑、批判與教育的，而且還應該避免一種狹窄、順從導向或壓抑的特性。特別是教師的養成，應著重反省方法的教學，以利個體反省內化和組織反省制度化。此外，R. J. Willower認為各種不同組織委員會的組成，如學校委員會、顧問會議、參謀會議等，若能強調批判的合法性，強調使組織成員以反省方法進行決定，從中強調一種共享價值、好的目的及有意義的問題，也能有效促進可欲結果目標的達成（Willower & Licata, 1997: 46-48）。

　　整體而言，R. J. Willower認為組織反省制度化之主要價值在於：(1) 因為不同群體和不同個體之各種問題和各種另類結果能被思考，因而能造成更好、更具倫理之組織決定；(2)促使日後任何反省性評估之決定將很容易被進行；(3)協助行政者阻止負面決定之結果，以避免造成更多新的、更嚴重的問題；(4)改變只責難事被做錯，而朝向為何做錯之研究。然反省方法之缺失，R. J. Willower 強調也是不容忽視，諸如視反省性方法為目的而非方法，在不適當的地方使用反省分析，忽視反省之試驗性，以及過分反省或造成反省的儀式化等（Willower, 1994: 16-17）。另外，還有一點必須特別注意的事，即使已成功地制度化反省探究的方式時，也不能視其為一種萬能藥，如 H. Simon 所言，這僅是一種追求滿意的解決方式，或是如 C. E. Lindblom 之漸進調適（muddling through）方式而已（Willower, 1992: 51）。

三、行政領導的培育

對於當前行政領導職前課程的設計，R. J. Willower認為要培養一位實踐的教育行政專家，需要一組特別強調理念和具體情境交互作用的職前課程，這包括理論課程、臨床經驗與行政研究三部分。

(一)教育行政理論課程之重視

教育行政理念的部分，主要在促使學生精熟行政決定中最有用的概念和理論，擴大和深化學生的認知與理解，以利於將概念和理論置放在真實情境中，與學生的臨床經驗及行政研究相連結。傳統專業化課程的內容，如教育政治學、經濟學、財政學和學校組織等為這項課程的主要來源（Willower, 1992: 64-66）。

(二)教育行政臨床經驗之強調

其次，職前教育還需要著重臨床經驗進行。R. J. Willower認為其實這已是當前許多職前課程的重點，惟他認為這並不意味著所有的職前課程僅以其為核心即可，特別是有許多強調臨床經驗之課程，通常僅學習到一種偽裝的知識，是需要學者加以反省與檢討的。

之所以造成臨床經驗課程的失當，R. J. Willower（1992: 52-54）以為受到兩個因素的影響。一則在許多強調臨床經驗的課程中，只強調以有智慧、受良好教育、有修養和受人尊敬的領導者為導師，透過口頭來傳達個人的智慧、處方、經驗和喜好。然只是依自己的經驗來進行教學時，欠缺理論思維或理論概念之導師，常會出現不同專家會有不同建議的情況。再者，學生臨床經驗實習的現場，一般都非大學學校本身，而是到特定的行政機構來進行，學生在見習時通常僅扮演客人的角色，故很難有真正深入批判反省的機會，即使有，通常也只是表面的，使其學習結果成為一種偽裝的知識。

若是希望改變此種不良文化，R. J. Willower（1992: 54-55）認為應該強調一種批判實踐，以道德敏感性、反省性的方法投入，具體地投入學校的問題之中，進行實質的批判與反省。此時不但需要更廣泛的社會科學理念的理解，同時更需要展現探究、價值與實踐的檢查。而其搭配的教學主要策略，除如前述可以一種個案研究，R. J.Willower 認為問題中心、模擬實驗也是一個不錯的選擇。

(三)教育行政研究之強調

另一個行政領導職前課程，是教育行政研究。R. J. Willower（1992: 57-58）認為過去教育行政研究受到忽視的主要原因，在於：(1)研究準備並不能作為雇用的標準；(2)職前課程強調臨床經驗而疏忽研究課程的實施；(3)許多如新馬克思主義和主觀主義對科學的批判，減低量化研究的重要，但卻在新的質化研究中無能供明確的技術。R. J. Willower 認為其實研究應該是個多方的興趣和活動，它不但能提供學生去培養探究的態度和科學的氣質，研究創造和決定層面的問題，同時還能使學對問題的深入理解，是科學方法有效促進的具體保證。因而在整個教育行政職前課程不但應該予以強調，而且還應該是決定性的一部分。

在此的教育行政研究，R. J. Willower 強調一種量與質並行的方式。他認為以質化研究來論，雖然更容易貼近學校經驗，且能提供對情感、象徵、行政和學校生活非理性層面的洞察。但從中卻也產生更多的模糊，有時是因為來自不同學科背景之訓練所致，但有時卻是因為沒有任何形式的訓練所造成的結果。特別此種質化的研究，通常僅是單一觀察、解釋和情境的創造，使質化研究更易受到傷害。也因此在質化研究被大量提倡的同時，R. J. Willower 認為量化研究也不應該被忽視，特別是電腦科學使量化方法更具活力和價值性時，更應該重視其對教育行政研究的貢獻。因而 R. J. Willower 強調各類型的研究均應被同等的對待，針對不同的問題使用其適當

的方法，而不是僅以單一方法企求對所有問題提供所有答案。比較
需要注意的是，在使用不同的社會科學理念的同時，都必須保持科
學探究之心，同時要深切體認科學中沒有一件事是絕對確定，科學
的結果總是需要被矯正（Willower, 1992: 57-63, 68）。

　　綜合上述，R. J. Willower（1992: 64）認為上述課程的強調，即是
強調一種探究與實際情境的具體結合，亦即是一種實踐課程的展
現。雖然它的實施並不容易，但若能如此進行，其結果將會是非常
樂觀的。就個體而言，如此能協助個體產生一種獨立和彈性的思
維，能對所有理念質疑，而不會被單一理論或視野所局限。而當行
政者能內化這種反省方法成為一種習慣和態度，更可以獲得某些對
學校和工作領導的價值。至於對行政層面而言，它不但能促使更好
學校的產生，同時若能將此種想法於組織制度化，至少可協助行政
者能面對行政部門的衝突和失敗，同時也能有效促進學校決定之進
行。

第六節　D. J. Willower 實用主義教育行政理論之評析

　　從 D. J. Willower 實用主義之教育行政理論說明中，最主要還是
採用一種行政科學的觀點來加以處理，只不過此種科學的知識概
念，十足的實用主義色彩，而與實證主義大不相同。特別是其強調
一種開放、彈性的科學探究觀，從中主張懷疑與科學理論的試驗
性，使其較之傳統實證主義不容易受到攻擊。如此作法，在當前教
育行政學者紛紛對實證傳統之教育行政展開批判的同時，有著另一
股不同的思維產生。在這股思維中，對於傳統教育行政諸多問題的

基本立場為何，以及其學說理論又有何缺失，以下進一步探討。

一、事實／價值、理論／實踐、律則與個殊融合說明之不足

　　前已述及，在杜威經驗概念的影響下，R. J. Willower 之科學探究方法，強調在整個認識經驗活動中進行，從中容取認知與非認知因素、初級與次級經驗在具體的問題情境中，進而進行公開懷疑與溝通。因而它是代表一種整體經驗，代表一個生命的有機體，持續與社會和物質環境交互作用的過程。特別是這個經驗的過程是個無縫隙的網，在此規範和描述是被結合的，價值和事實也是被結合，更沒有心靈和物質二元、主觀與客觀二分的問題。另外，任何一個經驗的產生都是來自具體世界的問題情境，反省性思考或探究，也都是為了解決問題而產生，同時任何知識均是試驗性，容取在下一次的問題情境中能有所調整，故在 R. J. Willower 之教育學說中，理論與實踐也是融合的。而在一個民主自由的情境中，個殊和律則也是被結合在一起。從此種深思熟慮，反省重建之經驗中，能創造一個更完滿和豐富的經驗。這其實與 C. W. Evers 和 G. Lakomski 之自然融貫論或「物質實用主義」（materialist pragmatism）（註 7）的想法一樣。只不過這樣說法，將整個融合的過程全部寄望在探究的過程當中，至於真正探究時是否如此，又有無方法能加以證實，似乎較難有確切的保證。因而，G. Lakomski 和 C. W. Evers（2001）與 A. R. Thomas（2001）等人，均認為這種實用主義是不完全的，因為不論 D. J. Willower 或是杜威也好，均沒有處理人類學習與認知過程中，有關腦神經科學部分的問題。

　　基本上，C. W. Evers 和 G. Lakomski 極力主張其自然融貫論中，

註 7　T. H. Maddock 稱 C. W. Evers 和 G. Lakomski 之自然融貫論為一種「物質實用主義」。

有關腦神經理論的討論,特別是認識的典型(pattern recognition)的主張,不但能深化 R. J. Willower 在科學探究過程中,有關個體反省情境的說明。同時對於認識的經驗主義、易錯性和整體性也均有延伸的開展,甚至是組織反省與民主的進行都有更深入的說明。因而他們認為杜威若生在現今,也應該會同意自然融貫論對人類學習與認知的說明。

二、科學探究方法過分理想性之問題

由上述討論進一步延伸的問題是,整個科學探究方法是否是過分理想性。R. J. Willower 不但將每日生活知識寄望於此,同時也將自然科學和社會科學的知識全依此來建立,然此種反省性的方法是否真能如此,能從自我校正的過程,得到試驗性的答案和知識的成長。亦即人類個體或組織社會是否一定可以達到某種程度之一致性呢?又從學校行政來論,學校行政是否一定會朝向更好學校、更好社會及更好世界前進呢?R. J. Willower 雖然主張這即是探究始終沒有結束,而知識也從來就不是一種萬靈藥。但其實,在討論價值與評價問題時,他曾討論妥協(compromise)的問題,宣稱在行政處理中,常需要進行妥協,因為「一半總比沒有妥協」來得好,這顯然也對整個科學探究方法,投下質疑的因素。另外,他也認為在教育行政中,到底什麼範圍該由學校行政者或其他人員強制貫徹他們的觀點?又在哪些範圍應該嘗試以民主的方式進行?從中他也主張在從大多數的價值問題思考時,也必考慮少數人的價值。因而他認為考慮表達力強的價值,以及反省根本價值是兩件不同的事,這同樣是對科學探究方法在教育行政普遍運用有所顧慮。再者,其評價理論強調以結果的分析來進行判斷,但其實結果不一定如預期,而結果本身也無法判斷好壞、對錯,除非是有一個標準的判斷先被假定。R. J. Willower(1994: 8-9)雖然認為從價值知識的累積中,可提

供道德難題有用且可信的解決方案，然若整個外在情境變化很大時，如何進行判斷的確值得再深思。

　　諸如上述種種，都宣告了不論在價值的反省，或是社會科學知識的反省，其實都存在著許多問題，這就如同 R. J.Willower 曾經提及之人類複雜性的問題。如此多的複雜性問題，是否能如R. J. Willower 所願僅以一種反省探究即可加以探究，有許多宗教、審美或情感上的經驗，彷彿是很難使用科學探究的方法來加以掌握的（林秀珍，1999: 142）。而科學探究是否會不斷朝理想的方向前進，會不會退後，甚至是全面錯誤的可能，這其實也應該加以思考。

三、著重一種質量並重的研究方法

　　R. J. Willower在討論教育行政人員行政研究之必要時，強調一種量與質並行的方式，他認為質化研究雖然有其優點，但卻同時也有缺失值得注意。同樣的，量化研究雖然備受批判，但卻不失為一種探究可採行之方式。總之探究本身是一種多元開放的反省過程，人們能在探究的過程中，尋求適當的方法，而無法依循絕對的邏輯形式來解決問題，因而R. J. Willower採用一種兼容並蓄的方式來處理。然較令人可議之處，為何在如此包容之心中，單獨對T. B. Greenfield 主觀主義之說，或是批判理論之教育行政觀點有較多的批判與反對。如 R. J. Willower 曾將 R. J. Bates 與 W. P. Foster 之說，認為是一種世界馬克思主義運動。以至於造成 R. J. Bates（1988: 4）認為美國一般學者不是忽視有關教育行政領域基礎的爭論，不然就是反對任何阻礙順從當前意識型態的另類主張。

四、「基礎論」與「融貫論」認識論的爭議

　　雖然 R. J. Willower 與 C. W. Evers 和 G. Lakomski 同樣均是持實用

主義的哲學觀點，然在知識的證成和證成結構上仍有差異。C. W.
Evers 和 G. Lakomski（1991: 84-86）認為 R. J. Willower 雖然認為科學
的客觀性可以從「有依據的論斷」來達成，但他們認為若這僅是共
享的觀察，亦即對理論的要求僅是一種滿意的觀察，那或許是可
行。但若是強調交互主體的一致性，那麼它應該反映出某種理論的
一致性，這將使問題更加複雜。其實，C. W. Evers 和 G. Lakomski
（2001: 49-451）認為 R. J. Willower 一方面從杜威的經驗學說中，反
對基礎論的說法，而其在探究的過程中，卻又極端強調結果的分
析，這其中必涉及經驗，造成自我校正之經驗證據和反基礎論主張
的困擾。也因此，C. W. Evers 和 G. Lakomski 才會建議從融合論的認
識論來加以補足。

參考書目

林正弘召集審訂。Robert Audi 英文版主編（2002）。劍橋哲學辭典。
　　台北：貓頭鷹。

林秀珍（1999）。杜威經驗概念之教育涵義。國立台灣師範大學教
　　育研究所博士論文。

Bates, R. J. (1988). *Is There a New Paradigm in Educational Administration?*
　　(ERIC Document Reproduction Service, No.ED303847)

Boyd, W. L. (2001). A tribute to Donald J. Willower. *Journal of Educational
　　Administration, 39* (5), 416-418.

Campbell, R. F., & Gregg, R. T. (Eds.) (1957). *Administrative Behaviour in
　　Education.* N.Y. : Harper.

Evers, C. W., & Lakomski, G. (1991). *Knowing Educational Administration:
　　Contemporary Methodological Controversies in Educational Administration
　　Research*. Oxford: Pergamon.

Forsyth, P. B. (2001). Willower, the professor and UCEA. *Journal of Educational Administration, 39* (5), 419-423.

Greenfield, T. B. (1980). The man who comes back through the door in the wall: discovering truth, discovering self, discovering organizations. *Educational Administration Quarterly, 16* (3), 26-59.

Greenfield, T. B. (1991). Re-forming and re-valuing educational administration: Whence and when cometh the phoenix? *Educational Management and Administration, 19* (4), 200-217.

Griffiths, D. E. (1979). Intellectual turmoil in educational administration. *Educational Administration Quarterly, 15* (3), 43-65.

Gronn, P. C. (1983). *Rethinking Educational Administration: T. B. Greenfield and His Critics.* (ERIC Document Reproduction Service, No. ED283257)

Hare, D. B. (1996). *Theory Development in Educational Administration from 1947 to 1995.* Unpublished doctoral dissertation, Virginia Polytechnic Institute and State University.

Hoy, W. K. (2001). The pupil control studies: A historical, theoretical and empirical analysis. *Journal of Educational Administration, 39* (5), 424-441.

Lakomski, G., & Evers, C. W. (2001). The imcomplete naturalist: Donald Willower on science and inquiry in educational administration. *Journal of Educational Administration, 39* (5), 442-454.

Thomas, A. R. (2001). Donald J. Willower: Appraisal, appreciation, remembrance. *Journal of Educational Administration, 39* (5), 409-415.

Willower, D. J. (1964). The professorship in educational administration: A rationale. In D. J. Willower & J. A. Culbertson (Eds), *The Professorship in Educational Administration* (pp.87-105). University Council for Educational Administration and The Pennsylvania State University, Columbus, OH and University Park, PA.

Willower, D. J. (1983). Evolution in professorship: Past, philosophy, future.

Education Administraion Quarterly, 19 (3), 179-200.

Willower, D. J. (1984). *Philosophy and the Study of Educational Administration.* Paper presented at the Inter-American Congress on Educational Administration, Brazil, July-August.

Willower, D. J. (1988). Synthesis and projection. In N. J. Boyan (Ed.), *Handbook of Research on Educational Administration* (pp.724-748). N. Y. : Longman.

Willower, D. J. (1992). *Educational Administration: Philosophy, Praxis, Professing.* Madison, Wisconsin: National Council of Professors of Educational Administration.

Willower, D. J. (1994). Dewey's theory of inquiry and reflective administration. *Journal of Educational Administration, 32* (1), 5-22.

Willower, D. J. (1996). Explaining and improving educational administration. In C. W. Evers & G. Lakomski (Eds.), *Exploring Eductional Administration: Coherentist Applications and Critical Debates* (pp. 165-172). Oxford: Pergamon.

Willower, D. J., & Licata, J. W. (1997). *Values and Valuation in the Practice of Educational Administration.* United Kingdom: SAGE.

Willower, D. J., & Uline, C. L. (2001). The alleged demise of science: A critical inquest. *Journal of Educational Administration, 39* (5), 455-471.

第八章

結　論

第八章

緒論

第一節　前　言

　　從前述，一九四七年美國教育行政「理論運動」及 D. E. Griffiths
實證傳統教育行政理論的建立，以至於 T. B. Greenfield 主觀主義教育
行政理論、C. Hodgkinson 人文主義教育行政理論、R. Bates 批判理論
教育行政學說、D. J. Willower 實用主義教育行政理論與 C.W. Evers 和
G. Lakomski 自然融貫論教育行政學說等之分析與探討，充分顯示出
教育行政在哲學思維的多樣性。雖然從這些多樣性的思維中，的確
能彰顯出許多教育行政的有效洞察，及深刻的論述。然比較令人關
心的是，如此多樣性的發展是否對傳統教育行政理論中常出現的爭
議：如事實與價值、理論與實踐、個殊與律則、研究方法論及教育
行政學術之獨特性等問題，提出了更令人接受的觀點，而其中又遺
留那些尚未解決的問題？又這些問題的解析與討論，對我國教育行
政哲學研究的發展，又將產生何種啟示？其實這都是在討論上述眾
多學者論點後，應該緊接著分析與討論的重點。基此，本書之結論
主要將分兩部分來進行，其一，乃就上述學者對眾多教育行政問題
之分析，提出綜合討論。其次，也將從前面的分析中，對我國教育
行政哲學研究及相關問題提出檢討。

第二節　教育行政理論問題之分析

　　一九四七年「理論運動」及 D. E. Griffiths 較著重方法論的討論，
T. B. Greenfield 主觀主義則著重社會實在與組織概念的分析，C.

Hodgkinson 人文主義強調價值、領導與決策問題，R. J. Bates 批判理
論以科層體制及教育行政主體性為主。G. Lakomski 和 C. W. Evers 兩
人則以自然化的認識論、融貫論出發，探討有關方法論、領導、決
策與組織等問題。至於 R. J. Willower 則從科學探究、價值與評價與
實踐的角度進行分析。雖然各位學者論述的方向並不太一致，但多
少均對前述幾項教育行政問題有所關注。以下有關教育行政研究問
題之分析，主要將先探討事實與價值、個殊與律則、理論與實踐及
方法論四個主要爭議，而後再析論教育行政學術之獨特性問題。另
外，基於眾多學者均對組織與領導兩個概念有所主張，在此也將一
併討論學者對這兩個概念異同的看法。

一、事實與價值的問題

　　到底教育行政的研究應該是事實的分析，還是價值的探究？若
是兩者須兼顧時，事實與價值又該扮演何種關係？應該是二分？還
是融合在一起？又若必須融合時，到底應該以何種方式來加以進行？

　　「理論運動」所秉持的重要理念是事實與價值之分離，因為在
實證主義處理的是事實而非價值的問題，價值既無法觀察也無法驗
證，故科學與價值無關，科學無法也不能處理價值問題。如此主張
衍生的結果，是在整個教育行政理論發展過程中，強調一種去價值
（devaluation）的研究取向，認為價值中立的行政不僅可能而且即將
到來，科學將協助行政達到一種最理性、最客觀真理的引導。然此
種假設，不但造成排除價值的研究，使組織行為簡化為技術（Bates,
1981: 4）。其次，還常忽視行政行為中隱藏出一種自我欺騙，社會
控制的支配性格。甚者，將忽視教育行政的真正目的，造成行政問
題與教育問題分離（Bates, 1982: 4-5）。事實上，如 D. E. Griffiths、A.
Halpin 等教育行政「理論運動」早期學者，在後期的許多著作中均
不否認價值在整個行政科學的重要性。

　　T. B. Greenfield 對實證傳統僅處理事實，而忽略價值的作法有所批判，然在重視價值問題討論的同時，卻也傾向一種事實與價值二分的立場。即使是 T. B. Greenfield 在一九九一年〈科學與服務〉一文中，曾宣告事實和價值在組織領域中彼此不可分（Greenfield, 1991a）。然正如 C. W. Evers 和 G. Lakomski（1994: 264-265）所說，T. B. Greenfield 彷彿未放棄事實與價值分離的主張，只是將過去實證傳統以事實作為教育行研究的原料，轉而以價值或人類意向為主體。

　　C. Hodgkinson 也傾向事實與價值兩分的立場，然較之 T. B. Greenfield 卻有更融通的說法。他一方面強調教育行政必須以價值的處理為主，因而反對教育行政科學化。但另一方面在行政工作類型的分析中，卻從行政與管理的討論中，包括彼此運作路線的回饋、前饋，以及各種過程皆涉及價值因素等，對行政事實與價值加以統括。而這也即是其價值序階建立的依據，從中 C. Hodgkinson 再對價值的相關概念：如價值衝突、組織如道德原式等問題加以討論。因而 T. B. Greenfield 極端讚揚 C. Hodgkinson 之價值理論，認為他的觀點使人們看到行政的新方向（Greenfield & Ribbins, 1993: 167）。

　　R. J. Bates 主張任何行政均不可能脫離價值的，也因此沒有所謂價值中立的行政作為，甚至還會產生所謂意識型態的行政控制。然在其對哈伯瑪斯人類知識興趣三分的支持中，彷彿將過去事實與價值的二分，進一步衍生為三分的立場。只不過 R. J. Bates 還是比較強調教育行政應該是著重批判與解放興趣之價值層面的討論，特別是他對這種價值理論，有較多社會改革的期待。

　　C. W. Evers 和 G. Lakomski 與 R. J. Willower 兩者皆是以實用主義為主，因而兩者不但對教育行政價值問題有直接的肯定外，更強調事實與價值的融合是必然的現象。C. W. Evers 和 G. Lakomski 將這種融合建立在神經網路中，寄望個人認知的作用，應會同時考慮兩者的存在。至於 R. J. Willower 則認為一種科學的探究方法，是容取認知與非認知因素共同存在在具體的問題情境中，以進行公開溝通與討

論的。因而它所產生的經驗是個無縫隙廣包的網，教育行政中價值
的判斷和事實的判斷也是彼此依賴且糾纏在一起的。從中，R. J.
Willower 再強調對價值（value）和評價（valuation）問題的分析，企
圖建立一種融合科學、價值與實踐的學問。

　　從上述諸多學者的論述，發現第一個原則是教育行政學說應該
包括事實和價值兩個因素。傳統實證主義以事實的研究為主，其實
並不否定價值的存在，只是這是一種偏頗的研究。然如 T. B. Greenfield
過分重視價值因素，而忽略事實因素，同樣也是有所不足。因而，
如同 C. W. Evers 和 G. Lakomski 及 R. J. Willower 等人般，真正的教育
行政既有事實因素，也有價值的成分。在教育行政事務中，必然有
些事實性資料必須處理，同時人在處理事實時，也不可能完全脫離
價值的影響。謝文全（2003: 43）分析教育行政理論發展趨勢時，強
調應兼重實然的事實層面和應然的價值層面，強調教育行政人員除
應重視領導技能的發揮之外，也應以身作則堅守道德倫理規範，以
達到主客交融（心物合一）的哲學觀點，即是事實與價值兩者兼顧
的主張。

　　至於事實與價值兩者的關係，從前述眾多學者強調任何觀察或
理論皆是理論承載的說法，可以發現應是以一種價值為先的立場。
此正如同 C. Hodgkinson 的說法一樣，強調行政工作必先以價值理念
之澄清為主，從此理念的開展，再進一步落實在具體的人事物之
中。雖然在具體的人事物中，有較偏向管理層面的處理，但依舊不
可忽視其中的價值因素，也因此價值因素在整個教育行政情境中是
無所不在的。再加上，事實的資料是無法推斷價值的理念，價值因
素往往需要更多理念思辯上的作為，而非量化科學可以得知。因而
在教育行政領域中，總是應以價值為先，價值為主導的立場出發。

　　再者，事實和價值間該如何去認知，理論上，對事實強調數量、
觀察的結果，的確能有部分具體的成效，然對價值如何認知則常存
有較多的爭議。若是如 T. B. Greenfield 與 C. Hodgkinson 認為價值是一

種主觀意向的體認，常容易形成一種相對主義的論點。然這是否能建立在 C. W. Evers 和 G. Lakomski 新認知科學上，或是 R. J. Willower 之科學探究上，還是要回到傳統柏拉圖善之理型，則均有待進一步討論。

二、個殊與律則的問題

有關個殊與律則的問題上，上述學者傾向主張兩者皆重的看法。早期美國教育行政「理論運動」傾向追求一種偉大的科學理論，希望藉由抽象的言論和組織的律則，以建立正確預測和說明。然在眾多理論無法達成上述願望，且依實證論作法有十足困難的情形下，「理論運動」的傳統於是受到攻擊。T. B. Greenfield 的主觀主義強調個人意向與意志的觀點，對「理論運動」此種偉大科學論進行批判。這導致「理論運動」學者 D. E. Griffiths 研究方向的轉變，他在一九七四年後的理論發展中，即大力提倡個體經驗、個體事實及個殊現象。如此的律則與個殊並重的提倡，反而又使得批判「理論運動」用力甚深的 T. B. Greenfield 遭到多方的責難，認為其主觀主義學說，充分顯現出重個殊而輕律則的傾向。澳洲學者 P. C. Gronn（1994）在分析 T. B. Greenfield 與 M. Weber 兩人論點傳承時，也明確指出 T. B. Greenfield 對韋伯在社會與組織現象的結構說明明顯地忽略，造成主觀主義的嚴重缺失。

至此之後，包括 C. Hodgkinson、R. J. Bates、C.W. Evers 和 G. Lakomski 與 R. J. Willower 皆持個殊與律則調和的主張。C. Hodgkinson 在價值行動領域的討論中即明白表示，有關價值的衝突與調和，一方面不可忽視個體的價值與興趣，同儕間的價值，同時另一方面也不可忘記還有文化潮流或時代精神必須加以考慮。在此之外，以行政組織而言，最重要的還存在一種組織價值，做為一種道德的令式。R. J. Bates 雖是對社會結構面向有較多的討論，但其基本上也不

否認應對個殊面向加以分析，反倒是他們認為如 C.W. Evers 和 G. Lakomski 僅以認識論為討論的焦點，顯然對律則面向的討論是有所不足。C. W. Evers 和 G. Lakomski 從認識論來討論教育行政理論，特別是新認知科學的角度，的確是較偏重個殊的現象，但其實他們也不否認律則的必要性。對組織的設計而言，他們認為一種組織分權、決策漸進與組織學習的作法；對領導而言，他們強調一種分權領導，如此皆也突顯律則本身存在的必要性。同時在認知科學的討論中，他們也提到所謂情境認知的部分，如此皆用以強調律則的考慮。至於 R. J. Willower 以一種實用主義的觀點，在其探究方法的主張中，強調是一個生命的有機體，持續與社會和物質環境交互作用的過程，而經驗是個無縫隙廣包的網。特別在此民主自由的情境中，個殊和律則也是被結合在一起。

綜合言之，教育行政顯然是個殊與律則均必須充分顧及的一個學科，過分重視個殊不但無助於組織活動的安排，同時還可能促成組織的衝突。反之，若是僅強調律則的存在，也似乎易將組織之成員予以忽視，此正如 R. J. Bates 等批判學者之說法，忽視個體在組織社會中的價值。然在此，上述學者可能並未能說明清楚的是，個殊和律則間，或者說是在不同的個殊間，其是如何調和在一起的？是如何產生共識而無爭議的。T. B. Greenfield 曾論及組織的道德秩序，而 C. Hodgkinson 也認為組織如道德原式，領導者的主要工作，即是透過律則與個殊間兩造的彼此調和來進行。而 R. J. Bates 認為透過理性溝通，定可達成無意識型態的理想情境，此即如同 R. J. Willower 認為從一種科學探究的活動中，即可達成個殊間的理性調和一樣。然真實狀況是否真是如此，特別是在一個多變的社會情境中，如何才能為社會建立統合的合法性基礎，顯然仍有待更進一步的努力。

三、理論與實踐的問題

　　理論與實踐的問題一直是教育研究，或者是教育行政理論長久存在的問題。到底理論是否可以形成一種通則，而對實際進行有直接引導的作用？或是教育行政者只能藉由實際情境的歷練而加以培養？從上述的討論中，約略可以發現有關這方面的討論，主要均受到理論意義與功能之界定而有所影響。

　　在美國教育行政「理論運動」中，D. E. Griffiths 界定理論為「一組由純邏輯數學的假設所形成之經驗法則」，從中理論是一個假設一演譯，透過理論核心假設的建立，可以引導出一大組經驗的法則。如此不但可去除實踐中的價值因素，同時也使理論優位化了，彷彿有一種偉大與統一的科學理論較實際具有優越地位，而能提供行政事件敘述、解釋與預測，以及行政實踐的引導，也因此而脫離與實踐有進一步溝通的機會。但事實上，隨著時間的發展，有愈來愈多學者發現實證主義下之理論對於實際具體作用的有限情形。因此，自一九七○年代起，諸多「理論運動」學者開始轉向，認為過去太過理性、整齊與無菌的行政理論模式，將導致對實踐的忽視，僅可告知為何事實是如此，但無法提供有關變革之洞察（Greenfield & Ribbins, 1993: 30-33）。而 D. E. Griffiths 也認為若是僅尋求在理論基礎上來增強實際的作為，將落入了一九五○年代早期學者對理論的擔心，即理論沒有實際價值的問題（Hare, 1996: 81-86）。

　　至於 T. B. Greenfield 從主觀主義的立場，認為理論是起自個人尋求解釋周遭世界而來，故強調理論是為了使其世界及行動具有意義所使用的整組意義。雖然面對不同個體所建構的意義世界，任何一個領導者或社會學家均必須著重理念來源的質疑，關心其是否能代表最終的社會實體，然基本上，它是富有變化的，且沒有所謂普遍理論存在的。因而也沒有優不優於實踐的問題。

　　R. J. Bates 強調實證的優位性，一方面他不像實證主義般，把實踐視為理性技術的運用，以為只要有系統或完美的理論，即可達到理想中的結果。同時他也不像精神科學般，把教育所處的文化傳統視為理所當然，而是強調整個理論即在於對所處的社會結構中，可能產生的錯誤加以反省以圖矯正。因此，意識型態、科技控制、文化再製等皆是其探討的主題，而依此建立的理論，其主要目的即希望透過隱含在廣大社會結構背後規範的批判，進而有效改善實踐。

　　C. Hodgkinson、C. W.Evers 和 G. Lakomski 與 D. J. Willower 等人皆以教育行政為一門實踐學科來說明這個問題。C. Hodgkinson 基於他對教育行政工作「管理」與「行政」的區分，他認為這即類似亞里斯多對實踐認知的說明，這其中不但有著人類目的、意向、動機、道德、情感、價值等意識與反省，以進行有目的行為的引導；同時也從一種行為的許諾中，蘊含著人類具體的行為踐履。因而，在整個教育行政過程的實際行動中，總是表現出理論和踐履的結合，行政與管理的結合，管理與價值的結合，而這種結合正意味著行政為一種實踐的學科。不過到底在人類踐履時，理論的說明與實踐實行間的差異，彼此如何含蘊、相互辯證，關於這點 C. Hodgkinson 並沒有說明清楚。D. J. Willower 的情形與 C. Hodgkinson 相同，他採用杜威科學探究為基本立場，認為在整個認識經驗活動的進行中，代表著一種整體經驗，從中容取認知與非認知的因素在具體的問題情境中，進而可以進行公開溝通與討論的整體經驗。因而經驗是個無縫繫廣包的網，在此規範和描述是被結合的、理論和實踐也是被結合的。這樣說法，主要將整個融合的過程全部寄望在探究的過程當中，然真正探究時是否如此，又有無方法能加以證實，似乎較難有確切的保證。因而，C. W. Evers 和 G. Lakomski（2001）與 A. R. Thomas（2001）等人，均認為這種說明是不完全的。

　　基本上，C. W. Evers 和 G. Lakomski 極力主張在其自然融貫論中，有關腦神經理論的討論，特別是認識的典型的主張，不但能深化 R.

J. Willower 或 C. Hodgkinson 在實踐科學的說明，同時更能有效闡釋理論與實踐的融合。從中他們界定理論為一種壓縮的運算符號，而這種運算符號組織的理論，將具有成長與易錯的特性，這使得理論的優位性去除，理論必須不斷與實際產生溝通才得以不斷成長。只不過若要以一種壓縮的運算符號來表達理論似乎幫助不大。特別是其中還是強調以一種類似運算公式的存在，這其實也是一種量化的典型，如之何能表現出人類意志與價值，也值得探討。因而 D. Willower（1996: 167）認為 C. W. Evers 和 G. Lakomski 在具體與經驗層面知識的探究，僅提供有限的注意。

　　從上述的分析中，可以顯現其實造成理論與實踐鴻溝存在的主要因素，在於對理論的界定與功能的說明。若認定理論將愈趨向偉大化、統一化而優越化時，理論與實踐之關連性在理論成形的那一刻開始，即與實踐脫離關係。這使得當外在環境不斷變遷時，理論不但無法與時俱進時，還可能與實踐造成對立。這其實即是「理論運動」強調以邏輯數學符號來建立理論時，經常會出現的問題。因而，包括 C. W. Evers 和 G. Lakomski 及 D. J. Willower 皆認為理論本身不但是一種中型或地方性的理論，同時還是易錯的，沒有最後標的，需要成長的。而這成長的空間即理論與實踐兩者不斷相輔相成、互辯互證的結果，其有可能是理論引導教育實踐，也有可能是教育實踐開展教育理論，當然也有可能如批判理論之作法來改變教育實踐等。其實在 W. K. Hoy 和 C. G. Miskel 於二〇〇一《教育行政：理論、研究與實際》一書中，已改變早期「理動運動」中理論的主張，轉而採用 D. J. Willower 之理論定義，承認理論沒有終點，不是唯一的。科學理論最大的優點之一，即是其自我批判和自我更正的的能力（林明地等譯，2003: 3-10）。

　　當然如此說明，也不是意味著理論無用論，任何教育行政的問題，僅須從實際的現場來加以踐履即可。D. J. Willower 強調教育行政理念的部分，主要在促使學生精熟行政決定中最有用的概念和理

論，以擴大和深化學生的認知與理解，以利於將概念和理論置放在真實情境中，與學生的臨床經驗及行政研究相連結。而 C. W. Evers 和 G. Lakomski 也提及有許多常民理論經常也能代表某部分規則，因而不論任何理論如何產生，都應有其部分參考價值的存在。至於 W. K. Hoy 和 C. G. Miskel 也強調教育行政實際若沒有理論的引導，就如同一個旅人沒有地圖般，很難有效航向未知的領土（林明地等譯，2003: 5）。

四、研究方法論的問題

就研究方法論而言，一九五〇年代以實證主義為主，T. B. Greenfield 強調主觀的理解，R. J. Bates 著重文化的批判，G. Lakomski 和 C. W. Evers 以自然融貫論為主。只不過整體而言，正如秦夢群、黃貞裕（2001: 288-294）之分析般，重視多元方法論，特別是質量並重的看法，已成為教育行政研究者的共同基調。D. E. Griffiths 在一九八〇年代時，即開始對單一方法論展開反省，他雖然不否定實證主義對教育行政理論運動的貢獻，特別在操作主義上對組織行為分類的具體價值（Griffiths, 1982）。但 D. E. Griffiths 認為過去所使用的單一方法已經不適當了。他認為科學是不斷在改變，而且愈來愈正確、愈豐富，因此必須說明更廣，必須能廣包各種不同觀點的說法（Griffiths, 1982）。

至於 R. J. Bates 在方法論的討論，也強調要建立一個適當的教育行政理論，除應強調以社會建構的行為系統為起點外，面對眾多階級、性別、種族等不平等社會群體權力競爭的結果時，也必須是一種量與質的研究方法（Bates, 1981: 4）。

另外，R. J. Willower 在討論教育行政人員行政研究之必要時，強調一種量與質並行的方式，他認為兩者均各有其優點，但卻同時也有缺失，值得注意。總之探究本身是一種多元開放的反省過程，因

而 R. J. Willower 採用一種兼容並蓄的方式來處理。國內學者謝文全
（2003:43）曾主張，教育行政研究方法已從單面向的線性思維，發
展到線性與非線性兼顧的多面向思維。因此整合質與量兩種研究典
範，讓這兩種研究典範在動態的整合過程中，發揮相輔相成的效
果，應是當前教育行政具體可行之道。只是到目前為止，大多數的
教育行政學說仍是以實證傳統為主軸（Evers & Lakomski, 1996a）。

五、教育行政獨特性的問題

　　教育行政學術發展是否具有獨特的特性，而與其他行政有所不
同？教育行政學者間，長久以來論述不一。有的學者主張教育行政
與一般行政無不同，亦即行政即行政，教育行政只需依行政科學的
主張而行即可。然也有學者強調教育行政或學校教育為一種獨特類
型的學說，認為若不能有效分析教育行政與其他行政科學間之異
同，則將無法成功產生有效的訓練課程，且將使其獨特性盡失（Hare,
1996: 66-67; Miklos, 1972; Tipton, 1982）。

　　若從本書各家學者的觀點來論，除 D. E. Griffiths 秉持「理論運
動」以來行政科學發展的觀點，比較支持教育行政與其他行政相
同，不具備獨特的學術造型外，包括 T. B. Greenfield、C. Hodgkinson、
R. J. Bates 與 C. W. Evers 和 G. Lakomski 等人皆較強調教育行政本身應
有其獨特的學術特性。如 T. B. Greenfield 曾在一九九一年分析教育問
題時，強調教育行政之獨特處，主要在於它所面對的是一種應然的
與價值的問題，因而教育應該是道德與教育的工作（Greenfield &
Ribbins, 1993: 33-34）。而在 C. Hodgkinson 眼中，教育被授與一種道
德的特性，而且還是關乎人類所有層面的價值，因而與軍隊、醫學、
公共行政、商業與宗教等，分別基於安全、健康、公共興趣、財富
與救贖的價值有所不同。而這也就是人們通常比較能說教育不是什
麼，而不能說教育應該是什麼的原因（Hodgkinson, 1991: 15-17, 144）。

R. J. Bates 等澳洲學者,也非常強調教育行政學術獨特性之分析,在R. J. Bates對行政如科技的討論中,他曾明白指出控制的科技促使教育與行政分離,忘記了原先建立行政的主要目的(Bates, 1983: 8-9)。因而在眾多教育行政理論中,不但缺乏社會道德基礎,更嚴重的是缺乏對教育目的的理解,放棄了教育目的之道德交談,而僅追求管理主義之技術(Bates, 1986: 5-8)。另外如P. E. Watkin(1985)與J. Codd(1985)在《教育行政之科學管理與批判理論》(*Scientific Management and Critical Theory in Education Administration*)文集中,也特別強調教育行政者身為教育家,而非管理者之重要性。從中,J. Codd特別強調教育行政學說,應建立一種真正以教育為主體的行政學說,而這又必須強調對教育方法與學校教育目的的反省。

至於,C. W. Evers 和 G. Lakomski 也曾極力維持教育行政之主體性,認為不應將教育組織從理論的階層性主張來看待。如此,將使教育行政受惠於行政研究或企業行政較多,反而得之於教育理論較少。結果是教育政策的制定,以經濟學之效率與效能之說法最為熱門,但在缺乏教育理念之考慮下,無法有效引導教育組織完成特定的教育結果(Evers & Lakomski, 1996a: 32-34)。

其實上述多位學者的主張,也正是大多數國內教育行政學者共同的論點,不論是如何界定教育行政的定義,不論是如何說明教育行政與企業行政、公共行政、一般行政等學科有何密切相關,包括林天祐主編(2003)、王如哲(1998)、黃昆輝(1989)與謝文全(2003)等人,均認為教育行政本身應該是有其獨特的特性。

若是承認教育行政與其他行政是有差異的?然到底兩者存有什麼差別?或者說教育行政之獨特特性為何?國內學者雷國鼎(1968)曾比較教育行政與普通行政組織之不同,他認為:(1)就性質而言,教育行政較學術化,而普通行政較官僚化;(2)就範圍言,教育行政管轄的範圍較小,只限於學校及其他學術機關;普通行政管轄的範圍較大,遍及於全國人民;(3)就官制而言,教育行政機關的地位與

普通行政機關相同，兩者無甚差異；(4)就功效言，教育行政所履行的是國家最根本的任務，成效較慢；普通行政只履行國家任務之一特殊部分，成效較快。而黃昆輝（1989: 22-40）則認為教育行政主要的特徵，在於：(1)其對社會進步國家發展的影響至深且鉅；(2)它常是大眾注目的焦點；(3)教育功能的複雜性；(4)教育組織成員關係的密切性；(5)專業化的程度；(6)評鑑的困難程度等。而吳清山（1995）主張四點：對社會的重要性、大眾的注目與敏感、功能的複雜性、關係的密切性、專業化評鑑的困難；謝文全（2003: 10）則認為主要有五點：屬於服務性的工作，履行社會的根本功能、較具有學術化的性質、運作績效極難評鑑、顯明度高而易遭批評。至於王如哲（1998: 5）認為教育行政之所以異於其他類型組織，最主要的差異在於：(1)教育是人力密集的事業；(2)教育的輸入、過程及輸出相互密切關連；(3)教育的成本與效益不易直接測量；(4)教育是價值高度涉入的事業。

從上述各學者的論述及本書內容的討論中，特別是前述事實與價值、個殊與律則及理論與實踐問題之分析中，可以發現教育行政學術之獨特造型，主要可從以下三個方向來加以探討。

1.教育行政學說的建立，應以教育行政事務為素材。教育行政涉及教育組織的運行，因而教育行政學說的討論，自應以教育行政事務為素材，而非僅是一般行政或企業行政的理論之應用，即使採用其他行政理論的運用也應該是經過教育行政情境的檢驗。有關這個主張，可延伸兩方面的討論，一則教育行政學說不可忽視教育組織情境的重要活動型態，如教學與學習等主題。美國一九八五年「教育行政知識基礎」運動中，即將教與學的過程視為教育行政理論的一部分；澳洲學者J. Codd也強調透過教育方法的反省以建立一種真正以教育為主體的教育行政學說；而在 W. K. Hoy 和 C. G. Miskel（2001: 39-96）之書中第二章其實也增列「學習與教學」一章；另外在最近的領導中，也有所謂教學領導的出現，這些均是意味著教育

行政本身對教育的重要活動「教與學」的重視。由上產生第二個面
向的思考,是如謝文全(2003:22)所提,過去我國教育行政偏向引
用企管與行政學理論,而少自創理論。是否教育行政學說,應考慮
從教育組織或教育事務中來自創理論,而非一味地引用企業行政或
一般行政的說法。學者 C. E. Olivera 在討論教育學時,曾為了克服
pedagogy 字義的模糊,以及 science of education 單複數的不適切,延
續 E. Steiner 與 J. E. Christensin 等人所使用之 educology 一詞代表教育
學。這種說法就如同對「社會」研究的知識,以 sociology 總稱一
般,對教育研究的知識也可以 educology(註1)表示。C. E. Olivera 認
為使用 educology 指稱教育學,對教育學知識之實質內涵有澄清與導
正的作用(Olivera, 1988: 176)。他強調這不但可以突顯教育學本身
具有其他社會學科無法提供的研究領域外,同時還可藉此進一步區
分教育學與其他社會科學的關係。以社會學為例,應該有所謂「教
育社會學」(educational sociology、sociology of education)與「社會教
育學」(sociology educology)之分,前者是以社會整體為主,考慮
教育過程對社會系統的影響,這是屬於社會學的一部分。而後者表
示以教育過程為主,運用其他社會學研究對教育過程產生的影響,
這應該有一部分是教育學本身較為獨特的一部分(Olivera, 1988: 177,
200-201)。J. E. Christensen(1980: 26; 1984: 8)也有類似的主張。由
此來論述教育行政組織時,或許應該要有更多類似 K. Weick 之鬆散
結構理論主張的產生。

2.教育行政學說的建立應考慮教育目的價值之特殊性。有關教
育目的之特殊性,前述幾位學者均曾提及,這包括如T. B. Greenfield、
C. Hodgkinson、R. J. Bates 與王如哲等人,皆強調教育為一種道德事

註1　educology 為 L. W. Harding 於一九五一年首創,其曾編纂四部相關書籍,內容採用諷
　　　刺、笑話等方式描述一些教育現象,並從中顯示一些教育的原理,但其educology 並
　　　非用以表示教育學。E. Steiner 首次在一九六四年以 educology 表示教育學,不過在此
　　　之前他曾採用 educatology 一字,後經他人建議而改成 educology。

業，教育的目的應以價值與倫理目的之考慮為主。由此與一般行政
與企業行政最大的差別，在於教育行政不應以營利為目的，而是一
種道德價值的志業。雖然這不意味教育組織即不考慮任何成本效益
的問題，但著實不應過分強調效率與效能的追求。特別，當效率與
價值產生衝突時，價值的思考往往應高於效率的追求，行政方法的
強調往往不可以高於教育目的的需求，以免造成行政如控制科技的
現象。事實上，若僅是以科學管理、工具性價值、效率、成本效益
分析等方式運用在教育行政中，此類主張明顯地將教育行政中最為
重要的特質去除。而 C. Hodgkinson 之所以會將行政與管理加以區
隔，強調領導總是一種價值的功能，一種許諾，其最主要的理由也
是基於此。

　　除此，從教育目的思考中，如 C. Hodgkinson 所說，教育行政或
教育組織所涉及的價值還不是單面向的，只要是與人類成長或自我
實現有關的價值，往往皆是教育組織追求的目標。這可能包括審美
的、經濟的與意識型態的，還可能與開放批判、自由演說與價值探
究等目的相關。這些均顯示出教育行政成為其他行政之根本，而對
社會有重要的價值存在的意涵。從中，若再進一步推衍教育行政不
可避免是需要價值討論，及價值折衝的。因為教育目的與價值密切
相同，而教育行政組織又必然包括眾多的個殊，人人之價值又有可
能各不相同，為求在教育上追求更高的價值，則教育行政必須要有
價值的討論。有了價值的討論一定會產生價值的衝突及價值的爭
議，也會有了權力及政治性的問題，有待進一步澄清。其實這也是
造成教育組織成果很難評鑑的主要因素。

　　3.教育行政是一間實踐學科。實踐一詞主要源於亞里斯多德對
人類理性功能、行動模式運作之討論而來。亞里斯多德認為行為實
踐、理論沉思（theoria）和技術或藝術創作（poiesis）有別，實踐性
的知識，主要依實用智慧對實踐性問題進行適切的探索後，以正確
的實踐性推論進行抉擇，從而透過良善的行為實踐，來促成良善生

活達成，以導向人類的善（楊深坑，1998）。

　　從前述的分析，C. Hodgkinson 認為教育行政過程，包括行政與管理，強調人類依目的、意向、動機、道德、情感、價值，來進行有目的之行為的引導。具體而言，它包括兩個元素，前者是意識或反省的，代表理論與價值；而後者是行為或許諾（commitment）的，蘊含著人類具體的行為踐履。因而在整個教育行政過程的實際行動中，總是包含著意識的反省及選擇自由，總是表現出理論和踐履的結合，行政與管理的結合，管理與價值的結合，而這種結合正意味著行政為一種實踐的學科，需要實踐的知識。而 R. J. Willower 之實用主義哲學觀點，強調在科學方法必須包括結果的分析與具體的實踐，這其實也意味著實踐學科的特性。C. W. Evers 和 G. Lakomski 等人亦是有類似的主張。事實是這個主張也與前述理論與實踐的問題相呼應。

六、組織設計的問題

　　從前述的討論中，不同的哲學觀點，其衍生的組織結構的說法也各不相同。就實證主義這一端，是一種事實與科學傾向的觀點，其強調組織實體必須展現秩序的品質、結構、一致性、可預測性，因此強調法則的發現與人類群體的控制等，具體的例子可以科層體制為代表。至於主觀主義的組織設計，強調一種價值及情感的傾向，強調獨特個人存在的實體，著重在群體存在中個人意義，因而組織常是自由選擇建構的結果，衍生成一種無政府主義的型態。

　　C. Hodgkinson 與柏拉圖善之理型非常相似，對應著其價值序階的主張，他認為組織結構的設計應該還是一種階層設計，用以反映其所建構的道德序階。其中，他認為有用性計算及情感的滿足皆在組織階層中屬低層次的，而關於視野、組織大方向、組織任務與一般政策，應屬最高之道德價值的（Evers & Lakomski, 1996a: 105,

142-143）。

　　R. J. Bates 等批判理論的型式，則著重意識型態的批判，強調必須對社會情境之意識型態的批判，才足以建立理性的組織結構。因而他們強調人類理想溝通情境的建立，從中反省與解放人類興趣，形成一種民主與參與式型態的組織結構。

　　而 C. W. Evers、G. Lakomski 和 D. J. Willower 皆以實用主義為主，強調的是一種知識的易錯特性、成長性與試驗性。也因此，組織運作過程中，也同樣會有易錯的特質，為達成某些特定的目的與功能，在組織中持續不斷地改變知識是必要的。故他們均廣泛地接受一種行政結構之組織學習的觀點。其中組織分權、決定漸進的方式是組織設計的消極作法，而積極的作法在於力促組織學習的進行（Evers & Lakomski, 1996b: 392-395）。

七、領導的問題

　　領導是眾多教育行政研究主題中，共同被上述學者所提及的一個問題。一九四七年美國教育行政「理論運動」的開展，即是因為有許多領導方式的問題急待解決而產生。T. B. Greenfield 從主觀主義中，主張領導之道德意識，強調領導不是理性或技術家的工作，而應是一種道德的活動。也因此，領導的訓練，必須是一種為生活的訓練，從中才能訓練行政者去面對價值與道德，進而理解生活的重要性。C. Hodgkinson 同樣認為領導是為了價值調和，而這價值調和的說明，即是在價值序階 I、II、III 衝突的化解，以此來發現組織之道德原式。至於具體的方法，C. Hodgkinson 提到家庭或宗親式組織的建立，具體價值的盤點，以及依不同價值序階領導人才培育課程的建議等。

　　R. J. Bates 站在批判理論的立場，認為領導者最主要在於進行一種文化協商、批判與解放、民主與參與情境的建立，以此必能發現

社會合法性的基礎,並對錯誤的意識型態有所化解。D. J. Willower
之行政領導者,則較從理論與實踐的角度加以分析,其認為一個真
正領導者的培育,不但是需要理論而且也需要實踐,更需要透過教
育行政研究的進行,以充分融通理論與實踐的相互辯證。

　　C. W. Evers和G. Lakomski同樣是從知識易錯本性中來論及領導,
他認為領導不但非單一控制來源,同時還應該是一種分權或分散式
的領導,由分權領導和分散的領導過程中,才能促進部屬智力的發
展,以更有效的深入思慮,增加個體和集體問題的解決。當然,領
導後天不斷的學習也是成為真正領導者所必要的。

　　綜合上述,對於領導者的主張,學者們也大多強調價值和道德
思慮或調和的重要,另外,領導不斷地學習或是對當前社會情境的
反省與批判也是極為重要的。

第三節　我國教育行政哲學研究現況之分析

　　第一章曾述及本書選擇之學者,主要以英語系國家為主,不論
是一九四七年「理論運動」,或是後來引發典範討論的T. B. Greenfield、
C. Hodgkinson、R. J. Bates等人,還是企圖化解理論實踐、多元典範
理論爭議的G. Lakomski和C. W. Evers等人皆是英語系國家學者。雖
然,在一九七六年歐洲也成立「教育行政歐洲論壇」(European Forum
on Educational Administration, EFEA),包括法國、德國、義大利等二
十個歐洲國家參加,但其目的仍局限在促使歐洲國家間對於教育行
政理念與問題,彼此相互理解為主。一九八七年雖曾提出一九〇〇
年至一九〇四年的策略計畫,希望提升其專業的結構,但目前較少
有期刊或專書的出版(Lafond, 1995)。

　　其實,我國教育行政領域中哲學研究的情形同樣也是有待開發

的。若從「專書」、「專案研究報告」、「博碩士論文」及「期刊論文」四大類相關文獻來討論，我國教育行政哲學的研究為數仍不多。以伍振鷟與陳伯璋（1985）所進行之《我國近四十年來教育研究初步檢討》為例，其中發現台灣近四十年來教育研究理論的基礎薄弱，研究大多脫離不了「實證性」、「實用性」、「加工性」和「對外來理論的依賴」。整體教育研究是如此，若再縮小以教育行政為範圍情況亦可想像。一九九八年王如哲（1998: 414-424, 460-473）也首度對台灣地區近五十年來教育行政學術發展，進行徹底的反省與討論。其主要依據四類資料，對台灣教育行政學術研究進行仔細的檢視，包括國科會研究報告一百零八篇、學報論文二十七篇、博士學位論文二十四篇和碩士學位論文二百一十六篇。報告中發現我國教育行政之研究主題，大多集中在組織與領導（共占 40%），直接與教育行政哲學探究有關的研究，約略只能列舉數篇。至於研究方法純以「理論分析」者，五十年來也僅有二十七篇，約占 7%。黃宗顯（1999）也同時對一九九○年後台灣地區教育行政研究典範變遷情形進行分析與檢討。該研究主要以一九九○年至一九九八年與教育行政相關之博碩士論文二百四十九篇、學報刊論文四百一十九篇和國科會專案研究報告九十一篇，共七百五十九篇來進行分析。其中雖然發現學報刊論文有為數二百八十一篇（占 61.9%）屬於理論分析，然大都仍屬於行政組織、領導、動機與決定等領域理論的探究，而非就教育行政理論發展或哲學探究之說明。至於博碩士論文及國科會專案論文部分，理論分析即屬於較少數的一群（分占 3.7%、11.0%）。

　　若將上述現象再具體的陳述，我國從一九九○年代以來，有關教育行政哲學或理論發展之論述，從「專書」、「專案研究報告」、「博碩士論文」及「期刊論文」四部分來探討。

一、專書部分

　　一般而言，在大多數名之為「教育行政」或「教育行政理論」之專書，都會論及整個教育行政理論的發展，如黃昆輝（1989）、謝文全（1997、2003）、秦夢群（1988、1997）、林天祐主編（2003）。然其實真正以教育行政哲學或理論發展過程加以描述的書籍，或是論及這個主題較多的書籍，依年代約略僅包括：吳清基《賽蒙行政決定理論與教育行政》（1986）：書中針對賽蒙行政理論有所討論。謝文全《教育行政──理論與實務》（1997）：書中對傳統理論時期、行為科學時期與系統理論時期的行政理論，有專章的討論。秦夢群《教育行政：理論部分》（1997）：書中對理性系統、自然系統、開放系統、非均衡系統有較多的描述。王如哲《教育行政學》（1998）一書，探討的範圍極廣，除廣泛討論教育行政的基本意義、研究方法的介紹、教育組織、教育行政制度、教育行政決策、教育行政人員、教育經費等問題外，還針對教育行政哲學發展之部分內容進行闡釋，如理論運動、主觀主義、後現代主義等。黃宗顯《學校行政對話研究：組織中影響力行為的微觀》（1999），以探究學校對話為主題。黃乃熒《後現代教育行政哲學》（2000）一書，主要針對後現代哲學中幾個主要的基本概念，如隱喻、對話行動與脈絡領導等概念，針對我國教育行政諸多現象所進行的反省與檢討。秦夢群《教育行政研究方法論》（2001）主要是以教育行政研究方法之探究為主題，探究的主題廣包邏輯實證論、主觀主義、批判理論、人文主義、及自然融貫論等，惟整本書的重點以方法論為主題。陳木金《學校領導研究──從渾沌理論研究彩繪學校經營的天空》（2002）：主要以從混沌理論的角度出發，闡釋混沌理論在整個教育行政理論中所引發的諸多應用。

二、專案研究報告

專案研究以國科會研究報告為主，約略有：吳清基《教育行政決定理論的邏輯實證分析》（1985）、黃宗顯《一個學校行政溝通訊息檢證的模式：邏輯實徵論、詮釋學、批判理論及後結構主義知識檢證觀的啟示應用》（1995）、黃宗顯《學校行政對話的權力運用策略：以國小校長為例》（1997）及王如哲《當代教育行政學術發展及其研究方法論變遷之研究》（1997）。前述許多專書的出版，其實大多以此專案研究報告為基礎。

三、博碩士論文

在博碩士論文方面，扣除已經出版成書的部分，至二〇〇三年為止，約略有：羅虞村《賽門行政理論及其在教育行政的啟示》（1985）、廖春文《哈伯瑪斯溝通行動理論及其在教育行政上的適用性》（1991）與邱祖賢《哈伯瑪斯的批判理論在我國教育政策制定的應用》（1996）等三篇為主。另外黃連祥《「組織即文化」隱喻及其在學校行政溝通的應用》（2000）、張馨怡《學校行政對話權力及其對學校革新影響之研究》（2000）、傅寶宏《倫理操作模式與學校行政倫理議題之研究：以中部地區國民小學為例》（2002）也有部分內容相關。而楊馨伊《先秦儒家管理哲學及其對學校行政領導之啟示》（1995）則是探討中國哲學在教育行政上的應用。

四、期刊論文

期刊論文部分，其實大多與前述書籍或專案報告有所重疊，扣除重疊部分，大多以批判理論中的溝通行動理論之應用，混沌理論

及後現代理論在教育現象的探討，以及部分中國哲學在教育行政的應用為主要部分（詳見表 8-1）。

整體而言，我國在教育行政哲學之研究，或是針對理論發展來探討的研究，不但篇數不多，而且還都是集中在某幾位學者身上。謝文全（2003: 21-22）在對我國教育行政學研究現況分析時，對我國教育行政研究的批判是：(1)從研究內容來論：過去比較偏重教育行政行為與技術的研究，而比較少研究有關價值、信念與目的等哲學面的研究；(2)研究文獻多引自國外而少運用國內文獻：特別這些國外的文獻大都是以英美兩國為主，其他歐陸國家則較少涉及，至於本土化的教育行政理論更是少見；(3)偏重引用企管與行政學理論而少自創理論：從研究導向而言，我國教育行政學術的發展，較常引用企業管理和一般行政學理論應用在教育行政之中，至於針對教育行政本身來創設理論的，則相當有限。而王如哲（1998: 422）也曾建議教育行政研究應將倫理與價值問題融入教育行政研究中。此等建議，均充分顯現我國當前教育行政哲學或理論發展的研究，的確是需要國內更加努力。

表 8-1 我國教育行政哲學研究之相關文獻表

編號	書名或篇名	作者	資料來源	年代
001	賽蒙行政決定理論與教育行政	吳清基	專書	1986
002	教育行政——理論與實務	謝文全	專書	1997
003	教育行政：理論部分	秦夢群	專書	1997
004	教育行政學	王如哲	專書	1998
005	學校行政對話研究：組織中影響力行為的微觀	黃宗顯	專書	1999
006	後現代教育行政哲學	黃乃熒	專書	2000
007	教育行政研究方法論	秦夢群 黃貞裕	專書	2001
008	學校領導研究——從渾沌理論研究彩繪學校經營的天空	陳木金	專書	2002
009	教育行政決定論的邏輯實證分析	吳清基	國科會研究報告	1985
010	一個學校行政溝通訊息檢證的模式：邏輯實徵論、詮釋學、批判理論及後結構主義知識檢證觀的啟示應用	黃宗顯	國科會研究報告	1995
011	學校行政對話的權力運用策略：以國小校長為例	黃宗顯	國科會報告	1997
012	當代教育行政學術發展及其研究方法論變遷之研究	王如哲	國科會研究報告	1997
013	賽門行政理論及其在教育行政的啟示	羅虞村	博碩士論文	1985
014	哈伯瑪斯溝通行動理論及其在教育行政上的適用性	廖春义	博碩士論文	1991
015	先秦儒家管理哲學及其對學校行政領導之啟示	楊馨伊	博碩士論文	1995
016	哈伯瑪斯的批判理論在我國教育政策制定的應用	邱祖賢	博碩士論文	1996
017	「組織即文化」隱喻及其在學校行政溝通的應用	黃連祥	博碩士論文	2000

（下頁續）

（續上頁）

018	學校行政對話權力及其對學校革新影響之研究	張馨怡	博碩士論文	2000
019	教育行政方法論典範變遷之研究：實證論、後實證論與後現代主義	黃貞裕	博碩士論文	2000
020	倫理操作模式與學校行政倫理議題之研究：以中部地區國民小學為例	傅寶宏	博碩士論文	2002
021	賽蒙行政決定理論及其對教育行政的啟示	吳清基	期刊論文	1983
022	教育行政決定理論的邏輯實證分析	吳清基	期刊論文	1985
023	當代哲學思潮對教育行政組織研究方法論之影響	廖春文	期刊論文	1992
024	溝通理性取向教育行政領導行為整合模式初探	廖春文	期刊論文	1993
025	儒家領導哲學的現代詮釋及其在教育行政上的意義	廖春文	期刊論文	1994
029	意義的探尋──存在主義在教育行政行為的初探及應用	黃乃熒	期刊論文	1996
030	混沌現象對學校行政的啟示	陳木金	期刊論文	1996
031	超越實體本質了解的學校行政溝通模式──語言典範與學校行政行動承諾關係之探討	黃乃熒	期刊論文	1996
032	跨世紀教育行政研究發展之展望：增進教育行政知識的三種可能性	王如哲	期刊論文	1997
033	哈伯瑪斯批判理論對學校行政人員的啟示	周裕欽	期刊論文	1998
034	隱喻的意義及其在學校行政問題解決的應用	黃乃熒	期刊論文	1999

（下頁續）

（續上頁）

035	混沌理論對學校組織變革因應策略之啟示	陳木金	期刊論文	1999
036	「莊子」的政治觀及其對學校行政主管的啟示	王柏壽	期刊論文	1999
037	「莊子」內篇的人生哲學及其對學校行政主管的啟示	王柏壽	期刊論文	1999
038	易傳的宇宙觀及其對學校行政主管的啟示	王柏壽	期刊論文	1999
039	荀子的天論思想及其對學校行政主管的啟示	王柏壽	期刊論文	2000
040	從奇異吸子理論談新世紀的學校行政革新	陳木金	期刊論文	2000
041	哈伯瑪斯溝通行動理論及其在學校行政溝通上的啟示	范熾文	期刊論文	2000
042	新世紀教育行政領導理念——後現代領導	謝美慧	期刊論文	2000
043	多元派典的教育行政領導研究與實務	林志成	期刊論文	2000
044	反教育的學校行政之哲學省思	林志成	期刊論文	2001
045	從傅柯哲學思想省思學校行政革新	曾榮祥	期刊論文	2001
046	混沌理論對學校本位課程發展之啟示——從學校行政的觀點	白雲霞	期刊論文	2001
047	從混沌理論談學校行政革新	鄭孟忠	期刊論文	2001
048	後結構主義與後現代主義在教育行政上的應用	陳依萍	期刊論文	2001
049	韓非領導哲學於教育行政領導之意涵	曹學仁	期刊論文	2001
050	學校行政行動智慧的意涵與教學省思	林志成	期刊論文	2002

（下頁續）

（續上頁）

051	良好的學校行政溝通——從哈伯瑪斯的溝通行動理論談起	鄭宏財	期刊論文	2002
052	學校行政領導的倫理學觀點	林純雯	期刊論文	2002
053	哈伯瑪斯溝通行動理論及其在學校行政的應用	周武昌	期刊論文	2002
054	中國儒家領導模式之建構及其在學校行政應用之研究	廖春文	期刊論文	2002
055	共識論述及差異政略思想在學校行政革新上的和合與適用性：Habermas、Lyotard 與中國「道」思想的詮釋性應用	黃宗顯	期刊論文	2003
056	後現代思潮中探索學校行政領導的革新作為	溫昇樺	期刊論文	2003
057	從傅柯的權力微物理學觀點分析學校行政組織權力的運作與啟示	鄭宏財	期刊論文	2003
058	論學校行政之程序正義與實質正義	顏秀如	期刊論文	2003

參考書目

王如哲（1998）。教育行政學。台北：五南。

伍振鷟、陳伯璋（1985）。我國近四十年來教育研究之初步檢討。中國論壇，**241**，230-243。

吳清山（1995）教育的制度與行政。載於王文科等人（編著），教育概論（頁269-270）。台北：五南。

吳清基（1990）。賽蒙行政決定理論與教育行政。台北：五南。

林天祐、吳清山、張德銳、湯志民、丁一顧、周崇儒、蔡菁芝（2003）。教育行政學。台北：心理。

林明地等譯。W. K. Hoy & C. G. Miskel 原著（2003）。教育行政學：理論、研究與實際。台北：麗文。

秦夢群（1997）。教育行政——理論部分。台北：五南。

秦夢群、黃貞裕（2001）。教育行政研究方法論。台北：五南。

陳木金（2002）。學校領導研究——從渾沌理論研究彩繪學校經營的天空。台北：高等教育。

黃乃熒（2000）。後現代教育行政哲學。台北：師大書苑。

黃宗顯（1999）。一九九○年後台灣地區教育行政學術研究狀況之分析與展望。輯於國立台灣師範大學教育學系教育部國家講座主編，科學的國際化與本土化。台北：揚智。

黃昆輝（1989）。教育行政學。台北：東華。

楊深坑（1998、1999）。教育知識的國際化或本土化？兼論台灣近年來的教育研究。教育學報，26 (2)，27 (1)。

雷國鼎（1968）。教育行政。台北：正中。

謝文全（1997）。教育行政——理論與實務。台北：文景。

謝文全（2003）。教育行政學。台北：高等教育。

Bates, R. J. (1981). *Educational Administration, the Technologization of Reason and the Management of Knowledge: Towards a Critical Theory.* (ERIC Document Reproduction Service, No.ED206076)

Bates, R. J. (1982). *Towards a Critical Practice of Educational Administration.* (ERIC Document Reproduction Service, No.ED219839)

Bates, R. J. (1983). *Educational Administration and the Management of Knowledge.* Geelong: Deakin University.

Bates, R. J. (1986). *Instructional Leadership and Educational Control: A Cultural Perspective.* (ERIC Document Reproduction Service, No. ED271894)

Christensen, J. E. (1980). *The Educology of Curriculum.* (ERIC Document Reproduction Service, No. ED 266541)

Christensen, J. E. (1984). *Comparative Educology: A Bridging Concept for Comparative Educational Inquiry.* (ERIC Document Reproduction Service, No. ED 266542)

Codd, J. (1985). *The Administrator as Educator.* (ERIC Document Reproduction Service, No.ED 283251)

Evers, C. W., & Lakomski, G. (1994). Greenfield's humane science. *Educational Management and Administration, 22* (4), 260-269.

Evers, C. W., & Lakomski, G. (1996a) *Exploring Educational Administration: Coherentist Applications and Critical Debates.* Oxford: Pergamon.

Evers, C. W., & Lakomski, G. (1996b). Science in educational administration: A postpositivist conception. *Educational Administration Quarterly, 32* (3), 379-402.

Evers, C. W., & Lakomski, G. (2001). Theory in educational administration: Naturalistic directions. *Journal of Educational Administration, 39* (6), 499-520.

Greenfield, T. B., & Ribbins, P. (1993). *Greenfield on Educational Administration.*

London: Routledge.

Greenfield, T. B. (1991). *Science and Service: The Making of One Profession of Educational Administration.* Papers presented at one Thirty-fifth Anniversary Conference of the Department of Educational Administration, University of Alberta, Edmonton, September.

Griffiths, D. E. (1982). *Theories: Past, Present and Future.* Paper presented at the International Intervisitation Programme. Nigeria, August.

Gronn, P. C. (1994). Educational administration's Weber. *Educational Management and Administration, 22* (4), 224-231.

Hare, D. B. (1996). *Theory Development in Educational Administration from 1947 to 1995.* Unpublished doctoral dissertation, Virginia Polytechnic Institute and State University.

Hodgkinson, C. (1991). *Educational Leadership: The Moral Art.* N.Y. : State University of New York.

Hoy, W. K., & Miskel, C. G. (2001). *Educational Administration: Theory, Research and Practice* (6th ed.). Boston: McGraw-Hill.

Lafond, Andre (1995). The European dimension of educational management as seen through networking. *European Journal of Education, 30*(3), 317-324.

Miklos, E. (1972). *Training-in-Common for Educational, Public, and Business Administratiors.* Columbus, OH: University Council for Educational Administration.

Olivera, C. E. (1988). Comparative education: Towards a basic theory. *Proxpects,* Vol.xviii, 2, 167-185.

Thomas, A. R. (2001). Donald J. Willower: Appraisal, appreciation, remembrance. *Journal of Educational Administration, 39*(5), 409-415.

Tipton, B. (1982). Planning adacemic structures for educational administration. *Educational Management and Administration, 10*, 57-64.

Watkins, P. E. (1985). *The Administrator as Manager.* (ERIC Document Reproduction Service, No.ED283251)

Willower, D. J. (1996). Explaining and improving educational administration. In C. W. Evers & G. Lakomski (Eds.), *Exploring Eductional Administration: Coherentist Applications and Critical Debates* (pp. 165-174). Oxford: Pergamon.

人名索引

L

Lakomski, G.　12, 15-17, 19-20, 29, 31, 36, 40, 49, 50, 52-55, 59, 62, 73, 86, 90-92, 98-100, 109, 143-144, 150, 155, 157, 161, 179, 180, 183, 185, 187, 189-190, 191-246, 247, 251-253, 255-257, 262, 277, 279, 280-282, 285-290, 292-296, 300, 302, 312, 314

Lave, J.　212-213

Levine, J. M.　211

Licata, J. W.　251-252, 254, 261, 263-273, 282

Lindblom, C. E.　227, 273

Lipham, J. M.　37, 55

Lorenzi　230

M

Machivelli, N.　122

Macpherson, R. J. S.　234

Maddock, T. II.　208, 222, 233-234, 237, 246

Manz, C. C.　230

March, J. G.　41-42, 46

Marland, M.　143, 151

Marx, K.　65, 70

Maslow, A. H.　115

Mason, W. S.　56

Maxcy, S.　199, 201

McCarthy, M. M.　49

McClelland, J.　51, 214

McEachern, A. W.　56

Mead, G. H.　272

Meyer, J.　173

名詞索引（中文）

六畫

七畫

八畫

九畫

十畫

十一畫

十四畫

十六畫

十七畫以上

名詞索引（英文）

國家圖書館出版品預行編目資料

教育行政理論—哲學篇／林志忠著. --初版. --臺北市：心理，
　2004（民 93）
　　面；　　公分. --（一般教育；61）
　　參考書目：面
　　含索引
　　ISBN 957-702-660-5（平裝）

　　1.教育—行政—哲學，原理

526.01　　　　　　　　　　　　　　　　　　　93002577

一般教育 61　**教育行政理論—哲學篇**

作　　　者：林志忠

執 行 編 輯：李　晶

總 編 輯：林敬堯

發 行 人：邱維城

出 版 者：心理出版社股份有限公司

社　　　址：台北市和平東路一段 180 號 7 樓

總　　　機：(02) 23671490　　　傳　　真：(02) 23671457

郵　　　撥：19293172　心理出版社股份有限公司

電子信箱：psychoco@ms15.hinet.net

網　　　址：www.psy.com.tw

駐美代表：Lisa Wu　　tel: 973 546-5845　　fax: 973 546-7651

登 記 證：局版北市業字第 1372 號

電腦排版：辰皓國際出版製作有限公司

印 刷 者：辰皓國際出版製作有限公司

初版一刷：2004 年 8 月

讀者意見回函卡

No. _____   填寫日期：　年　月　日

感謝您購買本公司出版品。為提升我們的服務品質，請惠填以下資料寄回本社【或傳真(02)2367-1457】提供我們出書、修訂及辦活動之參考。您將不定期收到本公司最新出版及活動訊息。謝謝您！

姓名：_____　性別：1□男　2□女

職業：1□教師 2□學生 3□上班族 4□家庭主婦5□自由業6□其他____

學歷：1□博士 2□碩士 3□大學 4□專科 5□高中 6□國中 7□國中以下

服務單位：_____　部門：_____　職稱：_____

服務地址：_____　電話：_____　傳真：_____

住家地址：_____　電話：_____　傳真：_____

電子郵件地址：_____

書名：_____

一、您認為本書的優點：（可複選）

　❶□內容 ❷□文筆 ❸□校對 ❹□編排 ❺□封面 ❻□其他____

二、您認為本書需再加強的地方：（可複選）

　❶□內容 ❷□文筆 ❸□校對 ❹□編排 ❺□封面 ❻□其他____

三、您購買本書的消息來源：（請單選）

　❶□本公司 ❷□逛書局⇨_____書局 ❸□老師或親友介紹

　❹□書展⇨____書展 ❺□心理心雜誌 ❻□書評 ❼其他_____

四、您希望我們舉辦何種活動：（可複選）

　❶□作者演講 ❷□研習會 ❸□研討會 ❹□書展 ❺□其他_____

五、您購買本書的原因：（可複選）

　❶□對主題感興趣 ❷□上課教材⇨課程名稱_____

　❸□舉辦活動　❹□其他_____　（請翻頁繼續）

| 廣 告 回 信 |
| 台 北 郵 局 登 記 證 |
| 台 北 廣 字 第 940 號 |

（免貼郵票）

 心理出版社 股份有限公司

台北市 106 和平東路一段 180 號 7 樓

TEL: (02) 2367-1490
FAX: (02) 2367-1457
EMAIL:psychoco@ms15.hinet.net

沿線對折訂好後寄回

六、您希望我們多出版何種類型的書籍

❶□心理 ❷□輔導 ❸□教育 ❹□社工 ❺□測驗 ❻□其他

七、如果您是老師，是否有撰寫教科書的計劃：□有□無

書名／課程：＿＿＿＿＿＿＿＿＿＿＿＿＿＿＿＿＿＿＿

八、您教授／修習的課程：

上學期：＿＿＿＿＿＿＿＿＿＿＿＿＿＿＿＿＿＿＿＿＿

下學期：＿＿＿＿＿＿＿＿＿＿＿＿＿＿＿＿＿＿＿＿＿

進修班：＿＿＿＿＿＿＿＿＿＿＿＿＿＿＿＿＿＿＿＿＿

暑　假：＿＿＿＿＿＿＿＿＿＿＿＿＿＿＿＿＿＿＿＿＿

寒　假：＿＿＿＿＿＿＿＿＿＿＿＿＿＿＿＿＿＿＿＿＿

學分班：＿＿＿＿＿＿＿＿＿＿＿＿＿＿＿＿＿＿＿＿＿

九、您的其他意見

＿＿＿＿＿＿＿＿＿＿＿＿＿＿＿＿＿＿＿＿＿＿＿＿＿

謝謝您的指教！　　　　　　　　　　　41061